U0745045

国家自然科学基金青年基金项目
“高校学生发展的互动模型及促进机制研究”（批准号：71804156）

自强教育书系

ZIQIANG JIAOYU SHUXI

大学生协同式成长的促进机制研究

文静　余丹　李斌　著

厦门大学出版社
XIAMEN UNIVERSITY PRESS
国家一级出版社
全国百佳图书出版单位

图书在版编目(CIP)数据

大学生协同式成长的促进机制研究/文静,余丹,李斌著.—厦门:厦门大学出版社,2021.6

(自强教育书系)

ISBN 978-7-5615-8142-1

Ⅰ.①大… Ⅱ.①文… ②余… ③李… Ⅲ.①高等学校—人才培养—研究—中国 Ⅳ.①G649.2

中国版本图书馆 CIP 数据核字(2021)第 049179 号

出 版 人 郑文礼
责任编辑 曾妍妍

出版发行 厦门大学出版社
社　　址 厦门市软件园二期望海路 39 号
邮政编码 361008
总　　机 0592-2181111　0592-2181406(传真)
营销中心 0592-2184458　0592-2181365
网　　址 http://www.xmupress.com
邮　　箱 xmup@xmupress.com
印　　刷 广东虎彩云印刷有限公司

开本 720 mm×1 000 mm　1/16
印张 14
插页 2
字数 272 千字
版次 2021 年 6 月第 1 版
印次 2021 年 6 月第 1 次印刷
定价 56.00 元

厦门大学出版社
微信二维码

厦门大学出版社
微博二维码

总 序

厦门大学教育研究院之所以能居于全国高等教育研究领域前列并有一定的国际影响,是因为拥有一批“60 后”和“70 后”的中年教育理论工作者孜孜地从事人才培养和学术研究,并在一些学科领域,处于理论前沿,不断地有所创新、有所开拓。但是,十年、二十年之后,是否后继有人并能青出于蓝,是我们当前不能不预为之谋的发展战略问题。值得告慰的是,教育研究院已有一批“80 后”以至“90 后”正在成长中的青年教师。他们虽然原来并非都是研究高等教育学科的,但都有深厚的理论功底和良好的人文素养,多有强烈的学术上进心。如何以热切和包容的心怀,为他们提供“自强不息”的期望和园地?“自强教育书系”的组织与出版,就是这项发展战略的措施之一。第一批书系的四本著作,是四位青年教师的博士论文或近著,第二批书系也在厦门大学百年校庆之际正式启动,作为献给百年校庆的礼物!

春秋代序,岁月峥嵘。说我校教育学科是百年学科,一点也不夸张。厦门大学 1921 年春季创办之初,即设立师范部,以培养师资及教育行政人员。同年秋季,办学规模扩大,改师范部为教育学部,内分教育学说、教育史、教育行政、中等教育、小学教育、乡村教育及心理学等七组。1930 年,按照当时的大学规程,成立教育学院,分教育原理、教育心理、教育行政及教育方法等四个学系。1950 年全国高等学校进行院系调整,研究型综合大学不再培养中小学教师,教育学科于 1954 年调整到福建师范大学,但由于中文、历史、数学等系仍有培养高中教师任务,可以还留下几位教师为这三个系开设教育系课程,并指导教学实习,我当时就是留下的教师之一。

但是，大学面临的是高等学校的领导与管理工作，所培养的是各种学科与专业的专门人才。以中小学教育为研究对象的普通师范教育已不适应，必须开展高等教育的研究。我本人就是在院系调整后萌发这种理念并孜孜以求，直到改革开放之后，科学的春天也迎来高等教育的春天，厦门大学在全国率先成立了高等教育研究室，发展到今天的教育研究院，培养了一千多名硕士生和博士生，他们在全国高教界发挥了重要作用。研究院也从小到大，建立一支数量适中、结构比较合理的专业教师队伍，他们中的一些人成为中国高等教育学科的中坚力量。

祝研究院更上层楼，高等教育研究事业兴旺发达！

祝学校百岁生日光耀中华，新百年再创辉煌！

潘懋元

前 言

“立德树人”是发展中国特色社会主义教育事业的核心，是培养德智体美全面发展的社会主义建设者和接班人的本质要求。新时代追梦路上，高校以“立德树人”作为教育的根本任务，是对“培养什么人、怎样培养人”的回应，是人才培养质量的精神内核。习近平总书记对青年成长成才问题作出了一系列重要论述，为当代大学生的成长成才指明了方向，不仅明确了广大青年追逐梦想的历史担当，更是明确指出了当代大学生增长本领的作为方式，从立志、勤学、修德、自强、创新、笃实六个方面获得成长而实现发展目标。由此可见，“学生发展”在高校的“树人”体系中不可或缺，是人才培养的出发点和归属，是高等教育研究在大学生学习与发展方面的新动向。那么如何更加行之有效地引领大学生学习和发展，已然成为热议和深研的重点领域。

毋庸置疑，对大学生学习与发展、成长成才与引导的研究，越来越受到各方的关注，这不仅关系到学生个体，也与社会经济发展的动向和未来战略紧密相关。纵观高等教育理论研究热点和管理实践要点，大学生及其相关研究的热情日益高涨。总体而言，形成了主要的两条研究路径，也可以说是研究方式。一方面，研究者一直在尝试对大学生学习现象更深入的解析，以求更快更全接近学习的本质，目的是探求整体规律，以便对趋势做出预判；另一方面，在一般性规律的基础上，设置具体参数或者同某个具体事件相结合，探寻其个性化的特征，以便提升有效性和针对性。从“国家大学生调查”的大平面分析和长期追踪研究中，均可以看到这两种方式，并且已经告诉我们，大学生的学习和成长具备内生外协性，且具有中国化的特色指标和成长路径。

立足中国大学生学习与成长的现实，“窗外事”和“圣贤书”并不矛盾，大学生需要在学习参与、社会活动、人际交往中加深对大学教育的体验，以更多的投入来获得发展所需的“养料”。因此，在这个过程中需要更多元素、要素的加入，也意味着教学性、非教学性的多种要素需要协同作战，才能全方位、多角度地发挥各自的影响力。

本书是国家自然科学基金青年基金项目“高校学生发展的互动模型及促进机制研究(批准号:71804156)”的成果。本书的研究秉持着学习的主线，对中国大学生的成长进行阶段性的梳理，沿袭大学生学习与成长研究的要旨，在协同理念的提出与深化之下，剖析其协同发展之要义，并积极推动促进协同能量增长的有效机制之建立。全书设计基于国家大学生调查的基本框架与风格，在学生参与和努力质量的理论指引下，从协同式行动的同伴互动、协同式体验的学习满意度和协同式结果的就业能力来具体分析，期望能给全过程育人的协同式成长建言献策。全书共六个章节，第一章、第五章和第六章由文静、余丹、李斌执笔，第三章的执笔由文静完成，第二章由李斌执笔，第四章由余丹执笔，全书的统稿由文静完成，文字校对和排版由邓媛完成，也可谓是协同合作的成果。

作者

2020 年 2 月 27 日

目 录

第一章 导论

第一节 我国大学生成长成才的现实基础与政策解析

一、新时代大学生成长成才的现实基础

党的十八大以来，党中央高度重视教育事业在坚持和发展中国特色社会主义战略全局中的地位和作用，把教育摆在优先发展战略位置，进入了蓬勃发展的新时期。这既是教育理论的丰收期，也是教育事业发展的加速期，尤其强调了对“培养什么人”的关注，就意味着教育的理论研究与实践改革必须将重点放在如何培养德智体美劳全面发展的社会主义建设者和接班人的根本任务上。这也是高等教育现代化的方向和目标。

（一）大学生成长成才已进入战略关注视野

大学生是高等教育的主体，是高等教育基本关系和规律最根本的构成元素，也是我国各级各类高等学校培养的对象，同时也肩负着我国人才储备和人才战略规划。“怎样培养人”？人才培养改革和质量提升成为新时期高等教育内涵式发展举足轻重的内容，为此如何更好地引导大学生成长成才，建立健全立德树人的落实机制成为高等教育综合改革的重要攻关点。

1.“立德树人”的根本任务和人才成长的要素

“立德树人”是新时期学校教育的根本任务，也是对办学基本教育规律的尊重。党和国家领导人为此特别强调对于学生的引导，加强其理想信念教育、社会主义核心价值观教育、中华优秀传统文化教育、劳动教育和实践教育。[①]这就意味着大学生作为高等教育的对象，应得到正确的引导，促进其思想信念和价值观、知识水平和技术能力等各方面得到全面发展。为此，高等教育的人

① 教育部课题组.深入学习习近平关于教育的重要论述[M].北京：人民出版社，2019:51-53.

才培养应该抓住人才成长的基本规律、要素，紧跟时代潮流，并具备适度的超前性，把握其成长方向，统筹推进大学生的全面发展，促进大学生更快更好地成长。大学生成长的方向和节奏是教育战略，也是人才战略，不仅关系着教育事业的现在，也关乎国计民生的未来。

2.“办好人民满意教育”的现实诉求与回应

人民对美好生活的向往，是我们的奋斗目标；人民对高质量教育的满意水平和需求，推动着教育事业前进的步伐。“成学之教”“成人之教”“成业之教”“成己之教”“幸福之教”概括了人民群众对教育的综合利益诉求，促使教育事业回归到育人成才的本质，也是教育改革发展的动力。大学生的成长成才聚焦了高等教育各利益相关主体的诉求，内部生长性和外部关注度兼备，是在掌握教育需求循序渐进节奏的过程中进行，也是在需求侧和供给侧动态平衡的过程中实现。为此，深刻把握新时代的有利环境和条件，坚持高等教育的内涵式发展和综合改革，使得高等教育完成量的增长向质的提升的转变，并最大限度地提升人民的满意度，实现高等教育现代化。

3.全面提高高等教育质量的根本所在

以提高质量为核心的内涵式发展道路，是立足我国现代化的阶段性特征和国际发展潮流而提出的深刻命题，是科教兴国的必然选择、人才强国的强烈要求、立德树人的本真要义。高等教育质量的全面提升，必然面临着育人方式的创新、质量标准的恪守、课程教材的改革、师资队伍的建设和评价体系的优化。为此，深化高等教育的综合改革，必须为大学生成才提供有力的育人环境，在包括物质、制度、技术和国际交流的各个方面狠下功夫，促进高等教育能够在全社会协同的环境下完成育人使命，实现“三全育人”的体制机制的创新与落实。

（二）大学生发展与成长的重要议题指向

近年来，关于高等教育质量的质疑在社会上不断出现。且不论其正确与否，仔细剖析舆论内涵不难发现，问题相对集中在毕业生的质量与素质方面，于是人才培养成为高等教育转型与发展中疑难杂症的“重灾区”。这一方面反映了人民群众对我国高等教育事业的关注，另一方面可以看出大学生的成长成才在社会上的舆论效应，当然也带来了大学生学习与发展研究的契机，需要我们抓住机遇、迎难而上。

1.学生发展重大事件的倒推与回归

我国高等教育进入后大众化时期以来，关于教与学的矛盾日益突出，集中反映在高等教育的供给和多样化需求之间的不平衡上，作为教育需求方的大学生群体，其学习与成长受到了理论研究和实践改革的高度关注，历数近年来的教育重大改革不难发现，关于如何引导大学生更好地成长成才，助其适应社会需求、引领时代变革的政策层出不穷。从卓越人才教育培养计划对人才质量的关注，到管评办分离的质量保障与监督体系的加强；从“双一流建设”的逐层推进，到高校学生管理规定修订的细致入微；高等教育领域的每一项重大举措，其出发点和落脚点都是人才培养的质量。由此可见，政策与事件倒推着高校学生发展研究的进一步深化，也正因如此高等教育研究回归到了对教育对象——大学生及其学习、成长基本规律的初心。

2.人才成长的规律探索与质量提升

随着对大学生学习与发展研究的逐渐升温，高等教育的理论与实践者都意识到大学生的成长成才具有特殊性，与中小学教育有所不同，不能一概而论；在长期的国际交流与合作中也已发现，我国的大学生学习和成长表现出自身的特点，既能够放进世界高等教育范畴进行统筹，也能提炼出中国学生成长成才的特色化指征。因此，对于大学生学习、成长、成功的研究应该站位于基本规律的探索，把握高等教育的本质与特征；可以放置于国际潮流的比较与对接，探索中国特色的大学生学习与成长路线，从规律性、特色性两方面探索高校人才培养质量提升的路径。

3.全过程育人的协同效应

围绕着全面提高人才培养能力的核心和基本点，全面贯彻落实全国教育大会的精神要旨，教育部在《关于加快建设高水平本科教育　全面提高人才培养能力的意见》中提出“构建全方位全过程深融合的协同育人的新机制”，强调了在教育教学过程中对协同育人机制的构建，是强化科教育人的重点推行、深化协同育人重点领域的改革。由此可见，教育政策的顶层设计、学生发展的重大事件与改革举措，已经发出了在高等教育人才培养的全过程中建立健全协同机制、鼓励发挥协同效应的信号，那么深挖大学生成长成才的协同模式，正是应时之需。

二、相关政策梳理与解析

(一)政策及要点演变

我国高等教育在21世纪初期，既经历了高歌猛进的发展，也经历了改革的阵痛，玫瑰与荆棘同在。在“摸着石头过河”的不断探索中逐渐把握住高等教育的基本规律、基本要素和基本特征，并能够对症下药，由此全面深化。

1.国家与教育管理部门的顶层政策设计

政策的制定，往往反映了国家之需、发展之重，指引着理论研究与实践改革的方向。从《中长期教育改革与发展规划纲要(2010—2020)》《国家中长期人才发展规划纲要(2010—2020)》的站位来看，教育和人才的战略已经站位一体，人才培养的方向与质量和人才发展的战略与目标息息相关。从中共中央印发《关于深化人才发展体制机制改革的意见》《关于分类推进人才评价机制改革的指导意见》《关于深化项目评审、人才评价、机构评估改革的意见》中，已经给予各级各类人才在成长、发展、评价和相应的制度平台建设方面的政策指引，为加强人才战略和教育培养战略的衔接做好了政策层面的规定。

与此同时，教育行政部门对于人才培养的重视，集中体现在对大学生的教育与培养上。教育部出台《加快建设高水平本科教育　全面提高人才培养能力的意见》为落实建设一流的本科教育制定出相关政策，《关于深化本科教育教学改革　全面提高人才培养质量的意见》再次重申了对大学生培养方向、目标、重点、过程的指导意见。当然，在三部委联合印发的《关于高等学校加快“双一流”建设的指导意见》中，可见国家政策顶层设计对大学生成长成才的高度重视；如何引导大学生成长成才、落实人才培养机制体制改革，已成为教育部近年来的工作要点。再有，“六卓越一拔尖”“新工科”等项目的建设和实施，也是体现出国家对各学科、各行业后备人才培养的关注，是对“立德树人”思想下各类人才培养改革的深化与落实。

2.各地区各部门的积极解读与落实精神

在政策的设计、指引和推进、落实的过程中，各地区各部门负责人也就人才培养发表了相应的观点，也以讲话的形式鼓舞、推动着高等教育对人才培养的改革、对大学生成长成才的关注。从已经公开发表的讲话内容来看，其内容首先强调了高校人才培养的重点和矛盾的焦点在人才培养的质量，这关系到国家战略目标的实现与未来的国际竞争力。其次在于如何有重点、分步骤地推行人才培养制度的改革，以多部门协作的形式，调集全社会的力量共同进行人才的厚培，以保持引领社会发展的“原动力”。再次，鼓励合作、协作教育，推动人才培养模式的创新，进一步发挥新时期新青年的创新意识与创新能力。以上都可以看到各部门对中央精神的落实，为政策的实施进行了深入的阐释，为高等教育事业的改革发展和青年学生的健康成长提供了行动指南。对于大学生成长过程的引导，需要在“总开关”“定盘星”“助推器”“原动力”“总钥匙”“新引擎”“大熔炉”“试金石”的关键环节做足功课，以协作协同的思维和模式推进与达成新时期大学生的成才目标。

（二）政策的指引与行动指南

概括而言，新时期对于大学生成长成才的引导，主要从培养模式创新和评价方式改进两方面入手，最终建立起动态适应机制，提高各级各类专业人才的培养质量。

1.创新人才培养模式

在人才培养的实施主体维度上，创新人才培养模式，建立学校教育和实践锻炼相结合、国内培养和国际交流合作相衔接的开放式培养体系，实施青年英才开发计划，大力开发经济社会发展重点领域急需的紧缺的专门人才。[①] 在人才培养模式的具体目标上，探索建立以创新创业为导向的人才培养机制，完善产学研用结合的协同育人模式。[②] 在人才培养模式的筛选机制上，则侧重培养拔尖创新人才。[③] 加快建立以学习者为中心的人才培养模式，面向学习者个性化、多样化的学习和发展需求，逐步推开"一制三化"（导师制、小班化、个性化、国际化）人才培养改革。[④] 全面实施"六卓越一拔尖"人才培养计划2.0版，围绕"扩围、拓新、提质"，建设一批"一流本科、一流专业、一流人才"示范引领基地，努力培养一大批具有引领未来发展能力的各类卓越人才，一是实施"双万计划"，二是服务"七个中国"。[⑤]

国家层面高度重视校企合作、产教融合的人才培养创新模式。2016 年 3 月，中共中央印发《关于深化人才发展体制机制改革的意见》提出建立产教融合、校企合作的技术技能人才培养模式。[⑥] 2018 年，教育部等六部门联合印发《职业学校校企合作促进办法》，启动产教融合建设试点，积极推行产教融合的职业教育模式；实行产学研用协同育人，探索通识教育和专业教育相结合的人才培养方式，推行模块化通识教育，促进文理交融，继续推进基础学科拔尖学生培养试验计划。[⑦] 技工院校实施"校企双制、工学一体"的校企合作模式。[⑧]

推进创新创业教育是创新人才培养模式的重要举措。2018 年 10 月教育

① 国家中长期人才发展规划纲要（2010—2020）[EB/OL].[2015-03-13].http://www.mohrss.gov.cn/SYrlzyhshbzb/zwgk/ghcw/ghjh/201503/t20150313_153952.htm.

② 中共中央印发《关于深化人才发展体制机制改革的意见》[EB/OL].[2016-03-21].http://www.gov.cn/xinwen/2016-03/21/content_5056113.htm.

③ 教育部财政部国家发展改革委印发《关于高等学校加快"双一流"建设的指导意见》的通知[EB/OL].[2018-08-20].http://www.moe.gov.cn/srcsite/A22/moe_843/201808/t20180823_345987.html.

④ 陈宝生.办好中国特色社会主义教育　以优异成绩迎接党的十九大胜利召开[EB/OL].[2017-02-06]. http://www.chinadaily.com.cn/edu/2017-02/06/content_28116451.htm.

⑤ 关于印发教育部高等教育司 2018 年工作要点的通知[EB/OL].[2018-03-06].http://www.moe.gov.cn/s78/A08/A08_gggs/A08_sjhj/201803/t20180327_331335.html.

⑥ 中共中央印发《关于深化人才发展体制机制改革的意见》[EB/OL].[2016-03-21].http://www.gov.cn/xinwen/2016-03/21/content_5056113.htm.

⑦ 国务院关于印发国家教育事业发展"十三五"规划的通知[EB/OL].[2017-01-10].http://www.moe.gov.cn/jyb_xxgk/moe_1777/moe_1778/201701/t20170119_295319.html.

⑧ 分享校企合作经验推动技能人才培养模式创新[EB/OL].[2018-08-07].http://www.mohrss.gov.cn/zynljss/gzjl/201808/t20180807_298654.html.

部关于《加快建设高水平本科教育全面提高人才培养能力的意见》中把深化高校创新创业教育改革作为推进高等教育综合改革的突破口，面向全体、分类施教、结合专业、强化实践，促进学生全面发展。[①] 同时提出提升就业指导服务水平，定期发布高校就业质量年度报告，建立就业与招生、人才培养联动机制。[②] 刘延东在深入推进高校创新创业教育改革座谈会上的讲话指出，加快推进教育教学改革是深入推进高校创新创业教育改革的重中之重，协同育人是深入推进高校创新创业教育改革的重要途径，着力提升教师创新创业教育教学能力是深入推进高校创新创业教育改革的关键。[③]

2.改进人才评价考核方式

2016 年 3 月中共中央印发《关于深化人才发展体制机制改革的意见》中提出发挥政府、市场、专业组织、用人单位等多元评价主体作用，加快建立科学化、社会化、市场化的人才评价制度。[④] 2018 年 2 月中共中央办公厅、国务院办公厅印发《关于分类推进人才评价机制改革的指导意见》中同样提出科学设置人才评价周期，适当延长基础研究人才评价考核周期，创新技术技能人才评价制度。[⑤]

3.建立动态适应机制，提高各级各类人才的质量与特色

2018 年 10 月，教育部关于《加快建设高水平本科教育全面提高人才培养能力的意见》提出动态调整专业结构，深化高校本科专业供给侧改革，建立健全专业动态调整机制，做好存量升级、增量优化、余量消减，主动布局集成电路、人工智能、云计算、大数据、网络空间安全、养老护理、儿科等战略性新兴产业发展和民生急需的相关学科专业，大力推进一流专业建设，实施一流专业建

① 教育部关于《加快建设高水平本科教育全面提高人才培养能力的意见》[EB/OL]. [2018-10-08]. http://www.moe.gov.cn/srcsite/A08/s7056/201810/t20181017_351887.html.

② 教育部关于《加快建设高水平本科教育全面提高人才培养能力的意见》[EB/OL]. [2018-10-08]. http://www.moe.gov.cn/srcsite/A08/s7056/201810/t20181017_351887.html.

③ 刘延东.深入推进创新创业教育改革　培养大众创业万众创新生力军——在深入推进高校创新创业教育改革座谈会上的讲话[EB/OL].[2015-10-20].http://www.moe.gov.cn/jyb_xwfb/moe_176/201510/t20151026_215488.html.

④ 中共中央印发《关于深化人才发展体制机制改革的意见》[EB/OL].[2016-03-21].http://www.gov.cn/xinwen/2016-03/21/content_5056113.htm.

⑤ 中共中央办公厅　国务院办公厅印发《关于分类推进人才评价机制改革的指导意见》[EB/OL].[2018-02-26].http://www.gov.cn/zhengce/2018-02/26/content_5268965.htm.

设“双万计划”。[①] 2019 年 10 月，教育部《关于深化本科教育教学改革全面提高人才培养质量的意见》提出完善人才需求预测预警机制，推动本科高校形成招生计划、人才培养和就业联动机制，建立健全高校本科专业动态调整机制。[②] 教育部部长陈宝生在新时代全国高等学校本科教育工作会议上鲜明提出，把人才培养的质量和效果作为检验一切工作的根本标准，坚持“四个回归”“以本为本”，印发“新时代高教 40 条”，围绕把思想政治教育工作贯穿高水平本科教育全过程、激发学生学习兴趣和潜能、深化教学改革等 7 个方面，明确了建设高水平本科教育人才培养体系的主要任务和重点举措，并发布实施涵盖全部本科专业类的教学质量国家标准。启动“六卓越一拔尖”计划 2.0，印发《教育部等六部门关于实施基础学科拔尖学生培养计划 2.0 的意见》等 7 个文件，以加强新工科建设，推动医学、农林、文科教育创新发展。

教育部部长陈宝生在 2018—2022 年教育部高等学校教学指导委员会成立会议上提出全面振兴本科教育。教育部对此采取了系列措施，打出了“组合拳”，出台系列政策。他强调贯彻全国教育大会精神，把全面振兴本科教育作为新时代高等教育改革发展的核心任务，把立德树人贯穿人才培养全过程作为全面振兴本科的第一要务，牢牢抓住“教”的核心去引导教师潜心教书育人，同时要紧紧抓好“学”之根本，教育学生刻苦读书学习，并切实抓住“创”的关键，深化体制机制改革，全力冲刺本科教育的全面振兴。[③]

《国务院关于印发国家教育事业发展“十三五”规划的通知》中强调大力培养现代农业人才，加快培养战略性新兴产业急需人才，加强现代服务业和社会管理服务人才培养。[④] 2018 年 10 月 8 日，教育部、工业和信息化部、中国工程院三部门联合出台了加快建设发展新工科实施卓越工程师教育培养计划 2.0[⑤]、教育

---

① 教育部关于《加快建设高水平本科教育全面提高人才培养能力的意见》[EB/OL].[2018-10-08]. http://www.moe.gov.cn/srcsite/A08/s7056/201810/t20181017_351887.html.

② 教育部《关于深化本科教育教学改革全面提高人才培养质量的意见》[EB/OL].[2019-10-08].http://www.moe.gov.cn/srcsite/A08/s7056/201910/t20191011_402759.html.

③ 陈宝生.建设高水平专家队伍 振兴新时代本科教育：2018—2022 年教育部高等学校教学指导委员会成立会议召开[EB/OL].[2018-11-01].http://www.moe.gov.cn/jyb_xwfb/gzdt_gzdt/moe_1485/201811/t20181101_353413.html.

④ 国务院关于印发国家教育事业发展“十三五”规划的通知[EB/OL].[2017-01-10].http://www.moe.gov.cn/jyb_xxgk/moe_1777/moe_1778/201701/t20170119_295319.html.

⑤ 教育部、工业和信息化部、中国工程院关于加快建设发展新工科实施卓越工程师教育培养计划 2.0 的意见[EB/OL].[2018-10-08].http://www.moe.gov.cn/srcsite/A08/moe_742/s3860/201810/t20181017_351890.html.

部、农业农村部、国家林业和草原局联合出台了加强农科教结合实施卓越农林人才教育培养计划2.0[①]，教育部、中央政法委联合出台了实施卓越法治人才教育培养计划2.0[②]的意见。

促进学科交叉融合。依托科技创新平台、研究中心等，着重围绕以大物理科学、大社会科学为代表的基础学科，以生命科学为代表的前沿学科，以信息科学为代表的应用学科，组建交叉学科，促进哲学社会科学、自然科学、工程技术之间的交叉融合，在前沿和交叉学科领域培植新的学科生长点。[③]

吴岩司长在《关于加快建设高水平本科教育情况介绍》中提出，要培育一流质量文化，建立大学质量文化，将质量要求内化为全校师生的共同价值追求和自觉行为。要把人才培养水平和质量作为一流大学建设的首要指标，落实本科专业教学质量国家标准，规范本科教学工作审核评估和合格评估，开展保合格、上水平、追卓越的三级专业认证等举措。[④]

三、本书研究关注点

(一)切入点的选取

立足政策的推行点，关注重大议题的聚焦点，本书从全过程育人出发，根据协同育人的政策指向，研究大学生协同式成长的基本要素及其内生规律，由此建立协同式成长的促进机制。

1.协同式成长是动态循环过程的建立

从大学生学习情况呈现出的多样性可知，该群体的成长与成才已经表现出了多种可能，这也是人才出现分化、社会实现分工的基础。再由大学生的身心特征，结合高等教育的分层分类，可以推断当代大学生的成长成才不再是简单的加减法，而是动态平衡、可持续发展的过程，并且由多个不同要素共同作用，呈现出协同效应，从而构建出大学生的协同式成长过程。

---

① 教育部、农业农村部、国家林业和草原局关于加强农科教结合实施卓越农林人才教育培养计划2.0的意见[EB/OL].[2018-10-08].http://www.moe.gov.cn/srcsite/A08/moe_740/s7949/201810/t20181017_351891.html.

② 教育部、中央政法委关于坚持德法兼修实施卓越法治人才教育培养计划2.0的意见[EB/OL].[2018-10-08].http://www.moe.gov.cn/srcsite/A08/moe_739/s6550/201810/t20181017_351892.html.

③ 不断提升人才培养质量——对话教育部学位管理与研究生教育司负责人[EB/OL].[2018-08-28].http://www.gov.cn/zhengce/2018-08/28/content_5317027.htm.

④ 吴岩.关于加快建设高水平本科教育情况介绍[EB/OL].[2018-06-22].http://www.moe.gov.cn/jyb_xwfb/xw_fbh/moe_2069/xwfbh_2018n/xwfb_20180622/sfcl/201806/t20180621_340511.html

2.协同式成长循环点的强化

在协同式成长的循环过程中，各个要素成为循环的支撑点，如果理顺、强化每一个支撑点，从整体上增加该循环的能量，便能最大限度地发挥循环的效应，推动大学生更好地成长。

（二）核心概念辨析

根据国务院2002年发布的《普通高等学校设置条例》（修订稿）的规定，高等学校是指以通过国家规定的专门入学考试的高级中学教育毕业学生或具有同等学力的考生为主要培养对象，实施高等学历教育的全日制大学、独立设置的学院以及高等专科学校、高等职业学校，而大学则必须满足实施本科及本科以上教育，培养本科及本科以上专门人才等条件。所以，本次研究所涉及的大学生主要是指在大学接受全日制本科学历教育的学生。

1.协同式成长

协同一词，在汉语中的释义为相互配合、齐心协力、协调一致去行动；在英语中有多个表述，包括synergy、collaboration、coordination等，其词根词源意为“共同作用”。协同学（synergetics）的创立主要研究不同系统如何通过自组织的形式来形成某种稳定性，以及各个组织之间如何通过协同合作形成宏观有序的时空结构的机理与规律。[①] 从物理学原理而生的协同学，主要的观点在于保持协同内多个子系统相互协同、合作或者同步进行产生联动作用，子系统的内在相关性促进了整个系统的整体性。

应用到高等教育领域，主要涉及“协同创新”。基于对协同创新中心的深入、系统、全面研究可知，高校的协同创新主要形成了协同涉及多个主体、协同创新内容全面、协同创新功能多样三个基本特征。[②] 从系统的视角去分析协同创新，由此推进人才培养的新平台。[③] 那么在协同创新中心协作的过程中，已经涉及人才培养方面的协同，这无疑给我国高校人才培养带来了新的局面，意味着我们可以用协同的眼光、思维去看待人才培养，从系统的视角、协同的方式去实现人才培养的效率，达至创新。

以协同的思维来审视大学生的成长，不难看出，当代大学生在参与高等教育期间，体验到种类繁多的学习资源，接触到复杂多样的学习人群，在教育目标的指引下培养出多种能力，因此和不同资源之间形成特有的互动模式来促进学习和发展，子系统之间相互影响、合作，产生的联动作用，以协同的方式推动着大学生的成长。

---

① 哈肯.协同学：理论与应用[M].杨奕炳，译.北京：中国科学技术出版社，1990：30-32.

② 李玲玲.高校协同创新绩效评价研究[M].北京：科学出版社，2016：15-17.

③ 叶琳.协同创新视域下高校人才培养研究[M].北京：中国水利水电出版社，2018：54-83.

2.同伴互动

在研究对象为大学生群体时，“同伴”特指大学生各类群体中的个体，包括在校期间的室友、同班同学、好友、社团社友等常有接触关联的个体。互动，不同的学科领域对互动的定义也有所差异。《教育大辞典》将互动界定为：互动是人与人或群体之间发生的交互动作或反应的过程，也包括个人与自我的互动过程。[①] 同伴互动是“同伴”与“互动”的叠加，内涵也发生变化，聚焦到教育学情境中，同伴互动有广义与狭义之分，从广义上来说是指学生与学生之间发生的一切交互作用和影响，既包括发生在教育教学情境下也包括发生在教育教学情境之外的社会背景中。[②] 狭义的同伴互动仅指发生在课堂情境之下，学生个体与个体或群体之间在活动中的相互作用和影响。

3.学习满意度

从现有的研究来看，大学生学习满意度的概念界定以及结构的解析在研究中形成了管理视角下和质量视角下的研究范式。管理视角下的学习满意度研究主要是基于顾客满意度模型开展的。瑞典在 1989 年建构了全世界第一个顾客满意度指数，而后美国在此基础上开发了美国顾客满意度指数模型，该模型由顾客期望、感知质量、感知价值等构成。在此模型基础上，一些研究者提出一个高校顾客满意度指数模型，将教学质量和校园服务、高校形象、顾客信任以及承诺与忠诚等作为高校顾客满意度的要素与指标。[③] 质量视角下的学习满意度研究则侧重于从教学过程要素理论出发来探究。以阿斯汀(Astin)教授提出的“学生参与理论”和“IEO 模型”作为基础，在“身心投入并获得学习质量”的基础上进行学习满意度测量。

阿斯汀的学生参与理论是大学生满意度研究的理论支撑。学生参与理论认为学生的学习实质上是参与及融合的过程，要衡量一所学校的好坏，主要看其是否能够更好地促进学生参与到学校的各项活动中。所以，学生学习满意度的探讨实质上是对学生学习参与活动及体验的分析和探究。这是学生满意度结构梳理及整合的理论依据。教师主导、学生主体以及环境影响是高等教育教学过程的三大基本要素。三大要素相互影响、相互作用，形成了一个三角循环的逻辑关系。该理论为大学生学习满意度结构的梳理以及要素解析提供了重要的理论依据，将满意度的结构与大学教学、学习过程相整合能够更准确、有效地完成满意度要素解析与结构整合。

---

① 顾明远.教育大辞典[Z].上海：上海教育出版社，1992(6)：442.

② 瞿波.合作学习中生生互动的研究[D].成都：四川师范大学，2009：14.

③ 杨雪，刘武.中国高等教育顾客满意度指数模型及其应用[J].辽宁教育研究，2006(10)：7-10.

学生自身满意与否影响甚至决定着社会用人单位以及家长的满意情况，学生自身满意情况反映着学生在学习成长过程中的感受，体现高校的办学质量。大学生学习满意度与学生学习过程、体验、投入、学习成果等密不可分。因此，以大学生学习过程参与和体验为核心，将感知质量、学习质量、人才培养质量有机结合，将大学生学习满意度界定为基于学生参与大学阶段学习的各项体验，对比期望，对学习过程与结果的自我满足感，表征其对学习过程质量和结果质量的自我评价。

4.就业能力

在不同历史时期，学者和权威机构从多种视角对就业能力的内涵和要素进行了阐释，这些阐释从不同侧面揭示出就业能力的内涵。就业能力这一概念由英国学者贝弗里奇(Beveridge)在1909年提出，这一概念随着社会经济和劳动力市场的发展，其内涵不断丰富。国内外学者对就业能力定义的主要观点大致可以分为三类：

第一，以个人特质为核心的就业能力。持这种观点的学者认为，就业能力的关键是个人特质，就业能力在实质上是将个人特质与其他人力资本等因素相结合而产生的。如在福古特(Fugate)看来，就业能力属于心理-社会性结构，社会和人力资本、职业认同以及个体适应性都属于就业能力，该能力能够得到更多的外部职业能力以及组织内部能力。

第二，以技能为核心的就业能力。就业能力是一种应对工作变化的技能。国际劳工组织曾经这样阐述就业能力：它是个体能够获取工作、在工作中进步，同时应对工作中出现的变化的能力。

第三，就业能力是一种综合能力。哈韦(Harvey)认为就业能力是一个很难界定的概念——一个多维的概念，并有必要区分为影响准备工作的因素和影响获得工作的因素。就业能力是被雇佣者具有并在劳动力市场上展示的，雇主所需和被认为有吸引力的技能总和，这些技能应该是让雇佣者相信他们在将来的岗位中能有效工作的行为特征。同时，就业能力是与就业相关的阶段性能力的综合。

综合以上的观点，本书所讨论的大学生就业能力是指高校在校大学生在高校学习过程中，掌握知识和技能、提升综合素质，为将来获得就业、维持就业和必要时获取新职业做好准备的能力。

第二节　理论与文献回顾

一、相关理论及演变历程

(一)协同理念的演进与高校人才培养

协同学来源于系统科学，是一门使用广泛的综合性学科理论，从物理学界提出。该理论集合了系统论、信息论、控制论、相变论等现代科学成果，吸取了结构耗散理论的大量成功经验，采用统计学和动力学相结合的方法，研究系统在涨落和非线性作用下产生的协同效应，从而自发形成时间、空间和功能的自组织有序结构。[①] 从无序到有序的演化规律，和从有序到无序的演化规律，还包括有序和无序相互转化的机制及数学描述，都能够通过协同论得到分析和解释。[②]

1.协同学在高校人才培养中的运用

协同学的理论和方法，在生物学、化学、医药、管理等学科和领域都有各自的使用内涵和方法机制。而对于高校系统，其协同创新需要有系统内的子系统和各协同要素及其关系流所构成，该过程则需要在沟通、合作、竞争、整合与协同五个阶段的作用下实现融合。[③] 鉴于人才培养在高校各项工作的中心地位，并且已经意识到高质量、创新性的人才培养，放置在协同视角下能够更好地实现培养目标，革新高校人才培养的思路和机制，提升高校人才培养的水平和质量。

面对日新月异的世界，高等教育的创新已经不只是系统自身的更新，而早已将目光投向创新新视野的寻求，高校的人才培养走过了封闭与分散的各自为政，在新的历史条件下，更倾向于构建整合的、协同创新的人才培养平台。[④] 当然，在发挥平台作用的同时，也已经知悉创新所面临的局限和挑战，其关键点在于突破人才培养的制约，促使作为人才储备力量的大学生，需要以协同观的视角来促进其成长，以协同的方式落实其成长的机制。

2.大学生参与学习，通过努力质量获得成长

大学生的学习与成长，不仅取决于自主发展，还与自身所处的环境密切相

① 哈肯.高等协同学[M].郭治安，译.北京：科学出版社，1989:23-54.

② 李梁美.走向系统综合的新学科[M].上海：上海社会科学院出版社，2012:29.

③ 李玲玲.高校协同创新绩效评价研究[M].北京：科学出版社，2016:96.

④ 叶琳.协同创新视域下高校人才培养研究[M].北京：中国水利水电出版社，2018:54-78.

关。佩斯(Pace)提出的"努力质量"(quality of effort)[①]、阿斯汀提出的"学生参与"(student involvement)理论[②]以及库(Kuh)等人提出的"学生投入性学习"(student engagement)理论都表明大学生为了自己的发展有责任将时间和精力投入到学习中,学生在校期间的发展更多地视为自主发展的过程,大学生的个体因素甚至决定着大学生的发展。[③] 同时,虽然学生带着个人先赋特征进入大学,但其学习状态也会受到院校环境、组织特征、人际互动等多种因素的影响。"社会与学术整合理论模型"指出,不同背景的学生会对自身能力的变化产生某种目标承诺,与院校环境间的融合程度会影响其成长变化。[④] "IEO 模型"表明学生学习收获是学生个体与院校环境互动的结果,学生的学习收获需通过心理性和物理性投入到院校环境的方式来实现。[⑤] "整体变化评定模型"中院校结构特征、学生个人背景特征、社会性人际互动、院校环境、学生个人努力程度会影响学生的成长变化。[⑥] 将大学生的个体特征和院校环境整合后提出的"学生成功影响要素模型",认为大学生发展受到大学生入学前的经验(如入学选择、学术准备、学习兴趣等)、大学生在校学习行为(如学习习惯、同伴关系、师生互动、学习兴趣等)和院校条件(如学术支持、校园环境、同伴支持和教学方法等)这三方面因素的综合影响。[⑦]

---

① Robert C Pace. Measuring the Quality of College Student Experience: An Account of Development and Use of the College Student Experiences Questionnaire [Z]. Higher Educational Research Institute, Graduate School of Education, University of California, 1984.

② Alexander W Astin. Student Involvement: A Developmental Theory for Higher Education [Z]. Higher Educational Research Institute, Graduate School of Education, University of California, 1984.

③ Kuh G D, Kinzie J, Buckley J A, et al. What Matters to Student Success: A Review of Literature[Z]. National Post-Secondary Education Cooperative(NPEC) Commissioned Paper, 2006.

④ Tinto. Dropout from Higher Education: A Theoretical Synthesis of Recent Research [J]. Review of Educational Research, 1975(45).

⑤ Alexander W Astin. Assessment for Excellence: The Philosophy and Practical of Assessment and Evaluation in Higher Education [M]. New York: American Council on Education and Macmillan Publishing Company, 1991.

⑥ Ernest Pascarella, Patrick Terenzini. How College Affects Students: A Third Decade of Research(Vol.2)[M]. San Francisco, CA: Jossey-Bass, 2005:57.

⑦ Kuh G D, Kinzie J, Buckley J A., et al. What Matters to Student Success: A Review of Literature[Z]. National Post-Secondary Education Cooperative(NPEC) Commissioned Paper, 2006.

3.大学生成长是一个多要素耦合协同的过程

从耦合的协同观来讲，协同表现成为一种耦合创新机制，发挥了系统内各个子系统的耦合作用，从而给参与主体带来长期的竞争优势。[①] 这样的协同理念，正符合当代大学生的成长理念，能够从学习的复杂性、成长的复合性给予解释。通过协同，使得大学生的学习更富有参与性，个体化的努力能够在制度平台中发挥更大的作用，提升整个群体的努力质量。

从整合协同的视角来看，大学生的协同成长，除去学习性要素，还存在着促进成长的非教学要素，包括参与学习过程和分享结果的同伴互动要素、体验学习和对比期望的学习满意度要素、促进社会化和实现教育目标的就业能力要素。这些要素并不是直接参与教与学，而是以渗透、激励的方式对大学生的成长起到了促进作用。

（二）在学生发展中析出的同伴互动

20 世纪 80 年代，帕斯卡雷拉在费尔德曼、佩斯[②]以及瓦尔伯格等人的相关研究基础上，于 1985 年构建了大学生发展的整体变化评定模型。[③] 如图1-1所示。在帕斯卡雷拉的模型中，学生学业和认知性发展取决于五大要素的直接或间接影响，主要包括五大要素：学生的背景性和入学前特征，高等院校的结构或组织特征，高等院校的教育环境，学生与院校内其他个体间的社会性互动，学生努力的质量。[④]

1.模型中各要素及其指征

模型中涉及的各项要素，均有其内涵和具体指向，院校结构和组织特征包括大学的招生人数、师生比、学生的选拔以及住校生比例等；学生背景则包括学生的属性、入学前学业能力、个性、种族等，直接影响到学生的学习和认知发展和院校组织特征，对大学生的校内社会性互动和院校环境产生影响；社会性互动指的是学生在大学就读期间与其他个体发生的互动，包括课堂内外的师生互动以及同伴互动，能直接影响到学生的学习和认知发展；院校环境包括大学文化、课程、政策等，由院校结构特征以及学生背景决定；学生努力质量指的

---

① 冯自钦.企业集团财务协同控制研究[M].北京：经济管理出版社，2012：11.

② Robert C Pace. Measuring the Outcomes of College：Fifty Years of Findings and Recommendations for the Future[M]. San Francisco：Jossey-Bass，1979.

③ Pascarella E T. College Environmental Influences on Learning and Cognitive Development：A Critical Review and Synthesis[M]//Higher Education：Handbook of Theory and Research(Vol.1). New York：Agathon Press，1985：10.

④ Pascarella E T. College Environmental Influences on Learning and Cognitive Development：A Critical Review and Synthesis[M]//Higher Education：Handbook of Theory and Research(Vol.1). New York：Agathon Press，1985：50.

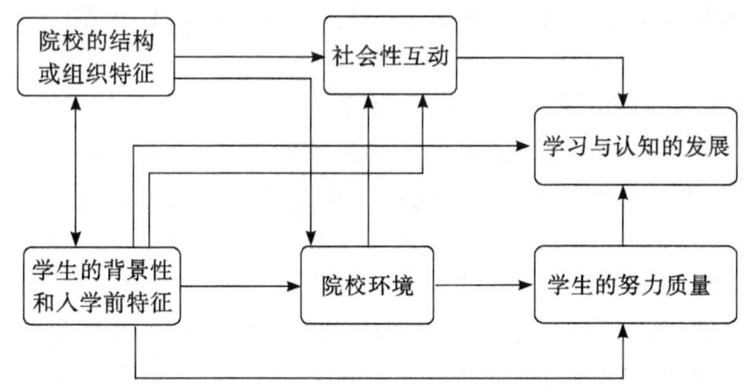

图 1-1　帕斯卡雷拉的"整体变化评定模型"

是学生投入到大学学习、社会活动中的时间和精力。学生背景、院校环境、师生互动以及同伴互动等校内社会性互动决定了学生的努力质量，学生努力质量则直接影响到学生发展。

2.各因素的影响路径

相较于其他院校影响力模型，在帕斯卡雷拉的"整体变化评定模型"中，对学生学习和认知发展的影响因素及影响路径给出明确假设，对直接影响因素与间接影响因素进行明确划分。具体而言：(1)院校的结构性特征则是通过影响院校环境、学生互动、学生努力质量三大要素间接促进学生发展。在影响路径上，虽然院校结构特征中的在校生人数、师生比等因素可能对学生学习产出不会造成直接影响，但能通过学生社会性互动这条影响路径，即作用于学生的师生互动、同伴互动情况，从而间接影响学生的学习和认知发展。[①] (2)院校环境通过影响学生的社会性互动、学生努力质量两条路径，从而间接影响学生成就。这都表明，院校教育因素只有通过影响学生的参与才能真正发挥其育人的作用。帕斯卡雷拉的"整体变化评定模型"作为经典的院校影响力模型之一，可以从内容上、分析框架上为大学生协同式成长中的同伴互动提供理论支持。

(三)在学生参与中实现的学习满意度

大学生在参与学习的过程中，形成对大学学习的满意度评判，在受到外部因素影响的同时，其内涵、要素颇为丰富。大学生的学习满意度呈现出多样化的状态特征，与他们对自我成长的期望和学习体验直接相关，通过不同形式、程度地参与学习、成长的相关活动来得到实现。学习满意度不仅反映了大学生参与学习后的心理状态，还能体现其努力质量的水平，同时也折射出高等教

① Pascarella E T. College Environmental Influences on Learning and Cognitive Development: A Critical Review and Synthesis[M]//Higher Education: Handbook of Theory and Research(Vol.1). New York: Agathon Press, 1985:48.

育的吸引力和大学生忠诚度的潜在值，对于大学生的成长成才产生重要的协同效应。

1.学生参与理论视野下的学习满意度

我国高等教育质量全面提升这一顶层政策的核心，是大学生学习质量的提升，更是学习满意度的提升。学生参与理论认为，学习满意度实质上是对学生学习参与活动及其体验的探究。教师主导、学生主体以及环境影响构成的大学生学习要素三角循环逻辑能准确表达大学生学习的要素与关系，能有效整合学习满意度内涵和结构与大学学习过程的关键节点，成为学习满意度要素解析和过程整合的理论依据。

全面剖析大学生学习满意度的要素及结构，主要从教师教学(教学过程与关系)、外在环境影响(硬件、软件)以及学生群体影响(他人影响、自我发展)等方面梳理。基于学习过程的学习满意度塑造，则重点在于梳理大学生学习过程各项关键要素对学习满意度的影响，并探讨学习收获与学习满意度之间的相关性，从过程影响和结果相关两个层面剖析(如图 1-2)。

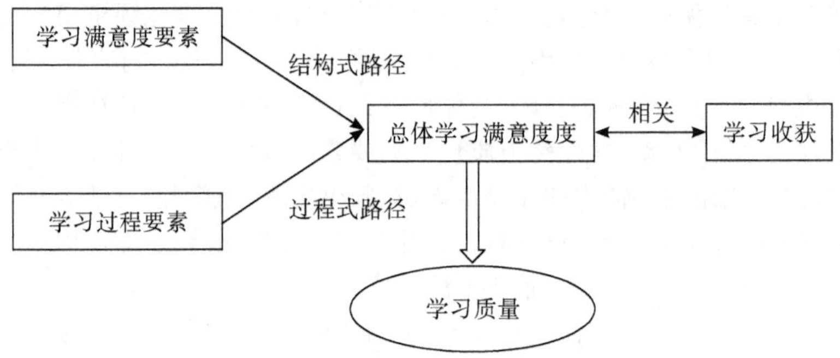

图 1-2　学生参与视野下的学习满意度

2.大学生参与了自我学习过程和质量的构建

大学学习是在教师引导下进行的学生自主性探索未知和建构知识体系的活动，并受到学习环境的影响。大学生既是学习质量的参与者，更是学习质量的体现者，一来参与了学习质量的构建，二来显示出学习质量的最终结果。布鲁姆的教育目标分类为大学生学习满意度测评提供了理论源点，能够针对大学生在认知、技能与情感方面的增长与否，对所获得大学体验是否满意、满意程度作出自我评估与评判。① 大学生的学习满意度是对大学教育过程的一种

① Lorin W Anderson, David R Krathwohl. A Taxonomy for Learning, Teaching, and Assessing: A Revision of Bloom's Taxonomy of Educational Objectives [M]. New York: Longman, 2001:10-18.

反馈，能够对学习质量产生本质影响，从主观评判的客观事实中形成对高等教育质量的反思，从大学生主体性的视角实现对学习质量的观测、监控和保障。[①]

（四）人才培养社会化目标落实的就业能力

高校就业能力评估思想是作为高等教育与经济、市场之间的桥梁出现的。高等教育已经体现为全球竞争力的一部分，而人才是高等教育事业的最主要"产品"，因此人才的就业能力从微观看关系到个人福利，从宏观和全球视野看构成了经济福利的影响因子。评估高校学生的就业能力，是在衡量高等教育是否能够促进就业能力的发展，同时也考量高校毕业生在从学校走向劳动力市场的过程中是否能够成功完成转型。

1.大学生就业能力的 USEM 模型

大学生的就业能力是绝对和相对的结合，主要考虑能够使个人更加容易得到初次雇佣机会的一系列成就、认识和个人品质，这些能够促使大学生在其所选择的岗位上获得成功。[②] 从高等教育与市场的结合角度来考察，对大学生进行就业能力的培养和评估无疑是高等教育主动适应社会发展的产物，也是高等教育从精英走向大众，再迈向普及这条道路上的一个重要组成部分。对大学生就业能力的研究既是合目的性和重方法论的结合，又是提高人才培养质量和契合劳动力市场需求的结合。

基于认知社会心理学角度提出的就业能力 USEM 模型，能够将个人品质、各种技能和学科知识有机结合起来研究大学生的就业能力，有效剖解了就业能力的内部结构，认为就业能力由专业知识的理解力（understanding）、通用和专业技能（skills）、自我效能（efficacy beliefs）和元认知（meta-cognition）四大要素构成，这正是大学生在校学习需要提升的就业能力的重要成分，为实证研究的开展提供了理论基础（图 1-3）。针对我国社会经济结构特征，有必要契合大学生学习与培养的特点进行本土化就业能力研究工具的开发。

2.大学生就业能力的培养和提升是人才培养质量提升的重要组成

就业能力的 USEM 模型为解构就业能力提供了一个良好的视角和分析框架，大学生就业能力提升的根本目的是大学生自身的全面发展，体现高校人才培养的质量与社会、市场的契合度。因此，自我意识的培养与形成是大学生就业能力提升的主观动因，蕴含其中的个人品质锤炼，则是培养大学生就业能力的基础。从市场需求的角度审视，用人单位在选择员工时不仅仅看能力，更

① 文静.大学生学习满意度：高等教育质量评判的原点[J].教育研究，2015(1)：75-80.

② Peter T Knight, Mantz Yorke. Assessment, Learning and Employability[M]. SRHE& Open University Press, 2003：5.

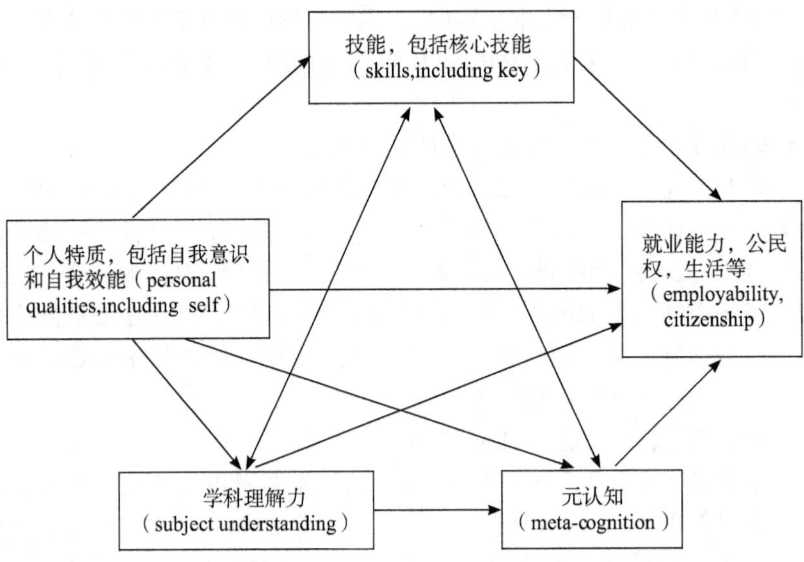

图 1-3 就业能力的 USEM 模型

关注人的品质和发展潜力。那么在大学生就业能力培养的过程中，从结构上来看，学科理解力最为关键，它通过元认知构成大学生就业能力的内核。而个人技能是就业能力的外化，直观且具有可操作性，包含了通用技能和专业技能。通用技能是大学生都应具备的技能，专业技能则是学科专业职业背景下所形成的特殊要求技能。然而在大学生就业过程中，通用技能日益发挥着重要作用，也具有国际通用性，有利于塑造世界公民身份。所以，培养就业能力与实现个人全面发展并不矛盾，就业能力的提升蕴含在个人全面发展之中，而个人全面发展也要求有就业能力的提升作为支持。①

二、文献回顾与综述

(一)协同人才培养相关研究文献回顾

以“协同”和“人才培养”为关键词在 CNKI 上进行搜索，能够得到相关文献 6600 余篇，其中较为集中的主题前三位分别是协同创新、人才培养、协同育人。由此可见，这类主题的研究已经关注到了如何运用协同的思维和理念来创新人才培养，实现大学生培养质量的稳步提升。

1.基于协同创新概念下的高校人才培养研究

高等教育对协同的研究，是从协同创新理论在高校中的运用开始的。王

① 史秋衡，文静.中国大学生的就业能力：基于国家大学生学情调查的自我评价分析[J].北京大学教育评论，2012(1)：48-60.

延荣、赵文龙仔细审视了系统动力学的基础理论和协同创新系统的内在机理，认为产学研能够进行协同，并绘制了协同创新的因果关系图。[①] 利用系统管理理论，能够更好地激发院校管理活力，理顺机构管理体系。因此，高校实现协同创新的途径则从内外部协同创新、内部协同创新、横向协同创新和纵向协同创新四种路径，以此联系起能够与高校进行协同的多个利益相关主体，由此进一步从人才培养和政策分析的视角推进研究。[②]

拔尖创新人才培养的机制、效益和模式，是协同理念下高校人才培养研究的重点，该视角下的研究主要集中在协同创新的合作模式及形式、动力机制与要求、主体作用与类型等方面。模式上，主要的研究集中在创新模式的探讨、课程与教学的重新设计、新平台的建立等方面。机制上，对于机制本身的探讨、协同机制的作用与意义、如何推动协同创新的人才培养机制，各方面的分析和讨论相对集中。类型上，主要探讨了不同层次、类型的人才对应于什么样的人才培养机制，并且提出高校和外部主体相互协同培养人才的必要性和可行性，为进一步深入分析协同理念下的人才培养剖析了价值取向和价值诉求。

2.基于高校内外协同的人才培养研究

协同培养的核心是“协而不同”，保持特色、做足多样化是从研究协同式人才培养中得到的共识，并且该研究已经深刻地意识到高校内外协同、内部子系统间协同培养人才势在必行。

(1)协同性学习与人才培养

协同创新概念的提出和平台的运行开始后，有学者对大学生在协同理念下的学习和成长的思维与能力进行了探讨，认为在协同创新理念下，可从优化大学生的能力结构、提升大学生协同创新素质，创新高校教学管理、搭建校内外协同创新平台，创新国家教育制度、为大学生协同创新能力培养提供制度保障几个方面培养大学生的协同创新能力。[③] 而在“大众创业、万众创新”的战略驱动下，高校开展了对大学生就业、创业能力培养与提升的探索，以联系与发展、竞争与共生、协同与演化的思想为先导，以创业过程理论、行动学习理论、人力资源理论、职业能力开发理论、资源协同理论等社会学、管理学、教育学理论为指引，对大学生创业能力及发展资源开展深入、系统的研究，认为可

① 王延荣，赵文龙.基于系统动力学的产学研协同创新机制研究[J].华北水利水电学院学报(社会科学版)，2013，29(5)：63-68.

② 李玲玲.高校协同创新绩效评价研究[M].北京：科学出版社，2016：58-64.

③ 王海建.基于协同创新思想的大学生协同创新能力培养[J].中国石油大学学报(社会科学版)，2012，28(3)：105-108.

以协同各项资源来培养和提升大学生的创业能力与素养。[①] 而在提倡大学生理想信念教育的时代背景下,分析理想信念与学习动力、学习行为现状的关联性,提出通过建立协同促进机制,共促大学生的理想信念和学习动力,从而为人才培养质量的提升提出新的工作思路和实践路径。[②]

(2)协同性培养模式的建立及实现路径

已有的对于协同性人才培养模式的研究,就建立及其实现路径来看主要集中在高校内外部的协同。从高校内部视角,主要以高校为创新主体,协同创新机制的运行。[③] 从高校外部视角,建立高等院校、科研院所和企业一体化的创新网络,形成资源共享机制,构建知识创新、技术创新和创新人才培养一体化的完善的国家创新系统。在国家创新系统新框架下,发挥中央政府、地方政府和社会机构的积极性,推动大学、研究机构和企业结成战略联盟,促进研究与教育的结合,通过改革激发创新人才培养体系的活力。[④] 因此,在协同性培养模式的具体实现路径上,需要从国家战略的顶层设计开始,进行产学研多方资源的整合与深度合作,从而形成战略联盟,在引导外部需求和刺激内生动力之间实现平衡,营造有利于协同创新健康发展的政策环境和社会氛围。[⑤] 这样的产学研协同合作,在致力于增强科研产出、提高人才培养质量的同时也产生了经济学效益。[⑥] 而从三螺旋理论视角,高校、政府、企业需要联动耦合,以实现创新创业人才的培养。[⑦] 在这方面,高职院校反应迅猛,在对"协同育人"价值理念探讨、机制建设、协同合作形式方面展开了有益尝试。[⑧]

(二)同伴互动相关研究文献回顾

1.同伴互动的内涵研究

从不同学科视角对互动、同伴互动等词义的辨析,有助于明晰本次研究中的核心概念的要义,同时对同伴互动具体类型的定义进行梳理,更细致化地了

---

① 任泽中.资源协同视域下大学生创业能力影响因素与发展机制研究[D].南京:江苏大学,2016.

② 郑浩.大学生理想信念与学习动力协同促进机制研究[J].当代教育实践与教学研究,2019(17):90-91.

③ 李祖超,梁春晓.协同创新运行机制探析:基于高校创新主体的视角[J].中国高教研究,2012(7):81-84.

④ 薛二勇.协同创新与高校创新人才培养政策分析[J].中国高教研究,2012(12):26-31.

⑤ 张力.产学研协同创新的战略意义和政策走向[J].教育研究,2011,32(7):18-21.

⑥ 洪银兴.产学研协同创新的经济学分析[J].经济科学,2014(1):56-64.

⑦ 陈桂香.高校、政府、企业联动耦合的创新创业型人才培养机制形成分析:基于三螺旋理论视角[J].大学教育科学,2015(01):42-47.

⑧ 徐平利.试论高职教育"协同育人"的价值理念[J].职教论坛,2013(1):21-23.

解同伴互动的内涵，进而确定本次研究的同伴互动内涵。

(1)同伴互动的概念辨析

同伴互动的核心词是“互动”。“互动”本是一个含义广泛的词语，需要从不同的学科视角来梳理“互动”的内涵和外延。而后将互动的对象界定为同伴之间，即同伴互动，进一步具体阐释本书的核心概念。

互动，广泛存在于我们的社会生活之中，不同的学科领域对互动的定义也有所差异。著名社会学学者章人英认为，“互动又称为相互之间的作用，必须至少是两个个体，或者多个个体以上的人所发生的心理交互的作用或者行为之间的相互影响，是一个人的行为所引起的作用使得其他人的行为或者价值观发生改变的任何一种或多种过程”[①]。《心理学大词典》将互动定义为：互动是社会成员通过交往而导致彼此在行为上促进或促退的社会心理现象。[②]《教育大辞典》将互动界定为：互动是人与人或群体之间发生的交互动作或反应的过程，也包括个人与自我的互动过程。[③] 聚焦到教育学情境中，教育中的互动可以分为广义和狭义，广义的指发生在课堂以及课堂以外的一切教育者与受教育者之间的相互作用与相互影响；狭义的则仅指课堂中的互动，包括师生之间、师师之间以及同伴之间的互动。[④] “交往”是与互动紧密相关的概念。“交往”是人们运用语言或非语言符号交换和传递思想，表达感情需要等的交流过程。[⑤] 互动可以说是一种互为对象的交往，交往产生互动，互动需要交往，互动涵盖交往。同时，互动展示的是一个教育全过程，交往更多的是注重人际关系上的探讨。[⑥]

综合来说，互动可以解释为在一定的社会背景与具体情境下，人与他人或自我或群体之间发生的各种形式、各种性质、各种程度的相互作用与影响，最终导致互动双方行为或价值观改变的任何过程。

同伴，是指个体与之相处的具有相同社会认知能力的人。在以往的研究中，学者对同伴并无统一的概念界定，而是对同伴的特点和分类进行了分群论述。首先，同伴之间的关系是平行、平等的，不同于个体与家长或与年长者交往的垂直关系。就大学生群体而言，根据组织的划分，大学生同伴群体一般包括班级组织、院级组织、学校组织以及由校团委引导下的社团组织等等。根据

① 章人英.社会学词典[Z].上海：上海辞书出版社，1992：151.

② 朱智贤.心理学大词典[Z].北京：北京师范大学出版社，1989：741.

③ 顾明远.教育大辞典[Z].上海：上海教育出版社，1992(6)：442.

④ 吴仁英.合作学习中的生生互动研究[D].青岛：山东师范大学，2005：9.

⑤ 李丽红.课堂生生互动研究[D].昆明：云南师范大学，2004：11.

⑥ 李秀萍.变革中的课堂师生互动存在问题研究[D].南京：南京师范大学，2004：10.

学习团体的划分，大学生同伴群体可以分为大类学科群、专业群体、跨专业的宿舍群体、课堂小组群体等等。① 研究中的"同伴"特指大学生各类群体中的个体，包括在校期间的室友、同班同学、好友、社团社友等常有接触关联的个体。

从教育学视角出发，在梳理已有的同伴互动研究中，同伴互动有广义与狭义之分。从广义上来说是指学生与学生之间发生的一切交互作用和影响，既包括发生在教育教学情境下，也包括发生在教育教学情境之外的社会背景中。② 具体来说，从参与的主体来看，"同伴互动"不仅包括学生个体与学生个体间的作用，还包括学生个体与学生群体成员间的交流和沟通。从空间的角度上来讲，不仅包括发生在课堂教学场域下的互动，还包括发生在课堂教学场域之外的其他相互作用和影响。而狭义的同伴互动仅指发生在课堂情境之下，学生个体与个体或群体之间在活动中的相互作用和影响。从教师视角出发，同伴互动是教学活动中的一种组织形式，从学生视角出发，同伴互动是一种学习方式。在以往的研究中，与"同伴互动"相近的一个概念"生生互动"，指学生与学生之间的相互作用和影响。③ 在研究对象为大学生群体时，"同伴互动"中的同伴也是学生与学生个体之间的相互作用和影响，两个概念之间并没有明显差异。④ 另一个需要关注的概念是"同伴关系"，指同龄人间或心理发展水平相当的个体间在交往过程中建立和发展起来的一种人际关系。⑤ 同伴互动建立在同伴关系的基础上。相较于同伴关系而言，同伴互动强调同伴之间的交互作用和影响，而非仅仅是一种亲疏远近的状态，同伴互动的内涵和外延都更广。

综上所述，本次研究将大学生的"同伴互动"的概念定义为：大学校园环境内，学生个体之间发生的各种形式、各种性质、各种程度的相互作用与影响，最终导致互动双方行为或价值观改变的任何过程。

(2)同伴互动类型

国内外学者基于不同的分类标准，将同伴互动的类型归为以下几类：

从互动与活动的范围看，主要发生在课堂内与课堂外，当前的大多研究都是将视角聚焦于课堂内的同伴互动。

---

① 张湘韵.我国大学生人际交往对学习力影响研究[D].厦门：厦门大学，2014：16.

② 瞿波.合作学习中生生互动的研究[D].成都：四川师范大学，2009：14.

③ 陈璐芳.高中思想政治课课堂生生互动研究[D].武汉：华中师范大学，2016：4.

④ 吴仁英.合作学习中的生生互动研究[D].青岛：山东师范大学，2005：9.

⑤ 周宗奎，孙晓军，赵冬梅，等.同伴关系的发展研究[J].心理发展与教育，2015，31(1)：62-70.

从群体的组织化程度来说，分为正式互动与非正式互动：正式互动主要是指稳定的学生个体之间的互动，这种互动往往具有严密与固定的特点；非正式互动主要指学生自发形成的互动，具有松散与临时的特点。正式互动主要发生在有组织的课堂教学中，非正式互动主要产生于课外。[①]

从大学生同伴互动取向来说，美国学者克拉克(B R Clark)从社会学视角出发，将大学同伴文化分为四种类型：学术型亚文化(the academic subculture)关注中心在于学科课程的学习及学术性课外活动的参与；玩乐型亚文化(the fun subculture)旨趣主要在于各种文体活动；职业型亚文化(the vocational subculture)取向在于谋求学历与就业技能；非顺应型亚文化(nonconformist subculture)其参照标准来自校外社会群体及其意识形态，对学校持批判态度，支持攻击性行为。

从同伴互动的内容来划分，可以分为认知互动、情感互动、行为互动。[②]认知互动是指学生之间以教学内容为中介，让学生的认知水平不断提升的过程。情感互动是指互动中学生之间通过积极的情感交流，激发共鸣，获得精神上的满足，进而来帮助学生提高学习效率。行为互动是指学生和学生之间的交往与沟通，彼此的言语行为相互作用和影响，形成对社会规范的正确认识，并且能够使生活中的行为符合社会规范，进而帮助学生实现社会化的过程。

2.大学生同伴互动现状研究

同伴，是大学生人际关系类型中基本而又重要的一类，能深刻影响到大学生的就学经历，甚至是大学生在校期间的个人成长。现阶段，已有部分学者研究呈现出我国大学生同伴互动的情况，更有研究将大学中的同伴进行归类，针对具体类型的同伴进行细致化研究。

(1)大学生同伴互动状态

通过梳理已有的研究者所做的大学生同伴互动的相关调查，从大学同伴之间的互动频率、互动人数、互动目的、互动评价、互动性质以及互动内容等方面了解当前大学生同伴互动的部分概况。

①同伴互动频率。有学者通过对具体院校进行问卷调查，根据所收集到的数据分析指出，南京大学本科生之间的同伴互动频率处于“有时”和“稍多”的频率状况，学生在同伴互动上的参与情况上总体比较好。[③] 同样，在湘潭大学中，大学生在“同伴互动”上的参与度较高，处于“有时”和“经常”的中间状态。[④]

① 张湘韵.我国大学生人际交往对学习力影响研究[D].厦门：厦门大学，2014：46.

② 韩琴.课堂互动对学生创造性问题提出能力的影响[D].武汉：华中师范大学，2008：29.

③ 邓文超.南京大学本科生“学习参与”现状研究[D].南京：南京大学，2013：25.

④ 陈萍.高校学生参与度实证研究[D].湘潭：湘潭大学，2011：21-22.

②同伴互动人数。有学者通过对上海市部分高校的大学生进行问卷调查，从调查结果来看，大学生自己填报的经常一起学习娱乐的朋友数量集中在2～5人，并且有六成以上的大学生经常在一起的朋友数量为3～5人，但有4%的大学生经常自己独自一人，有3.3%的大学生仅有一位经常在一起学习娱乐的朋友。[①]

③同伴互动目的。有学者在对湖北省内部分高校的“90后”大学生进行了问卷调查，统计分析后发现“90后”大学生之间的同伴互动主要目的依次是：有事可以共同商量、互相倾诉心事，可以互相勉励、共同进步，可以一起玩，拓宽人脉、多个朋友多条路。[②]

④同伴互动评价。从具体的地域性调查研究来看，福州市的大学生对同伴互动的总体评价较高，但不同年级的大学生对同伴互动的评价存在波动性。[③]

⑤同伴互动性质。有学者从理论上将课堂教学中的同伴互动划分为合作性、对抗性、合作—竞争性。[④] 在实证研究中，从西安大学本科生就读经历调查来看，在课堂学习环境中存在互助合作和同侪竞争两种性质的互动。在大学数学课堂学习环境中，学生互助合作的平均得分介于2.7～3.0之间，竞争的平均得分介于2.5～2.7之间，互助合作得分高于竞争得分。且女生相较于男生，数学课堂上的合作互助水平更高。[⑤]

⑥大学生同伴互动内容。对于课堂上同伴互动内容的研究，多是借鉴于师生互动内容的研究成果，即课堂上师生互动的内容主要集中在行为互动、情感互动和认知互动三个方面。虽然同伴互动和师生互动的主体不同，但互动的本质是相同的，情感互动是认知互动和行为互动的基础，认知互动是课堂教学追求的最终目标，行为互动则是课堂教学中师生的外在表现。[⑥] 除了课堂互动外，也有学者研究学生的课外同伴互动内容，主要包含“党团、学生会及社团活动”“各类科技创新活动”“志愿者服务、社会调查等社会实践活动”“谈恋爱”“兼职”。[⑦] 这些同伴间的课外互动活动与学生的批判性思维、一般能力和

① 勾金华.大学生同辈交往现状及其影响因素[J].当代青年研究，2015(2)：123-128.
② 余芳.同辈群体与“90后”大学生成才研究[D].武汉：华中师范大学，2012：14.
③ 刘秀娟.不同家庭背景大学生学习投入差异分析[D].福州：福建师范大学，2015：39-40.
④ 李丽红.课堂生生互动研究[D].昆明：云南师范大学，2004：15-17.
⑤ 陆根书，杨兆芳.大学数学课堂学习环境特征分析[J].高等理科教育，2010(4)：8-23.
⑥ 韩琴.课堂互动对学生创造性问题提出能力的影响[D].武汉：华中师范大学，2008：29.
⑦ 石晶.本科生社会性人际互动对学习效果影响的实证研究[D].武汉：华中科技大学，2015：28.

专业能力都显著相关。[①]

(2)不同类型同伴的互动

在已有的研究中,除了有对整体大学生的同伴互动进行调查分析外,还有学者针对大学生同伴中比较典型或具有中国特色的同伴类型进行细致化探析,包括宿舍同伴的满意度和影响、班级同伴间的成长影响以及第一代和第二代大学生间的同伴互动差异分析。

①宿舍同伴。大学舍友关系是我国大学生最重要最满意的大学体验之一,对宿舍内的舍友关系的满意度和重要度都呈现出较高水平。[②] 但从时间维度来看,大学生宿舍人际互动质量随着年级变化呈现出U形变化趋势。[③] 更有学者深入探究舍友关系是如何影响到个体学习结果,发现宿舍同伴的学习能力对于个人学习成绩存在稳定且较强的因果效应。[④]

②班级同伴。中国在高校中长期实行班级制,这种学生的管理模式对学生成长的影响是系统性的和显著的。实证研究表明,同班同学的学习能力对学生学习成绩有非常重要的影响,其显著性和影响力度甚至高于宿舍室友的影响,而且女生比男生更容易受周围同学的影响。[⑤] 这与已有的、主要基于西方住宿学院制的同伴影响的研究一脉相承,验证了同学之间的相互影响对学生学术成长的重要性。[⑥][⑦]

③其他亚群体。根据家庭背景,将父母是否受过高等教育作为区分依据,将家庭中未受过高等教育的父母的学生界定为第一代大学生,而将家庭中受过高等教育的父母的学生界定为第二代大学生。针对第一代大学生和非第一代大学生这一亚群体的同伴互动学生进行实证调研,发现在西安交通大学本科生中,这两类群体感知的与同伴互动的频率都介于"有时"和"稍多"之间,但相较于师生互动水平,两类大学生的同伴互动处于较高水平。具体比较来说,第一代大学生(父母均未受过高等教育)和第二代大学生(父母有一方或都受

---

① 孙明珠.同伴互动对学习收获的影响探究[D].南京:南京大学,2018:35.

② 文静.我国大学生学习满意度研究[D].厦门:厦门大学,2013:255.

③ 许传新.大学生宿舍人际关系质量研究[J].当代青年研究,2005(7):6.

④ 权小娟.大学成绩的同伴影响研究:基于多层次模型的分析[J].清华大学教育研究,2015,36(5):66-76.

⑤ 张羽,杨斌,张春生,朱恒源.中国高校班集体制度对学生成绩影响的实证研究[J].清华大学学报(哲学社会科学版),2011,26(3):133-142,158.

⑥ Sacerdote B. Peer effects with Random Assignment: Results for Dartmouth roommates [J]. Quarterly Journal of Economics, 2001, 116(2).

⑦ Zimmerman D. Peer Effects in Academic Out-Comes: Evidence from a Natural Experiment[J].Review of Economics and Statistics, 2003,85(1).

过高等教育)在同伴互动方面仍有差异,非第一代大学生的同伴互动水平显著高于第一代大学生。[①] 也就是说,第二代大学生在同伴互动的参与度上高于第一代大学生,这一结果与美国的相关研究是一致的。[②]

3.大学生同伴互动的影响因素研究

由于国内外学者将同伴互动作为单独研究对象的研究较少,因此,本次研究在梳理文献时,主要对有包含同伴互动要素的相关学情报告和研究进行分析。已有研究表明学生个体因素、院校层面相关因素都影响着学生同伴互动行为。学生个体因素包括学生的性别、生源地、家庭背景。院校层面的因素包括年级、专业、院校类型。

(1)学生个体因素

学生个体因素影响着大学生间的同伴互动行为。多项研究显示,我国大学生同伴互动在性别、地区、家庭背景等层面上具有显著差异。

①性别因素。多项研究验证了男女生在同伴互动上存在显著差异。有研究显示我国高校男生比女生的同伴互动更多,能感知到更好的同伴关系。[③④] 但一些区域性的调查结果显示女生与同伴交流以及合作学习的程度略高于男生。[⑤] 更有研究指出,虽然女大学生同伴互动的得分显著高于男大学生,但是进一步进行效应量的检验,发现同伴互动的差异性都处于0～0.2之间,差异较小,说明性别因素并不是引起同伴互动差异的主要因素。[⑥] 有些院校的研究表明,同伴互动在性别因素上不具有统计学上的显著性差异。[⑦] 因此,性别在同伴互动上是否存在显著差异仍存在争议。

②生源地因素。不同生源地的学生在同伴互动上表现为城市学生的均值大于农村学生。[⑧] 同样也有研究验证这一结论,即地级市及以上城市的学生与农村学生相比,同伴互动的平均分都要显著高于农村的学生。但进一步通过效应量的检验,发现同伴互动上的差异性都处于0～0.2之间,都属于较小的差异尺度。这意味着学生生源地这个因素并不会非常大地影响学生同伴互

① 陆根书,胡文静.师生、同伴互动与大学生能力发展:第一代与非第一代大学生的差异分析[J].高等工程教育研究,2015(5):51-58.

② 陈萍.高校学生参与度实证研究[D].湘潭:湘潭大学,2011:29.

③ 杨凌燕,郭建鹏,史秋衡.我国大学生课堂体验及其影响因素的多层线性模型分析[J].复旦教育论坛,2013,11(6):45-51.

④ 周华丽,鲍威.大学生校园人际互动投入的实证研究[J].高教探索,2014(4):5-9.

⑤ 杨金玲.中国研究型大学本科生学习投入度研究[D].广州:华南理工大学,2015:48.

⑥ 邓文超.南京大学本科生"学习参与"现状研究[D].南京:南京大学,2013:28.

⑦ 唐巍华.华中科技大学大学生学习投入度研究[D].武汉:华中科技大学,2011:39.

⑧ 张湘韵.我国大学生人际交往对学习力影响研究[D].厦门:厦门大学,2014:120.

动的程度。[①] 有些院校研究得出不同的结论，虽然城市学生在同伴交往方面的均值高于农村学生，但这差异不具有统计学上的显著性。[②] 因此，生源地在同伴互动上是否存在显著差异仍存在争议。

③家庭背景因素。父母受教育程度以及父母职业会对同伴互动造成影响。区域性的实证调查显示，父亲和母亲的受教育程度与学生同伴间的合作学习投入度有显著性相关，[③]即父母接受过高等教育的大学生交友范围会更广泛，与同伴的学习合作以及生活交流更密切。在 2010 年首都高校学生发展状况调查中，发现父亲职业相对弱势的学生，与同伴互动显著薄弱。[④] 但就家庭经济收入而言，来自不同家庭收入群体的大学生在同伴互动体验无显著差异，但来自不同家庭收入群体的大学生按同伴互动体验的得分从高到低排列，其顺序为来自中高收入家庭大学生＞来自高收入家庭大学生＞来自中低收入家庭大学生＞来自低收入家庭大学生＞来自中等收入家庭大学生。[⑤]

(2)院校层面因素

院校层面中的年级、专业以及院校类型也是影响大学生同伴互动行为的重要因素。

①年级因素。不同年级的大学生在同伴互动上具有显著差异。在整体学校场域下，学生间的同伴互动体验与年级成正比，随着年级的升高，同伴之间的互动越融洽，这也帮助学生从适应新环境到融入新环境。[⑥] 具体在课堂上的同伴互动，同伴互动体验并非与年级成正比。学生的课堂体验整体上呈先下降后上升的发展态势，其中大二学生课堂的同伴互动体验最差，处于峰谷。[⑦] 在其他研究中，不同年级学生感知的课堂同伴互动呈现出不同特征，大二学生感知到的同伴互动水平要好于大一学生，[⑧]大学三年级学生平均分高

---

① 邓文超.研究型大学本科生学习时间投入的调查研究：基于南京大学 SERU 调查的个案分析[J].教育观察，2012，1(4)：73-76.

② 陈萍.高校学生参与度实证研究[D].湘潭：湘潭大学，2011：29.

③ 杨硕.H 大学本科生学习投入调查研究[D].保定：河北大学，2013：32-33.

④ 周华丽，鲍威.大学生校园人际互动投入的实证研究[J].高教探索，2014(04)：5-9.

⑤ 刘秀娟.不同家庭背景大学生学习投入差异分析[D].福州：福建师范大学，2015：135-136.

⑥ 张湘韵.我国大学生人际交往对学习力影响研究[D].厦门：厦门大学，2014：125-126.

⑦ 陈琼娥.我国大学生课堂体验和学习方式年级差异的实证研究[D].厦门：厦门大学，2014：46-47.

⑧ 杨凌燕，郭建鹏，史秋衡.我国大学生课堂体验及其影响因素的多层线性模型分析[J].复旦教育论坛，2013，11(6)：45-51.

于大学二年级，并且差异显著。[①]

②学科专业因素。不同专业在同伴互动上具有显著差异。由于不同的研究者采用的统计口径不一，所以在专业的划分出现一些差异，但大多研究都显示不同专业在同伴互动上具有显著差异。在同伴互动上，社会学专业学生的同伴互动交流最为频繁，接下来依次是人文、工程、自然、医学，且效应量达到0.4，即中等差异。[②] 社会科学类大学生同伴互动较文史类、理学类和农医工学类大学生要差，且具有显著差异。[③] 在课堂体验中，管理学科的学生感知到的同伴互动要好于文科学生。[④]

③院校类型的影响力。不同院校类型的大学生在同伴互动上具有显著差异。从整体学校场域下的同伴互动来看，"985"院校学生同伴互动较"211"和一般本科院校差，"211"院校学生最为积极。[⑤] 具体到课堂上同伴互动，"985"院校显著低于地方本科院校，但"985"院校和"211"院校之间以及"211"院校与地方本科院校之间差异都不显著。[⑥]

（三）满意度相关研究文献回顾

迈入后大众化高等教育阶段以来，高等教育不仅正经历着量的扩张，更重要的是质量的全面提升，人才培养的质量既是高等教育质量的核心也是基础。大学生作为高等教育最直接的内部利益相关者备受关注，而学习满意度更是成为各方聚焦的中心，如何构建学习满意度的模型，并找寻我国大学生学习满意度提升的有效路径，对于大学生的成长和高等教育的改革与发展，战略性、现实性都非常重要。

大学生学习满意度研究主要倾向以解决实际问题为价值判断的实效范式，并大致形成了两条不同方向的研究路径：一条是管理视角下的大学生学习满意度研究，另一条是质量视角下的大学生学习满意度研究。这种差异来源于理论基础上的差异，且依托了不同的理论基础。以管理学介入的研究范式主要以顾客满意度（customer satisfaction，CS）理论作为基础展开研究，而以质量切入的研究范式主要以大学生主体性理论作为基础展开研究。

---

① 唐巍华.华中科技大学大学生学习投入度研究[D].武汉：华中科技大学，2011：41-42.

② 邓文超.南京大学本科生"学习参与"现状研究[D].南京：南京大学，2013：30.

③ 张湘韵.我国大学生人际交往对学习力影响研究[D].厦门：厦门大学，2014：129.

④ 杨凌燕，郭建鹏，史秋衡.我国大学生课堂体验及其影响因素的多层线性模型分析[J].复旦教育论坛，2013，11(6)：45-51.

⑤ 张湘韵.我国大学生人际交往对学习力影响研究[D].厦门：厦门大学，2014：124.

⑥ 史静寰，涂冬波，王纾，等.基于学习过程的本科教育学情调查报告2009[J].清华大学教育研究，2011，32(4)：9-23

1.学习满意度的内涵解析及测量

如前所述，大学生学习满意度的概念界定主要沿着顾客满意度和大学生感知高等教育过程两条路线，并在研究中形成了管理视角下和质量视角下的研究范式，因而对大学生学习满意度基本内容的研究，通常基于这两类范式进行。

(1)深入解析大学生学习满意度的内涵指向

在以顾客满意度理论为基础进行的大学生学习满意度研究中，其基本假设是大学生是高等教育的消费者，可以对高等教育“服务”做出满意度的评判。从高等教育的性质来看，且不论其产业性，国际组织在认定教育属性时，均将其列入服务行业，因而高等教育作为面向多个利益相关主体且具有特殊性质的服务，其顾客满意度状况对高等教育的可持续发展具有影响力。[①] 在高等教育后大众化时代，仍然需要从本质上认识和理解高等教育的服务质量，研究其满足社会和个人需要的程度。

在大学生主体理论下对大学生学习满意度内容的研究，除强调以学生感知去判断高等教育质量而形成满意度之外，还让学生以参与者的身份去对高等教育现状进行体验，并与事前的期望相对比。学习满意度就是大学生通过参与、体验高等教育全过程而作出的评判。[②] 值得注意的是，学习满意度远不止是教学满意度，尤其是基于参与的大学生学习满意度研究所涵盖的内容更为丰富。

(2)大学生学习满意度的具体测量

首先，根据瑞典顾客满意度指数(SCSB)和美国的顾客满意度模型(ACSI)，我国学者提出了高校顾客满意度指数模型 CHI-CSI，将教学质量和校园服务、高校形象、学生感知价格和顾客信任、承诺与忠诚这四类因素确定为高校顾客满意度的影响因素。[③]

其次，构建高校顾客满意度指标体系，来衡量高校满意度的项目因子或者其属性，采用分层递进的形式形成评价目标，分别以教学条件、教学状况、教师队伍、后勤保障、文体生活和自我发展作为调查项目，利用构造判断矩阵确定指标体系权重和因子检验，并通过了一致性检验和信度分析，最终将数据结果

① 马万民，张美文.高等教育服务过程的顾客满意度模型[J].统计与决策，2006(5):150-151.

② Jo Ann Lee. Students' Perceptions of and Satisfaction with Faculty Diversity [J]. College Student Journal, 2010(6):400-412.

③ 杨雪，刘武.中国高等教育顾客满意度指数模型及其应用[J].辽宁教育研究，2006(10):7-10.

带入满意度战略矩阵，用以分析该项目处于维持区、优势区、机会区和改进区中的具体位置[①]；通过指标体系的测评，更有利于高校资源的进一步优化配置，提升大学生顾客满意度，从而增强高校竞争力。

再次，高等教育服务过程的顾客满意度模型，根据高校教育服务的供给过程而建，结合大学生对包括性能、适用和过程在内的全部高等教育服务质量的实际感受和主观认知，将结果质量和过程质量得到统一。[②]

最后，使用卡诺模型探讨我国高等教育学生满意度影响因子的卡诺分类，以及各影响因子的卡诺分类与其重要性的关系，落脚在对学生需求、机构建设和资源配置方面的建设，以提升大学生作为消费者的顾客满意度。

由于大学生群体人数多，且分散在各个地区各个专业中，想要将全世界的大学生学习满意度全部测量一遍不太可能，因而选择案例研究法对部分大学生的满意度进行研究，是一种较为普遍采用的方法。通过案例选择，在科学抽样的基础上进行研究，结论具有代表性，在某些情况下能够进行追踪，更具有研究价值。因此，大学生学习满意度研究的案例主要从三个方面进行，分别是以某区域、某类型学校或者专业、大学生学习满意度的某具体内容进行的专门研究。

2.影响学习满意度的因素

研究表明，影响因素主要源于学生本身和其所参与的教学活动。大学生自身的特征对满意度构成影响，并且可以从人口统计学的事实依据形成的不可改变特征和学习行为的可塑特征两方面，对学习者自身因素进行分析。大学生与同伴的关系是目前研究界比较重视的因素，学习和人际交往构成了大学生活的主要部分，同伴关系也就成了影响大学生满意度的一个重要因素。[③]

大学生的学习观、学习动机和学习方式均构成了学习行为的要素，在不同的学习行为下，可能产生不同的满意度水平。大学生对学习的认识及所产生的动机，是维持学习行为的内在源泉。不同参与度下的学生反映出来不同的满意度水平，证明了大学生的满意度与其实际体验紧密相关。[④]

学术性的因素也影响着大学生的满意度。从大学生所处的学术环境来看，最为明显的影响因素则来源于专业，并且对专业因素满意与否的反向调查

---

① 嵇小怡.高校教育服务顾客满意度测评方法研究[J].教育与职业，2004(30)：34-36.

② Diana Green，Chris Brannigan，Patti Mazelan，et al. Measuring Student Satisfaction：A Method of Improving the Quality of the Student′s Experience：The Student Experience [M]. London：SRHE and Open University Press，1994：100-107.

③ 王文茹.试论大学生生活满意度及其影响因素[J].文教资料，2011(6)：223-224.

④ Alana Jayne Malik. Institutional Resource Allocation，Student Engagement，and Student Satisfaction at Ontario Universities [D]. Bowling Green State University，2010.

颇有必要。同时，研究指出外在环境对于大学生专业满意度的影响力并不显著，反而是大学生内在交流具有显著的影响力。[①]

高等院校的实体环境、制度环境和学习环境构成了大学生学习满意度的影响因子。[②] 校园环境着实对学习效率产生影响，进而影响了大学生的满意度水平。[③] 在高校对自身发展定位所形成的制度环境影响下，学校、院系的管理制度对大学生的满意度产生了重要的影响，该类制度环境是大学生求学满意度的管理因子，反映出学校管理制度和执行情况，通过各类规章制度和管理人员得到体现。[④]

3.学习满意度所产生的影响

在诸多因素影响了大学生学习满意度的同时，大学生的满意度也对其他事物产生了相应的影响。只论高等教育，学习满意度的现有研究主要涉及对大学生、高校和高等教育质量这三个方面产生的影响，因而学生主体、教学主旨和质量主线成为大学生学习满意度对外影响的集中体现。

满意度的高低水平，反映了大学生对自我学习状态的评价，而满意度提升的过程，也正是学生更高参与度、更有效果的体现过程。满意度对学生在选择方面的行为意图产生影响，主要体现在大学生作为"顾客"对高校、高等教育的坚持性和忠诚度。在院校改革与发展方面，大学生学习满意度主要从院校成功和院校声誉的角度产生影响。[⑤] 在美国，学生满意度是高校入学率和保持率的重要影响因子，并影响学校声誉和排名。[⑥] 大学生学习满意度同样也作为提升高校教学质量的一个视角，针对不少高校在教学环境、教学状态、教学管理方面的困境，以学生选择权利的提高和自主参与意识的增强为落脚点，使

① Paul D Umbach, Stephen R Porter. How Do Academic Departments Impact Student Satisfaction? Understanding the Contextual Effects of Departments [J]. Research in Higher Education, 2002,43(2):209-234.

② Thomas E Richardson. The Relationship of Congruence Between Student Orientation Toward Higher Education and Campus Environment to Student Satisfaction on Selected Campuses [D]. The Florida State University, 1968.

③ Gouri Banerjee. Blended Environments: Learning Effectiveness and Student Satisfaction at a Small College in Transition [J].Journal of Asynchronous Learning Networks, 2011,15:8-19.

④ 刘俊学等.大学生求学满意度影响因素及其程度的实证研究[J].高等教育研究，2006(11):91-97.

⑤ 刘慧.基于 PLS-SEM 的中国高等教育学生满意度测评研究[M].镇江:江苏大学出版社.2012:55-56.

⑥ 韩玉志.大学生满意度调查应重视的问题:基于美国大学生满意度调查的思考[J].教育发展研究，2008(11):84-87.

学生主体地位的突出成为提高教学质量的要旨。① 大学生学习满意度是高校人才培养质量的重要表征，大学生对高校教学服务的认同是高校质量管理的重要内容，并已证实与大学生学习收获以及学习成果的相关关系。②

4.学习满意度在学情研究中及学生发展研究中的运用

通过文献计量分析近十年我国大学生学习研究的成果，学习满意度成为高频关键词聚类的其中之一，并且和学习方式产生了有效联系，成为大学生学习结果研究的基础性、必然性主题。

学习满意度向来是大学生学情研究的重要组成部分，在大学生学情的总体研究中，有不少章节、篇幅涉及学习满意度。③ 学习满意度已成为大学生学习从过程到结果综合体现，并建构起大学生学习质量的要素。④ 笔者通过对美国在大学生学习满意度测评理论的深入分析，研究其测评机制、模型和方法，认为美国大学生学习满意度在大学生学情中已形成专门性、针对性、系统性的研究，这为深入挖掘我国大学生学习满意度提供了参考。⑤ 也有学者从分类研究的角度测量和研究我国高水平大学学生的学习满意度，结果表明高水平大学学生具体满意度对总体满意度产生正向影响，其中校园支持满意度影响力度最大。⑥

针对高等教育质量提升的顶层政策，“国家大学生学习情况调查”（NCSS）⑦的调查和研究平台对我国大学生学习满意度的模型进行了修订，结果表

① 王炜，刘西涛.基于学生满意度视角的高校教学质量的困境与对策[J].继续教育研究，2011(10)：157-159.

② 史秋衡，郭建鹏.我国大学生学情状态与影响机制的实证分析[J].教育研究，2012，33(2)：109-121.

③ 史静寰，王文.以学为本，提高质量，内涵发展：中国大学生学情研究的学术涵义与政策价值[J].华东师范大学学报(教育科学版)，2018，36(4)：18 27，162.

④ 汪雅霜，赵畅.近十年我国大学生学习研究的文献计量分析[J].山东高等教育，2019，7(6)：49-58，2.

⑤ 文静.美国大学生学习满意度测评：理论与机制[J].高教探索，2016(11)：46-51，70.

⑥ 汪雅霜，杨晓江.高水平大学学生满意度的实证研究：基于“国家大学生学习情况调查”数据分析[J].国家教育行政学院学报，2015(2)：77-82.

⑦ “国家大学生学习情况调查”(NCSS)是国家社会科学基金(教育学科)国家重点课题“大学生学习情况调查研究”的主体，该课题为国家社科基金教育学科单列课题的最高级别课题(编号为 AIA100007)，课题首席专家为厦门大学史秋衡教授。该调查于2011 年进行了首轮调查，此后每年进行年度调查。该课题于 2017 年 5 月 1 日至 2017 年 8 月 31 日进行了第七轮全国调查，采用整群分层抽样的方法邀请全国东中西部大学生填写在线问卷。具体介绍详见：史秋衡，郭建鹏.我国大学生学情状态与影响机制的实证分析[J].教育研究，2012(2)：109-121.

明，人的因素对学习满意度的贡献力大于物化因素对学习满意度的贡献力。为有效监测大学生学习满意度的动向，文静从理论、研究、实践方面给予对策建议，提出在优化自主学习体验中提升大学生的学习满意度。[①] 随着技术的广泛运用，王芳使用分层线性模型对大学生的教学满意度影响因素做出分析。[②] 新时代，以大学生的学习现象与特征作为基础，他们的有效参与和体验构建了学习质量和满意度，基于大学生学习的本质梳理学习满意度的提升路径和落实方案设计，通过理论研究、制度设计和社会接轨来落实多方共建共推，共同引导大学生通过学习卓越成长。[③]

（四）大学生的就业能力

1.就业能力的概念辨析

对于大学生群体的就业能力，国内外学者的主要观点有两类，一是强调大学生的就业能力是大学生获得工作所具备的能力，二是强调大学生的就业能力是包含技能、情感等多个方面的结合。学者郑晓明认为，所谓大学生就业能力是指“大学毕业生在校期间通过知识的学习和综合素质的开发而获得的能够实现就业理想、满足社会需求、在社会生活中实现自身价值的本领。大学生的就业能力不单纯指某一项技能、能力，而是学生多种能力的集合。这一概念是对学生各种能力的全面包含。在内容上，它包括学习能力、思想能力、实践能力、应聘能力和适应能力等”[④]。汪昕宇认为，大学生就业能力是指就业人员根据职位需求而具有的各种学习能力和技能。[⑤]

对于大学生就业能力的构成要素，西方学者在研究的基础上构建了相关模型。其中比较有代表性的模型是以个性为中心的心理-社会性建构模型、USEM 模型和 Career-EDGE-The-Key to-Employability 模型。福古特提出以个性为中心的“心理-社会性建构（psycho-social construct）”就业能力结构模型，将就业能力视作个体适应性、职业生涯意识和社会及人力资本相交汇而形成的综合能力。奈特（Knight）和约克（Yorke）从心理学角度构建的就业能力 USEM 模型，强调就业能力是学科理解力、综合技能、个人品质（包括自我理论和自我效能）与元认知能力这四种要素的多元交叉与综合。普尔（Pool）和斯韦尔（Sewell）提出 Career-EDGE-The-Key to-Employability 模型，主要

① 文静.大学生学习满意度的模型修订与动向监测[J].教育研究，2018，39(5)：50-58，75.

② 王芳.基于分层线性模型的大学生教学满意度影响因素分析[J].复旦教育论坛，2018，16(1)：48-55，97.

③ 文静.大学生学习满意度的提升路径及优化方略[J].国家教育行政学院学报，2019(8)：58-65.

④ 郑晓明.“就业能力”论[J].中国青年政治学院学报，2002(3)：91-92.

⑤ 汪昕宇.北京地区大学生就业能力内涵与结构思考[J].人民论坛，2014(8)：143-145.

强调对职业发展、工作和生活、专业知识和理解力、一般技能、情商共5个基本能力的反思和评价,以上升至自尊、自信和自我效能这三个重要层面,最终汇集成为就业能力。①

总结起来,我国研究者对大学生就业能力结构的研究主要有如下的特点:

(1)结构模型开发有各自的落脚点和侧重点

史秋衡教授基于大学生就业能力的USEM模型和自行研制的"国家大学生学情调查研究"模型及数据库(NCSS),通过对2015—2017年的数据对我国本科生的就业能力现状及发展趋势进行分析,并重点就2015年数据库的106所本科高校大学生进行就业能力及其影响因素分析,发现我国大学生就业能力的总体指标逐年提升,但学科内化力不良,就业能力各因子呈现不同的个体差异。② 宋国学从可就业、可雇佣的角度,提出大学生就业能力包括个人具备的获得岗位、维持就业和重新就业的各种素质等。③ 王露艳、童辉杰则从扎根研究方法出发,从招聘会现场实际观察入手,并从原始资料中归纳出经验概括,然后上升到理论构建了能力模型。④ 贾利军则着重强调大学生就业能力是一个复杂的结构,认为大学生就业能力是一个多层次、多维度的系统。它主要由大学生社会兼容度、就业人格和准职业化形象构成。⑤

(2)影响大学生就业能力的因素选取和结构模型因子的命名各有不同

国内学者对就业能力结构模型的维度划分主要有二维或多维。郑晓明认为在就业能力的构建元素上,可分为智力因素与非智力因素,或称智力资本与能力资本。⑥ 李颖等将就业能力区分为内在素质、处理工作能力和社交领导能力三个维度。⑦ 郭欣在《中国当代大学生就业能力培养研究》中将大学生就业能力分为专业就业能力、就业人格取向、社会应对能力和就业发展能力四大类。⑧ 赵冬在《大学生就业能力自评量表的初步编制》中通过文献分析和理论

---

① 胡尊利,刘朔,程爱霞.国外大学生就业能力研究及其启示[J].比较教育研究,2008(8):24-28.

② 史秋衡,王芳.我国大学生就业能力的结构问题及要素调适[J].教育研究,2018,39(4):51-61.

③ 宋国学.大学毕业生可雇佣性技能的测量与分析[J].中国人口科学,2008(3):64-72.

④ 王露艳,童辉杰.扎根研究:大学生的优劣势说和就业能力模型[J].中国培训,2008(3):50-51.

⑤ 贾利军.大学生就业能力结构研究[D].南京:南京师范大学,2007.

⑥ 郑晓明."就业能力"论[J].中国青年政治学院学报,2002(3):91-92.

⑦ 李颖,刘善仕,翁赛珠.大学生就业能力对就业质量的影响研究[J].高教探索,2005(2):91-93.

⑧ 郭欣.中国当代大学生就业能力培养研究[D].吉林:吉林大学,2017.

探讨阐述了大学生一般就业能力的概念，得到大学生一般就业能力由实践执行能力、智慧胜任能力、分工合作能力、自主发展能力、个性适应品质、印象管理能力和情绪调控能力等七个子能力构成。[①]

(3)构建大学生就业能力模型的研究对象各异

研究大学生就业能力所选取的对象各有不同，主要是对某一学科或是专业的群体进行研究。如吴芳对厦门大学 2018 届经管类硕士毕业生进行问卷调查得出，经管类硕士毕业生的就业能力由六个维度组成，分别是自我意识、团队协作能力、解决问题的能力、学习认知、自我管理、责任心。[②] 马永霞、梁金辉对 2000 多名理工科毕业生进行调查分析衡量理工科大学生的就业能力。[③]

2.大学生就业能力的影响因素

总体而言，对于大学生就业能力的影响因素研究，可以概括划分为四个方面。第一个方面是关注高校的培养和引导，包括高校对大学生能力和素养的培养，主要涉及人才培养的目标和模式，教育方法和理念等。第二个方面是对个人就业能力的考量，包括大学生个人对专业知识和操作技能的掌握，职业意识的养成以及职业规划的制定等。第三个方面是聚焦高校外部利益相关者对大学生就业能力培养的支持，包括各大企业对高校的支持，如企业对实践课程制定的指导、为学生提供实习实训的平台等。第四个方面是从宏观层面进行探讨，主要是政府对大学生就业能力培养的参与，如通过建立大学生就业服务的制度和政策等。

具体而言，不少学者都从不同的研究角度对其进行了界定和研究。如从协同理论视域出发，将大学生就业能力的培养视为涉及政府、高校、企业和学生四个子系统的系统工程。每个子系统既相互独立又相互合作，形成一个协同有序的整体。[④] 从求职者个人的特质如个人品质、职业规划能力等影响因素对大学生就业能力进行研究。[⑤] 从性别角度出发，研究性别对大学生的就业能力的影响。[⑥] 从家庭经济条件出发，研究家庭经济困难大学生的就业

① 赵冬.大学生就业能力自评量表的初步编制[D].成都：四川师范大学，2009.

② 吴芳.经管类硕士毕业生就业能力与就业质量的关系研究：以厦门大学 2008 届硕士毕业生为例[D].厦门：厦门大学，2008.

③ 马永霞，梁金辉.理工科大学生就业能力评价研究[J].教育研究，2016(9)：40-49.

④ 吴御生，罗三桂.协同理论视域下大学生就业能力培养路径研究[J].煤炭高等教育，2018，36(01)：76-80.

⑤ 陈勇.大学生就业能力及其开发路径研究[D].杭州：浙江大学，2012.

⑥ 刘巧芝.大学毕业生就业能力现状及影响因素探析：以浙江省大学毕业生为例[J].中国青年研究，2012(6)：68-70.

能力。[①] 从心理角度出发，研究大学生的求职意愿的中介作用对于大学生就业能力的影响。[②] 从学习投入角度出发，探究探索行为投入、认知投入、情绪投入对大学生职业获得能力和职业发展能力的影响。[③] 从高校人才培养过程角度出发，学者程玮通过全国 64 所高校的样本数据实证研究得出高校人才培养过程中影响大学生就业能力的因素有 8 个方面，即目标与战略、专业设置与课程体系、职业指导、校企合作、创新创业教育、校园文化、教学能力、评价与激励，并验证了大学生就业能力提升各维度对就业能力产生不同程度的影响力。[④]

3.城乡差异对大学生就业的影响研究

城乡差异对大学生就业影响的已有研究主要关注点聚焦在高等教育前期的入学机会获得、后期的毕业就业去向。具体的研究内容主要是对个体层面就业状况和国家层面的就业状况探讨。

对个体层面的就业状况探讨主要集中在高等教育入学机会获得、就业状况等。如学者王伟宜、吴雪等基于 1982—2010 年我国 16 所高校的实证调查，对高等教育入学机会获得进行了城乡差异分析。[⑤] 学者武毅英通过半结构化个案访谈法聚焦农村女大学生群体，从教育社会学角度揭示城乡阶级符号对其学习和就业产生的影响。[⑥] 学者岳昌君通过 2017 年全国 21 省 33 所高校的抽样调查数据，从就业状况、求职状况、教育状况、入学机会、经济环境等五个方面对高校毕业生的城乡差异进行了统计分析，得出城镇与农村户口学生在就业月起薪、就业岗位等方面的差异性。[⑦] 再如对农村和城镇大学生的初次就业结果、求职经历进行统计分析等。[⑧]

对国家层面的就业状况探讨主要是从宏观层面讨论农村户籍大学生就业

① 岳增刚.高校家庭经济困难学生就业能力提升实证研究：基于 USEM 模型[J].中国成人教育，2016(12)：65-68.

② 杨弘博，胡平，时琛程.大学生就业能力的影响因素：求职意愿的中介作用[J].中国健康心理学杂志，2017，25(11)：1708-1715.

③ 张瑞.学习投入对大学生就业能力的影响研究[D].太原：山西财经大学，2017.

④ 程玮.大学生就业能力及其提升实证研究：基于全国 64 所高校的有效样本分析[J].高教探索，2017(7)：98-105.

⑤ 王伟宜，吴雪.高等教育入学机会获得的城乡差异分析：基于 1982—2010 年我国 16 所高校的实证调查[J].复旦教育论坛，2014，12(6)：77-82.

⑥ 武毅英，郑育琛.规训与抗拒：农村女大学生的选择困惑：基于个案访谈的研究[J].中国高等教育评论，2017，7(1)：184-195.

⑦ 岳昌君.高校毕业生就业状况的城乡差异研究[J].清华大学教育研究，2018，39(2)：92-101.

⑧ 田逸娇.农村与城镇大学生的就业差异研究[D].桂林：广西师范大学，2014.

难的原因。喻名峰等认为造成农村大学生就业难最主要的宏观层次原因是制度性缺陷，我国城乡劳动力市场的分割特性及其他约束性制度导致农村大学生在就业过程工作转换等成本高昂，处于劣势地位。① 魏然等指出大学生就业政策等在内的一系列顶层教育制度因素造成了教育社会功能的弱化，进而导致农村生源的大学生在进入劳动力市场之前就已被潜在剥夺了较多向上流动的机会。②

三、本书的研究视角

（一）整体研究述评

1.协同意识初具规模

由系统科学衍生到高等教育领域的协同概念，在协同创新思维理念和国家协同创新中心建设的带动下，高等教育各个领域对协同的认识从陌生到逐渐熟悉，也意识到系统科学、协同论对高等教育体制机制革新带来的撞击，于是在全面创新、多方协同的思想引领下，协同意识、协同观、协同机制、协同效应开始渗入高等教育的诸多领域。

从已有的研究来看，协同意识在高校人才培养研究中已经初具规模。在战略视角下，结合创新能力建设，从政策层面对协同创新进行了分析，并鼓励高校开展人才的协同培养。在质量视角下，对协同创新绩效评价的系统研究，已经将人才培养的绩效视为其中最重要的评价指标，大学生在协同平台中学习与成长是评价指标体系中的不可或缺的维度。在人才成长视角下，基于劳动力市场分割和需求的非均衡，人才放置在协同领域培养，才有可能在就业能力上得到提升，在就业问题上得到缓冲。

由此可见，通过多年多角度的研究推进，“协同”已经成为高校人才培养与大学生成长不可回避的议题，顺应新时代大学生成长成才之所需。正是如此，在大学生学情研究和协同创新研究的积累上，开展大学生协同式成长及促进机制的研究。

2.同伴互动研究抬头起步

通过对已有大学生同伴互动的相关研究的梳理，笔者对已有的大学生同伴互动的研究内容进行总结和评价，进而找出本次研究的切入点。

从现有的大学生同伴互动研究中的研究内容及成果来看，将大学生同伴

① 喻名峰，陈成文，李恒全.回顾与前瞻：大学生就业问题研究十年(2001—2011)[J].高等教育研究，2012，33(2)：79-86.

② 魏然，翟瑞.知识改变命运？：从农村大学生就业看高等教育社会分层功能的弱化[J].教育学术月刊，2016(6)：39-45.

互动作为一个单独的研究对象而进行的细致化研究较少，由此同伴互动的影响因素也分散在不同的学情研究中，得出研究结论也多是区域性的发现，通过对已有研究进行整体的总结和评价，也有利于笔者在此基础上开展进一步的研究。

(1)大学生同伴互动的单独研究较少

多项研究表明，同伴互动对学生成长的直接作用和间接作用均非常显著。在课堂教育情境下，良好的同伴互动既能通过影响大学生的学习方式和学习观进而作用于大学生的学习收获，也能直接作用于大学生的学习收获，且对学生教育结果的形成具有较大的解释作用。值得注意的是，在目前已有的研究中，多是将同伴互动纳入到学生发展模型中进行分析，而对同伴互动的单独研究较少。同时，在对同伴互动的分析上多是停留在课堂这一场域内或者仅仅是对以学习为导向的同伴互动进行研究，少有对课堂教学情境外的、非学习导向的同伴互动进行研究。

(2)大学生同伴互动的影响因素研究较分散

研究者主要从个体层面和院校层面对影响大学生同伴互动的因素进行分析，发现个体层面上的性别、生源地、家庭因素以及院校层面的年级、专业、院校类型都对同伴互动有显著性影响。但是不同的研究者大多是根据各自的研究目的，有选择性地对其中的一个或几个因素进行探讨。同时，也由于同伴互动多是作为一个过程性因素放在院校影响模型中进行分析，因此，这些因素对同伴互动的影响都分布在不同的学情研究中，并没有对同伴互动这一单独要素的系统性进行分析。

(3)我国大学生同伴互动现状得到部分呈现

地区性的实证研究显示，高校内的大学生同伴互动频率处于“有时”和“经常”，互动评价较高。大学生间稳定的互动人数集中在2～5人，互动的目的也比较多元，但主要是进行情感上的互动；互动性质主要分为互助合作和相互竞争，且课堂的互助合作占主导；互动的内容则有课堂上的思维和情感互动，也有课外的各类课外活动的互动。除了有面上铺开来调查同伴互动现状，也有聚焦到具体的群体进行细致的同伴互动分析，例如以宿舍为单位的舍友关系，以班级为单位的班级同伴互动，以及依据个人家庭背景特征划分的第一代和非第一代大学生群体的同伴互动，并分析这三类群体的同伴互动满意度、重要性，三类同伴互动程度的差异性以及三类型的同伴互动对学生学习成绩的影响。但同时也应该注意到，在国内现有研究中，主要以少数地方性的大学生同伴互动现状作为试点，多是以地区性的数据进行分析，不同区域的分析结果也存在差异。虽然这些实证调查为观测我国大学生互动状态提供一个窗口，但不足以呈现我国大学生的整体互动现状。

3.学习满意度研究热火朝天

(1)研究视角的二维性

已有的大学生学习满意度研究主要是从管理视角和质量视角开展的。管理视角主要从顾客满意度出发,采用管理学的思维模式和技术路线,以满意度的提升为落脚点进行研究;质量视角强调大学生的角色辨识度,以大学生参与为切入点,以高等教育的质量提升作为归宿。

(2)研究内容的广泛性

在厘清学习满意度的概念内涵、影响因素和运行机制的基础上,理论界已经意识到在质量提升的背景下进行学习满意度的研究,为基于学习过程、致力满意度结构而研究学习满意度的提升路径打下坚实基础。尤其在大学生学情研究中强调基于学生学习状态,在质量视角下,通过参与、体验、投入的过程来研究大学生学习,从过程质量、结果质量角度的自我评判是大学生学习满意度研究的中坚力量。

(3)研究方法的实证性

注重样本或者案例研究,问卷调查和实验是现阶段使用较多的大学生学习满意度测量和研究的具体方法。采用实证研究,通过调查抓住"发言权",将所得数据通过统计分析,来探究大学生学习满意度。在具体方法使用上,问卷调查和实验是现阶段使用较多的大学生学习满意度测量和研究方法。

目前,大学生学习满意度提升的必要性已得到关注,但尚未对其可行性、操作性进行聚焦,研究相对零散。本书将从学习满意度对大学生成长的协同性出发,专门针对提升路径,在理论梳理的基础上,通过实证研究而形成具体化、针对性的推进方略,从而提升研究的系统性、精深性,给大学生协同式成长循环圈提供更多的循环能量。

4.就业能力研究进入新的阶段

通过文献梳理发现,学者已经在研究内容、研究视角和研究对象上对大学生就业能力进行了较为深入的研究。

(1)研究内容丰富

已有的关于大学生就业能力的研究成果丰富,已有研究主要涉及大学生就业能力的内涵、概念辨析、构成要素、影响因素以及培育路径等各个方面,特别是对于大学生就业能力的要素结构模型剖析以及对影响因素的探讨。已有研究表明,就业能力的 USEM 模型对于研究大学生就业能力具有较好的适切性,通过对学科理解力、综合技能、自我效能以及元认知的分析,能够很好地构建表达大学生的就业能力;对于大学生就业能力的影响因素主要分析了大学生个体因素、高校培养过程中院校因素对大学生就业能力的影响。

(2)研究对象集中

已有研究成果的研究对象主要聚焦局部范围的调查，特别是对某一专业，或者某一类院校的大学生进行专门的研究。我国的高等教育主要是以专业为主，不同学科门类、专业大类均有各自的培养模式，再加上职业、行业、就业的特征，导致各个专业的大学生在就业的具体内容和职业生涯发展的具体模式上有所不同，因此研究者便针对此进行了不同的研究，试图探讨出不同专业下的大学生的就业能力的具体指征。另外较多的学者将大学生所在院校按照类型进行分类，针对不同类型院校的大学生的就业能力进行某一类别集中的调查与研究。

(3)研究视角聚焦

在通过城乡差异角度探究不同生源地对大学生就业产生的影响的相关研究中，主要是关注不同生源地的大学生在高等教育前期的入学机会获得、后期的毕业就业去向。通过城乡劳动力市场的分割特性及其他约束性制度等来探讨大学生的就业情况。

(二)视角:在整体协同循环中提升大学生成长的质量

1.加深对同伴互动的研究，提升互动力

关注教学场域外的同伴互动行为，从课堂同伴互动和课外同伴互动出发，探析我国大学生间的同伴互动状况。同伴互动作为一个影响学生发展的重要因素，当前对于同伴互动的研究重点基本放在课堂教学场域下，且多以学习导向的同伴互动作为研究主体，对于非课堂教学情境的同伴互动研究较少，像志愿者活动、社会实践活动、校内社团活动以及各种科创竞赛等，这些活动无不渗透着学生与同伴之间的交流互动，也是高校学生课外同伴互动的重要互动载体和互动内容，对学生的学习收获也有影响。因此，本书将从课堂同伴互动和课外同伴互动的角度探析我国同伴互动的现状，全面了解和把握全国范围下的高校大学生同伴互动的现状。

系统化个体层面和院校层面的变量，分析这些变量对高校大学生课堂同伴互动和课外同伴互动的影响。依据已有的院校影响理论模型，在分析我国大学生课堂同伴互动和课外同伴互动的影响因素时，将充分考虑包括个体特征变量、家庭背景、院校教育培养等变量的影响情况，即通过利用全国性的大学生学情发展数据，从个体的性别、生源地、家庭背景、年级、专业、院校类型以及院校的教育培养等因素共同全面解释大学生课堂同伴互动和课外同伴互动，进而系统分析包含个体因素和院校因素对高校大学生课内外同伴互动的影响。

2.深挖学习满意度，落实提升路径和推进方案

在已有研究成果的基础上，现阶段的研究目标则是通过各种方式的组合，探寻大学生学习满意度的多重提升路径，并探索出推进方略，为大学生协同式

成长的循环输入更多能量。

总体而言，立足学习过程是提升大学生学习满意度的要旨。大学生学习满意度与学习质量、人才培养质量之间具有递进关系。大学生通过体验学习形成满意度，因而必须牢牢把握大学生的学习全过程的各关键节点，通过优化学习体验，紧抓大学“教”与“学”的过程，使用多重路径来提升学习满意度。

具体而论，一方面，大学生学习满意度的提升对结构优化具有路径依赖。结构上，学习满意度内部要素对总体学习满意度具有不同的贡献力度，因而可以利用学习满意度的结构模型，从优化内部结构的路径来实现学习满意度总体上的提升。另一方面，大学生学习满意度的提升对学习过程具有路径依赖。过程上，学习满意度的形成依赖于大学生的学习观、学习方式和课堂环境，并与学习收获紧密相关，因而强调对学习过程的引导，从优化学习体验的过程路径来提升学习满意度。

3.提倡融入培养过程的就业能力，缩减城乡差距

通过前述研究进展述评可以得知，已有研究对于城乡差异的关注主要是与大学生的高等教育机会以及大学毕业生的就业状况获得相关联，较少研究关于城乡差异条件下大学生在高校人才培养过程中所表征出来的就业能力有何差异，特别是全国性大规模的调查分析研究较少。

因而，在我国现阶段还是存在典型城乡二元结构特征的情况下，城乡差异条件下大学生的就业能力有何不同，是否具有显著性差异；在整个大学阶段，不同生源地的大学生就业能力的影响因素有何不同等问题，这些值得重点关注和研究。为此从城乡差异的角度切入，通过大规模整体性的全国调查具体详尽地探究大学生就业能力的城乡差异成为本研究的关键所在。

第三节　思路与方法

一、研究思路及设计

对于大学生的协同式成长，研究主要聚焦于非教学型的要素，旨在剖析非直接作用于学习、成长的教与学环节本身的要素，而这些要素往往其自身内部也有较为完整的作用方式，从多角度协同、整体推进的角度，研究协同效应的生成，以及如何促进协同效应更好作用于大学生的学习与成长。

(一)总体思路设计

站位于中国大学生的学习情况，从自主学习的建立和自我报告的生成来研究其协同式成长的特征，基于同伴互动、学习满意度、就业能力在大学生成

长中的地位与协同价值，掌握协同模式，深入挖掘各个协同点的内部结构和作用机制。在总体研究思路遵循理论与文献整合的基础上，形成研究方案，包括具体的步骤、分析框架、研究方法和技术路线；作为基于现状而进行的社会科学研究，本项研究工作还会通过实证调查来搜集数据，利用统计分析的结果，得出客观结论，并结合理论与政策进行讨论，从而得出建立健全大学生协同成长促进机制的对策建议。如图 1-4 所示。

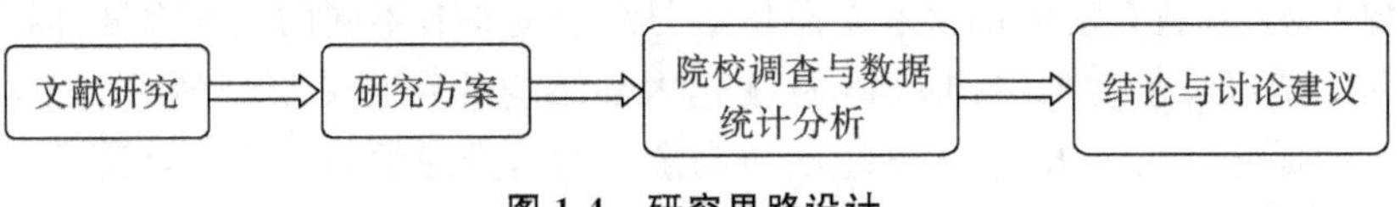

图 1-4　研究思路设计

本书强调科学与规范，在充分的现实准备、理论分析、文献整合的基础上，认为大学生的协同式成长具备同伴互动、学习满意度、就业能力几项协同要素，因而可以化整为零，遵循“演绎—归纳”的方式，分步骤进行各个部分的研究，再根据理论基础，结合政策分析，并基于现实来统合，完成分析协同模式、深挖协同要素、完善促进机制的研究思路。

（二）分步骤进行

本书的研究思路主要是“总—分—总”式，在理论与文献整合的部分强调对协同式成长的总体认知梳理，理清整体思路并整理好整体的分析框架，在此基础上进行各个分项协同要素的深入研究，得出相关结论再根据分析框架进行总体的讨论与对策建议的提出。因此，各个分项协同要素的深挖，也根据各自的特点，遵循具体的研究思路而进行。

1.同伴互动

作为大学生协同式成长中的行动型要素，同伴互动部分试图探清我国高校大学生课内外同伴互动的基本状态，分析学生个体因素和院校教育培养对高校大学生同伴互动的影响程度，并基于数据呈现的现象提出改进大学生同伴互动的建议，研究内容主要包括以下几方面。

首先，梳理大学生同伴互动的内涵。通过文献梳理不同学科视角下的同伴互动的内涵界定，进而明晰大学生同伴互动的核心要义，进而确定对大学生同伴互动内涵的界定。

其次，综述已有的大学生同伴互动的相关研究。已有的大学生同伴互动的相关研究是同伴互动研究深入开展的基石，对已有研究的探讨和理论依据的梳理能帮助开阔研究视野，站在巨人的肩膀上看问题，有助于找准切入点。

再次，理清我国大学生同伴互动的真实状态。本部分主要采用问卷调查法，获取大学生同伴互动的第一手数据，采用统计方法，梳理出我国大学生课堂同伴互动和课外同伴互动的基本特征，并且理清不同群体大学生同伴互动的特点，如不同类型院校大学生同伴互动的差异、不同科类大学生同伴互动的差异，以及不同家庭背景的大学生同伴互动的差异等。

最后，探究影响大学生同伴互动的主要因素。在对大学生同伴互动的基本状态进行系统描述的基础上，探究影响大学生同伴互动的主要因素，探讨大学生的性别、生源地、家庭子女人数、恋爱状况、学生干部任职情况、所学学科类型、所在院校类型、所在年级以及学生在院校接受的新生研讨课、翻转课堂、本科生导师、创新创业项目等因素对高校大学生同伴互动的影响，从而为提高大学生同伴互动质量提出建议。

2.学习满意度

党的十八大报告中早已提出要“努力办好人民满意的教育”，充分体现了党中央对教育事业的高度重视，涵盖教育各利益相关主体的满意；大学生学习满意度是反映高等教育质量的重要窗口，表征了大学生的学习质量，也聚焦了大学生主体对学习过程的评判。

理论上，学习满意度是大学生学习质量的重要指标之一。研究学习满意度的提升路径，不仅是致力于提升满意度水平、优化满意度模型，更能成为学习质量提升的助力点，从而推进大学生学习质量理论的研究。

在实践方面，学习满意度研究的开展有助于探究大学生学习满意度的具体提升路径和推进方略，为实现“办好人民满意的教育”提供建议和对策；从当前的政策需求来看，研究成果将成为教育部新一轮评估方案中“教学基本状态数据常态监测”的重要组成部分，为高等教育评估革新提供重要参考。

为此，作为大学生协同式成长中的体验型要素，学习满意度部分研究的总体思路在于探究提升我国大学生学习满意度的路径选择，规划其具体推进方略。学习满意度是从主观评判的角度表征大学生的学习结果，由此确定学习的总体满意度为本次研究的因变量。结构式路径研究，以教师教学、图书馆、食宿、规章制度、人际关系作为自变量，分析要素对总体学习满意度的贡献力；过程式路径研究，以学习观、学习方式、课堂环境作为自变量，分析过程对总体学习满意度的影响力，并探讨学习收获和学习满意度之间的相关性。

3.就业能力

就业能力是大学生协同式成长中的结果型要素。对于这个问题的讨论，主要从厘清城乡差异的角度进行，探究如何培养和提升我国大学生的就业能力。首先，在梳理和界定大学生就业能力内涵的基础上，对已有的相关大学生就业能力、城乡差异对大学生就业的影响等研究进行综述，通过文献法寻求本次研究深入开展的理论依据，构建研究分析框架；其次，通过实证调查法获取本次研究顺利开展所需的实证数据，作为研究深入开展的基础，利用统计方法对数据进行深入分析，较为系统和全面的展现我国高校大学生就业能力的城乡差异现状;最后,根据实证分析得到的结论,针对大学生就业能力的城乡差异的不同方面提出提高大学生就业能力的对策和建议。

二、理论基础及框架

(一)主要涉及的理论

1.耦合协同观

协同观经历了从古典协同到静态协同、动态协同,再到耦合协同的演变。这也是协同观从基础到初始表现,并形成前提保障的发展路径。[①] 耦合的协同观则认为协同是一种耦合创新机制,需要通过发挥系统内子系统的耦合作用,为系统带来长期的竞争优势,从而实现协同效应。协同对于组织和管理中的作用已经得到共识,在高等教育系统内也已经有通过协同发挥效应提升效率实现创新的机制。随着对协同研究的深入和进一步推广,在大学生学习情况的研究中,也已经发现其成长不是单一性问题,而充满了复杂、多样和动态性,并且由多个子系统共同作用,推动前行。大学生成长表现出了耦合协同观的特性,以此作为协同式成长研究的基础。

2.学生参与和努力质量

学生参与理论所提供的理论逻辑与依据,向来受到大学生学情研究的青睐。它阐释了大学生学习体验的主体性,并且认为大学生在身心有效参与的情况下,能够获得学习质量实现自主发展。[②] 在与高等教育提供的学习资源互动过程中,大学生通过时间与精力的投入,在自主学习的主体逻辑下形成"努力质量",大学生的个体因素影响甚至有的决定了大学生的个体发展。[③] 因此,从大学生主体性的发挥和参与高等教育体验共行的角度分析,大学生的成长,是遵循在各类高等教育资源影响下,主体投入到学习体验的过程中,通过努力来建构学习质量,获得成长与实现发展的理论逻辑。当然,这同时也是一个表征大学生学习的应然状态,其实然性还受到个体差异、环境变迁等多种因素的影响,但不妨碍学生参与理论和努力质量为大学生学习与成长研究奠定的理论根基。

---

① 冯自钦.企业集团财务协同控制研究[M].北京:经济管理出版社,2012:11.

② Astin A W. Student Involvement: A Developmental Theory for Higher Education [Z]. Higher Educational Research Institute, Graduate School of Education, University of California, 1984.

③ C Pace. Measuring the Quality of College Student Experience: An Account of Development and Use of the College Student Experiences Questionnaire [Z]. Higher Educational Research Institute, Graduate School of Education, University of California, 1984.

（二）分析框架

基于协同理论和大学生学习理论提供的支持，学生成长由其参与和努力所建构的质量来推进，在耦合协同观的作用原理下，可以把成长内部的同伴互动、学习满意度和就业能力子系统视作协同圈，以滚动的方式进行循环，所产生协同效应给大学生成长提供能量，从而促进大学生成长成才。如图 1-5 所示。

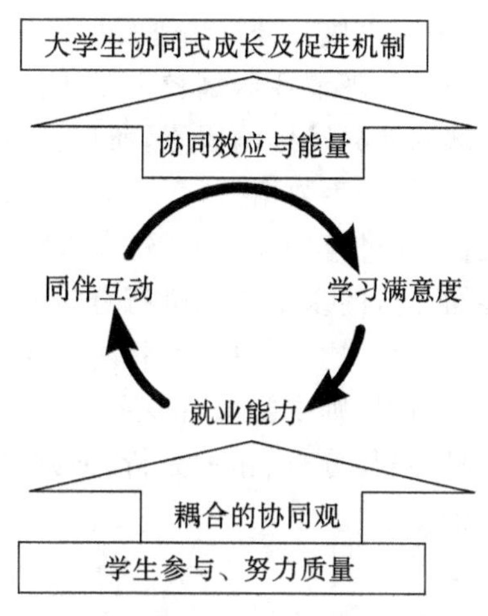

图 1-5 协同式成长分析框架图

以协同循环圈的建立为核心构建出大学生协同式成长的分析框架，将协同式行动、体验和结果以循环的方式得以连接，并且每个循环点都有自己的子系统和作用机制。那么深入挖掘各个子系统，剖析其内部的生成机制和提升方式，以便充分发挥其协同价值，给协同循环圈输入更多能量，在大学生主体性和高等教育影响力的共同作用下，通过制度保证、意识强化、有效组织，辅以评估机制的完善，来共同建立健全协同式成长的促进机制。

三、研究方法及路线

（一）研究方法

本次研究以实证研究为主，采取综合的研究方法和手段，做到重点突出、优势互补。

1.思辨式的研究方法

以文献研究法为主，用于相关核心概念的界定与辨析、已有研究的梳理，以及理论依据的探究，既是对现有研究进行梳理、回顾，也是从现有的研究中找出本书研究的切入点，更是建立大学生协同式成长理论分析框架和问卷调查的设计逻辑。

在对现实基础和社会议题回顾的基础上，采用政策文本分析的方法，梳理近年来与学生成长相关的政策、文件和有关部门领导的讲话，分析态势，从政策的视角探析顶层设计的要点，并从政策的发展演变中探索出大学生成长的发展动向。

2.实证性的研究方法

以量化研究为主，采用问卷调查的方法搜集大学生协同式循环圈上各个关键循环点的具体数据，采用主成分分析法进行探索性因子分析，完成信效度检验。本书的研究力图探讨和理清我国高校大学生协同式成长的真实状态，并且分析各个协同点内部的差异及影响因素，所以需要采用问卷对研究对象进行调查，从而获取真实的第一手数据。

在收集了相关的数据，并进行修复和编码之后，需要采用相应的统计方法对其进行处理。在对各循环点的基本状态进行分析时，将主要采用描述性统计方法；在对不同群体大学生的比较分析时，将主要采用方差分析法；在对各类影响因素和程度进行分析时，则主要采用多元回归分析方法；在分析建构各类提升方式和路径是，采用路径分析、相关分析、回归分析和结构方程模型等对所得数据进行统计分析。

(二)技术路线及实现

1.技术路线

通过文献分析完成高校学生发展的理论研究，包括理论嬗变的基本路线、同伴互动、学习满意度和就业能力等关键概念的理论推演过程。与此同时，注意研究协同理论在高等教育研究与实践中的运用，尤其是在高校人才培养中的意义，综合政策文本的研究结果，由此完成大学生协同式成长在理论部分的整体分析。

在协同式循环各个循环点的深入分析上，主要采用量化分析的方式，利用NCSS平台，设计调查工具并搜集大学生关于同伴互动、学习满意度和就业能力的相关数据，根据研究目标采用适切的方法进行分析和计算。

根据量化分析的结果，比对政策研究、社会议题和舆情走向，在高校质量管理和大学生学习的基本框架下，综合理论与实证研究，完成建立健全大学生协同式发展促进机制的相关对策建议(图 1-6)。

2.测量工具设计及施测

作为测量大学生协同式成长的量表，所研究的对象是在校大学生，那么量表的编制必须考虑到学生的思维模式、语言习惯，将其和理论研究相结合而设计出问卷。首先，在文献研究的基础上，使用了大量访谈(对象包括大学生、教师以及教育学、心理学专家等)，稳抓大学生学习的测量维度和协同循环的关键要素，进行了调查问卷的初步设计。其次，选取样本，将问卷在其范围内进

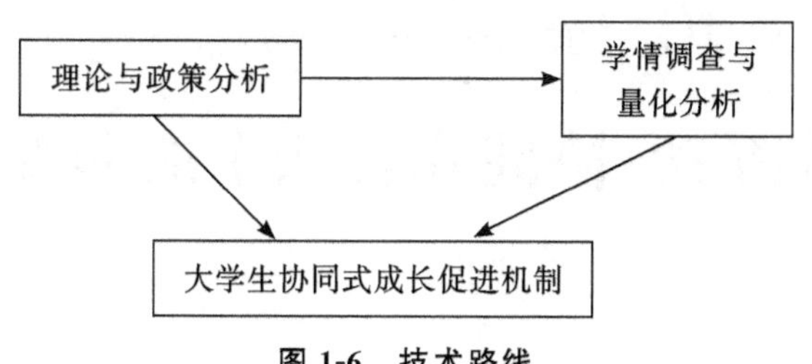

图 1-6　技术路线

行试测，测试了信效度，同时与大学生多次沟通反馈，从而使得问卷在准确性、表达方式等方面得到了完善，才能投入大规模的正式发放。

本书研究的数据通过 NCSS 平台进行搜集。该平台采用 cluster 的方式抽样，邀请全国各地在校大学生进入 NCSS 问卷系统完成在线调查，在近十年来的每年度调查中，已搜集到 90 万大学生学习的样本，成果已惠及全国各地在校大学生。[①] 因此，这种方式在有效提升效率的同时，也控制住了成本与风险。将所搜集到的数据通过主成分分析法进行探索性因子分析，检验量表的信效度。具体部分的分析详见各章。

① 史秋衡.高等学校分类体系及其设置标准研究[M].北京：经济科学出版社，2019.

第二章 同伴互动：协同式行动中的非教学参与

同伴互动是大学生学习生涯中重要的影响因素，能够通过作用于学生的学习观和学习方式等学习过程间接影响学生学习质量，同时，也能直接影响到学生的具体学习收获，是推进我国"立德树人"根本任务的重要教育元素。在经典的院校影响力模型中，同伴互动也始终被视为院校环境中的重要组成部分，是高等院校影响力理论模型中的一个"过程"变量，能够很大程度影响到大学生的学习和发展。在以集体宿舍、专业班级和校内学生社团为基本学生组织单位的中国大学，学生之间交流频繁，同伴影响效应明显，同伴互动成为中国大学生重要且满意的大学体验。无论是理论上还是实践上，同伴互动都被验证过是影响大学生发展的一个重要因素，是协同式成长的重要循环点。

第一节 同伴互动在大学生协同成长中的作用与意义

全国教育大会精神强调，坚持把"立德树人"作为根本任务，铸教育之魂。要实现这一新时代下人才培养的根本任务，需要着力解决如何促进学生发展这一核心问题。在影响学生发展的众多要素中，同伴是学生成长中不可忽视的重要角色，多项实证研究指出同伴互动能够直接或间接地影响大学生发展。同伴之间的日常互动不仅影响着大学生的情感态度价值观，而且同伴之间形成的软性人际氛围对大学生的行为也具有显著的影响，正所谓"近朱者赤，近墨者黑"。

一、同伴互动是大学生协同式成长的必经之路

立足于中国教育情境，在以集体宿舍、专业班级和校内学生社团为基本学生组织单位的中国大学，同伴间的交流更加频繁，是中国大学生人际互动中的重要一环，同伴互动效应更加显著。因此，抓住同伴互动这一具有中国教育特色的教育元素作为研究对象，通过了解我国大学生同伴互动的现状，理清大学生同伴互动的影响因素，以期改善大学生同伴互动水平进而促进我国大学生

的发展。

（一）落实"立德树人"任务的重要教育元素

扎根于中国"立德树人"的高等教育情境，针对中国大学生成长特质，我国研究者在探寻新时代下"怎样培养人"的这一核心问题的实证研究中，发现中国校园中的同伴互动对学生教育结果的形成具有较大的解释作用，甚至超过了生师互动对学生教育收获的解释作用①，在"树人"上有着重要促进作用。

作为"树人"的重要教育元素，大学生同伴互动可以通过影响学生的学习观和学习方式等学习过程进而间接作用于学生的学习收获。在课堂教学中，学生之间合作、讨论、互动的融洽氛围能够很大程度上促使他们采取深层的学习方式，从而可以间接提高学生的学习收获。在个体学习过程中，大学生的学习观会影响到学生学习方式的选择，而良好的同伴互动的课堂学习环境能够提高学习观对学习方式的影响力②③④。从学生参与这一更宏大的层面来考察同伴互动对学生学习过程的影响，同伴互动对大学生在校的课堂参与、课外学习参与、跨专业学习参与以及课余活动参与均产生了积极的影响作用，作用程度仅次于与教师互动，且同伴互动中对学生的课堂参与的作用程度最大。⑤聚焦到同伴互动对学生具体的学习收获影响，大学生间同伴互动与大学生的软技能学习成果、通识学习成果、专业教育学习成果之间呈显著的正相关关系⑥⑦。通过中外研究型大学的学情对比研究发现，生生合作对专业知识能力和有效合作能力起到良好的促进作用。⑧ 从大学生的整体大学成长过程来看，同伴互动对学生成长的认知思维、组织表达能力、道德价值观、知识习得四

① 李一飞，史静寰.生师互动对大学生教育收获和教育满意度的影响[J].教育学术月刊，2014(8)：76.

② 史秋衡，郭建鹏.我国大学生学情状态与影响机制的实证分析[J].教育研究，2012，33(2)：109-121.

③ 郭建鹏，杨凌燕，史秋衡.大学生课堂体验对学习方式影响的实证研究：基于多水平分析的结果[J].教育研究，2013，34(2)：111-119.

④ 杨院.大学生学习观对学习方式影响的实证研究：基于不同课堂学习环境的分析[J].国家教育行政学院学报，2013(9)：75-80.

⑤ 朱红.高校学生参与度及其成长的影响机制：十年首都大学生发展数据分析[J].清华大学教育研究，2010，31(6)：35-43，63.

⑥ 史秋衡，文静.中国大学生的就业能力：基于学情调查的自我评价分析[J].北京大学教育评论，2012(1)：48-60.

⑦ 万华.我国大学生学习成果研究[D].厦门：厦门大学，2013：138-139.

⑧ 史静寰，涂冬波，等.基于学习过程的本科教育学情调查报告2009[J].清华大学教育研究，2011(8)：9-23.

个维度上有积极作用，其中对学生的认知思维影响最大。① 因此，无论是对学习过程还是学习结果，大量实证研究显示，同伴互动对学生成长的直接影响和间接影响均非常显著。②

（二）大学生发展理论研究中的重要一环

我国高等教育现已经步入了后大众化阶段，高等教育的发展路径从外延式的扩张转变为内涵式的发展，对于高等教育质量的关注也从单一聚焦于高校资源投入或学术科研产出转移为关注高等教育的院校影响力，即高等院校的机构禀赋特征、管理政策、教学服务等对学生心理和行为所施加的影响作用。③ 随着这一高等教育质量评估范式的转变，社会学、人类学以及心理学等多学科领域的学者开始思考：高等教育究竟应该以何种方式，并在多大程度上引发学生的变化？

因此，自 20 世纪 50 年代末期开始，一批关于高等教育影响力的研究从美国开始兴起，随着该研究的不断积累和深入，该领域形成了一些成熟的理论解释框架和测量方法，其中，阿斯汀的“IEO 模型”、汀托的“社会与学术整合理论模型”以及帕斯卡雷拉等的“整体变化评定模型”是典型的院校影响力模型。这些经典模型不仅关注大学生在大学中的个人努力程度，而且更加关切院校环境如何影响到大学生发展。同伴作为大学经历中不可忽视的一种人际关系，自然被纳入这三类院校影响力模型中。在帕斯卡雷拉等的“整体变化评定模型”中，院校组织和学生背景特征通过影响学生的社会性互动（同伴互动和师生互动）从而间接影响学生成就，④在汀托的“社会与学术整合理论模型”中，在院校环境的互动中，学生通过同伴互动实现与院校间的社会融合进而影响学生行为的变化。⑤ 阿斯汀的“IEO 模型”中也将院校内的学生同伴特征视为环境（environment）要素来影响学生成就（output）。⑥ 因此，在经典的院校

① 朱红.高校学生参与度及其成长的影响机制：十年首都大学生发展数据分析[J].清华大学教育研究，2010，31(6)：35-43，63.

② 朱红.高校学生参与度及其成长的影响机制：十年首都大学生发展数据分析[J].清华大学教育研究，2010，31(6)：35-43，63.

③ 鲍威.未完成的转型：高等教育影响力与学生发展[M].北京：教育科学出版社，2014：24

④ Ernest Pascarella，Patrick Terenzini.How College Affects Students：A Third Decade of Research(Vol.2)[M]. San Francisco，CA：Jossey-Bass，2005：57.

⑤ Tinto. Dropout from Higher Education：A Theoretical Synthesis of Recent Research，Review of Educational Research [J]. 1975(45).

⑥ Astin A W. Student Involvement：A Developmental Theory for Higher Education [Z]. Higher Educational Research Institute，Graduate School of Education，University of California，1984.

影响力模型中，同伴互动始终被视为院校环境中的重要组成部分，是高等院校影响力理论模型中的一个“过程”变量，能够很大程度影响到大学生的学习和发展。

（三）中国大学生重要且满意的大学体验

在中国大学大学生的各项人际交往中，大学生对自我与同伴互动评价程度较高。① 以颇具中国高等教育特色的舍友关系为例，大学集体住宿的特征让舍友关系成为大学生同伴类型中最基本的一种类型，也是同伴互动中最频繁和最重要的一类主体。现实中，同宿舍舍友间能够共同复习、互相鼓励、持之以恒，最后集体考研成功、出国留学，这类“学霸寝室”往往成为社会关注的热点，这也是“近朱者赤”在高等教育环境下的真实映照。

舍友关系的重要性不仅仅存在于“学霸寝室”这类社会新闻的感性认知上，更有相应大数据的科学印证。从国家重点课题“大学生学习情况调查研究”发布的国家大学生学情调查结果来看，中国大学生对于舍友关系的评价呈现为高满意度、高重要性和低绩差值，同时舍友关系在重要性程度高于满意度水平，说明舍友关系对于大学生来说，在其大学学习生涯期间起着不可替代的作用。舍友之间形成的学习氛围和人际环境能够深刻影响着各自的学习过程。② 管中窥豹，现有舍友关系的研究结论可以视为进一步研究内涵更为丰富的同伴关系的一种探照。从同伴类型来说，舍友关系仅仅是大学生同伴互动中的一种类型，就已经对大学生的就学经历产生重大的影响。大学生在大学期间的同伴类型丰富多样，考虑到更为广义上的同伴，例如专业班级的同伴，各类学生社团的同伴，同一实验室的师兄师姐等同伴，同样是大学生人际关系中重要组成部分，与这些类型的同伴进行互动同样影响我国大学生的成长。

综上，在以集体宿舍、专业班级和校内学生社团为基本学生组织单位的中国大学，学生之间交流频繁，同伴影响效应明显，无论从理论探究还是实践验证上来看，同伴互动都是大学生发展的一个重要影响因素。从当前研究来看，与我国大学生同伴互动有关的研究较少。高校大学生之间存在哪些互动？互动状况如何？大学中的哪些因素会影响到大学生同伴之间的关系以及互动？如何才能改善大学生间的同伴互动？这些问题都有待回应。

二、同伴互动在大学生协同式成长研究中的意义

大学生同伴互动是已被理论和实践验证过能深刻影响大学生发展的一个

① 张湘韵.我国大学生人际交往对学习力影响研究[D].厦门：厦门大学，2014：112.

② 文静.大学生学习满意度实证研究[M].北京：教育科学出版社，2015：177.

关键性因素。本次研究将大学生同伴互动作为研究对象，并囊括大学生课内外的同伴互动行为，试图在分析和理清我国大学生同伴互动现状的基础上，分析大学生同伴互动的影响因素，具有重要的理论和现实意义。

(一)细化同伴互动的研究

将同伴互动作为一个单独的研究对象在我国的已有研究中是比较少的，大多同伴互动的资料是来源于大学生学习投入度、大学生学情调查等相关研究，并将同伴互动作为一个影响要素纳入院校影响力模型中进行探讨。因此，国内较少有对同伴互动这一关键要素进行单独的细致化探究。从同伴互动的场域和内容来看，我国大学生主要存在课上与学习相关的互动以及课下与社会性活动相关的互动，因此本次研究从课堂同伴互动和课外同伴互动出发，探索我国大学生同伴互动的现状，为同伴互动的细致化研究提供一种参考。

(二)拓宽同伴互动的研究视野

在当前已有研究者中，对于同伴互动的分析多是关注课堂教学中的学生学习互动，对于学生课外的非学习性互动研究较少。志愿者活动、社会实践活动、校内社团活动以及各种科创竞赛，四类活动是高校学生课外同伴互动的主要互动载体和互动内容，这些活动无不渗透着学生与同伴之间的交流互动。从课外同伴互动的具体活动出发，探析大学生课堂教学场域外的同伴互动行为。把课外同伴互动行为纳入研究中来，从同伴互动的场域和内容来拓宽同伴互动的研究视野。

(三)探底我国高校大学生的同伴互动的整体情况

本次研究将“同伴互动”作为单独的研究对象，采用实证研究方式，依托厦门大学史秋衡教授主持的国家重点项目“大学生学习情况调查研究”(NCSS)，基于该平台对我国高校大学生学情数据的收集，通过采用相关统计方法对我国大学生“同伴互动”数据进行分析，进而描述出我国大学生同伴互动的整体状况。

(四)找准改善我国大学生同伴互动的关键要素

在理清我国大学生同伴互动现状的基础上，通过应用适宜的统计方法，进一步挖掘影响我国高校大学生课内外同伴互动的相关因素，以期找准提高大学生良好同伴互动的关键要素，为改善大学生同伴互动水平提供真实可鉴的参考材料。

三、同伴互动的研究设计

(一)同伴互动的概念界定

本书中,大学生的"同伴互动"概念定义为:大学校园环境内,学生个体之间发生的各种形式、各种性质、各种程度的相互作用与影响,最终导致互动双方行为或价值观改变的任何过程。

(二)理论模型的应用

本书建立在实证的基础上,同时也需要相应理论的指导。通过对帕斯卡雷拉"整体变化评定模型"的梳理和分析,并论证该理论在本次研究中的适用性。同时,实证研究需要对数据进行收集和分析,通过信效度检验等统计方式来保证研究的科学性。最后,需要根据研究问题和假设来确定具体的研究方法和手段。

帕斯卡雷拉的"整体变化评定模型"作为经典的院校影响力模型之一,本次研究认为运用帕斯卡雷拉的"整体变化评定模型"研究处于院校环境中的大学生同伴互动经历具有一定的适切性。帕斯卡雷拉的"整体变化评定模型"与本次研究的结合点表现在以下两个方面:

1.研究内容的适切性

"整体变化评定模型"相较于其他院校影响力模型,更加关注高等院校内部环境中的学生与教师、同伴等社会性互动。帕斯卡雷拉强调,在考察高等教育质量时,从校园内社会性互动(师生互动、同伴互动)这一要素切入,来了解院校对学生学习和认知变化所形成的影响,这比检视院校组织结构特征的影响更为有效。[①] 因此,在其构建的模型中也将其凸显出来。本次研究将校园内社会性互动的主要构成之一的同伴互动作为主要研究主题,研究内容与"整体变化评定模型"十分切合,该理论模型能够为本次研究提供理论依据。

2.分析框架的具体性

"整体变化评定模型"中,校园社会性互动作为重要的中介因素,院校的结构性特征、学生个人背景信息以及院校环境则是通过影响学生的社会性互动、学生努力质量两条路径,从而间接影响学生成就。从中可以看出院校结构、学生背景信息和院校环境是影响学生社会性互动的重要因素。其中,院校结构、学生背景信息和院校环境能直接影响同伴互动,院校结构和学生背景信息也能通过影响院校环境进而间接影响到同伴互动。因此,"整体变化评定模型"

① Pascarella E T. College Environmental Influences on Learning and Cognitive Development: A Critical Review and Synthesis[M]//Higher Education: Handbook of Theory and Research(Vol.1). New York: Agathon Press, 1985:48.

能够明晰同伴互动的影响因素和影响路径，该理论可以为本次研究提供具体的思维分析框架。

(三)同伴互动研究的分析框架

本次研究基于模型所构建的同伴互动影响路径和因素，即院校结构、院校环境因素以及个人背景性信息共同影响学生同伴互动，并结合已有的文献，提取影响同伴互动的个体层面因素和院校层面因素，并通过探索性分析和验证性分析将高校大学生的同伴互动行为进一步划分为课堂同伴互动和课外同伴互动两类，对我国大学生的同伴互动进行更细致化的研究，力求理清我国大学生同伴互动的现状及影响因素。

本书中这部分的研究试图理清我国大学生同伴互动的基本状态，并分析影响大学生同伴互动的因素，为改善同伴互动质量，进一步发挥同伴互动的益处，展开一些有意义的探究。首先，本次研究在梳理和界定大学生同伴互动内涵的基础上，对已有的相关大学生同伴互动的研究进行文献梳理和综述，从而确定本次研究的切入点，并寻求本次研究深入开展的理论依据，在理论的指导下构建本次研究分析框架。其次，通过实证调查法获取本次研究顺利开展所需的实证数据，应用相关统计方法分析数据的信效度水平，保证研究的科学性。再次，依据研究目的利用适合的统计方法对数据进行深入分析，从课堂同伴互动和课外同伴互动两方面出发理清我国大学生同伴互动的基本现状以及不同群体大学生在课内外同伴互动上的具体差异，进而更好把握我国大学生同伴互动的基本特征。最后，试图从个体因素和院校教育培养因素分析其对我国大学生同伴互动的影响，找出关键要素，进而提出提升高校大学生同伴互动水平的对策和建议。同伴互动的研究框架如图 2-1 所示。

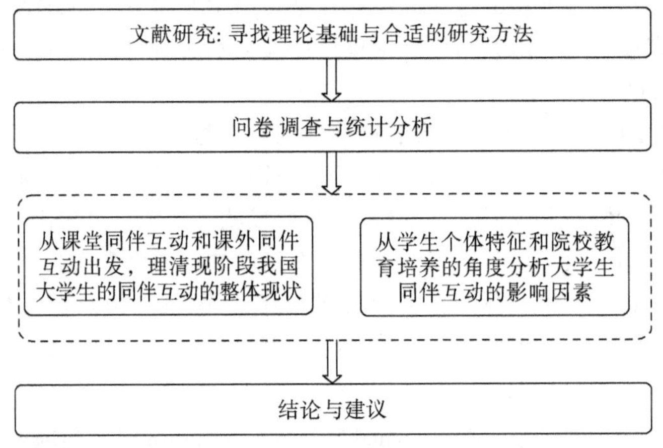

图 2-1 同伴互动的研究框架

通过前文对已有文献的梳理，找到了本书研究需深入开展的切入点，进而明晰了具体研究问题、研究假设以及研究方案，并搜集和整理本次研究顺利开展所需的数据。

四、同伴互动的研究方案

大学生同伴互动是大学生学习情况研究的重要方面，本书研究以学生自评为基点，从同伴互动类型切入，从个体特征变量的角度和院校变量的角度来分析不同群体学生课内外同伴互动的特征和差异，对我国高校大学生同伴互动现状及影响因素进行探讨。

（一）同伴互动部分的研究问题与假设

从研究展开的角度看，本次研究将主要涉及以下几个问题：

(1)现阶段我国大学生的课内外同伴互动现状如何？有什么显著特征？

(2)我国不同群体大学生的课内外同伴互动是否存在差异？

(3)我国高校大学生的课内外同伴互动是否会受到学生个体特征、院校教育培养等因素的影响？

基于上述研究问题，本次研究的研究假设主要包括：

(1)我国大学生对同伴互动有整体上的认识。根据互动场域和内容划分，我国大学生同伴互动主要包含课堂同伴互动和课外同伴互动。课堂同伴互动总体较佳，更偏爱小组讨论式的互动方式，我国大学生参与各类课外同伴互动活动的频率不高，以参与校内社团活动为主。

(2)我国不同群体大学生的课内外同伴互动具有显著性差异。从学生个体层面以及高校类型层面的角度对不同类别大学生的课内外同伴互动特征进行了分析，不同群体大学生在课内外同伴互动以及相应互动活动上的表现具有显著性差异。

(3)学生个体特征、院校教育培养等因素会显著影响我国大学生的课内外同伴互动。学生层面的个体变量（性别、生源地、家庭子女人数、恋爱状况、学生干部任职情况、所学学科类型、所在院校类型和所在年级）以及院校层面的教育培养因素（新生研讨课、翻转课堂、本科生导师、创新创业项目）会对全国大学生课内外同伴互动的某些维度产生差异性影响。

（二）数据收集

研究所需数据均来自厦门大学史秋衡教授主持的国家重点项目 NCSS，该研究采用整群分层抽样的方法，利用网上问卷调查的方式收集数据。本次研究使用的数据是2017年的学情数据，样本总量为72241，①样本结构详见表2-1。

表 2-1　样本结构

结构		人数	比例/%
性别	男	30700	42.5
	女	41541	57.5
年级	大一	25339	35.1
	大二	20537	28.4
	大三	17735	24.5
	大四及以上	8630	11.9
城乡	城市	28414	39.3
	农村	43827	60.7
院校类型	"985工程"高校	1686	2.8
	"211工程"高校*	5911	9.7
	一般本科院校**	53250	87.5
学科类型	哲学	155	0.2
	法学	1552	2.1
	文学	7339	10.2
	理学	5010	6.9
	工学	26234	36.3
	农学	2738	3.8
	医学	2999	4.2
	历史学	142	0.2
	经济学	8365	11.6
	教育学	3097	4.3
	管理学	10416	14.4
	艺术学	4194	5.8

*不包括"985工程"高校。

**"985工程""211工程"高校之外的本科院校。

---

① 共计有72315名本科生参与调查，但由于本次研究中的大学生界定为普通本科院校的全日制本科生，在分析时对两所专科院校的63个学生样本进行剔除；此外由于军事学专业的学生只有11人，加之军事学专业的特殊性，分析时同样剔除，最终留下72241名学生的有效样本。

(三)大学生同伴互动量表的信效度分析

总体说来,“大学生学习情况调查”课题组用于数据调查的量表具有很高的信效度。[①] “大学生学习情况调查”项目实证调查所使用的量表采用李克特量表(Likert scale)进行编制,同意度每道题目从“1=非常不同意”到“6=非常同意”,次数每道题从“1=0 次”到“6=5 次及以上”共六个等级来表明态度强弱或者在量表上体现的不同状态。

1.探索性因子分析

本次研究从“大学生学习情况调查”课题组用于数据调查的量表中选取出8道与大学生同伴互动相关的题项,测量学生关于同伴互动的看法。为了以较少的构念代表原来较复杂的数据结构,同时为了检验量表的结构效度,对8道题进行因子分析。采用 SPSS 24 软件运行 KMO 和 Bartlett 球形检验来对问卷进行因子分析适合性给予判断。通过分析可知(见图 2-2)KMO 统计量为 0.811,依据 Kaiser 的观点,KMO 值在 0.6 以上,可以做因子分析。同时,Bartlett 球形检验卡方值为 212575.901,$p<0.001$,达到显著。因此,在判断准则上处于较适合进行因子分析,具有很好的适切性。[②]

KMO 取样适切性量数		0.811
巴特利特球形度检验	近似卡方	212575.901
	自由度	28
	显著性	0.000

图 2-2　KMO 和巴特利特检验

因子提取采用主成分分析法并进行。用极大方差法(variance)进行正交旋转分析求出旋转因子负荷矩阵,项目的选取标准为因子负荷大于 0.4,因子的提取标准为因子特征值大于 1。经“极大方差法”正交旋转的结果表明,学生的同伴互动可以分为两个因子,因子一包括的题目主要是“参加小组讨论”“学习方面的交流”“学习经验的分享”“合作完成作业”,这些活动都是学生在课程上与同伴进行互动的主要内容,可以称之为课堂同伴互动;因子二包括的题目是参与各类科创竞赛(如挑战杯或专业技能比赛)、社团活动、志愿活动、社会实践的次数,这些活动无不渗透着学生与同伴之间的交流互动,是高校学生在课外时间进行同伴互动的重要互动载体和互动内容,在这些活动中学生个体之间会发生的各种形式、各种性质、各种程度的相互作用与影响,最终导

① 史秋衡,郭建鹏.我国大学生学情状态与影响机制的实证研究[J].教育研究,2012(2):109-121.

② 吴明隆.问卷统计分析实务:SPSS操作与应用[M].重庆:重庆大学出版社,2011:208.

致互动双方行为或价值观发生改变，因此用来表征学生课外同伴互动的经历，可以称之为课外同伴互动。两个因子累计解释了63.30%的方差。各因子载荷量见表2-2。

表2-2　大学生同伴互动量表因素载荷量

大学生同伴互动量表内容	因子	
	课堂同伴互动	课外同伴互动
学习经验的分享	0.897	
参加小组讨论	0.867	
学习方面的交流	0.828	
合作完成作业	0.810	
参加志愿活动的次数		0.807
参加社会实践活动的次数		0.797
参加校内社团活动的次数		0.721
参加各种科创竞赛的次数		0.538

通过探索性因子分析发现大学生同伴互动量表的因子结构后，为了进一步了解量表的可靠性与有效性，分别对同伴互动的两个维度与总量进行信度分析，各因子的克隆巴赫Alpha系数结果见表2-3。

表2-3　大学生同伴互动量表信度分析

维度	克隆巴赫 Alpha
课堂同伴互动	0.878
课外同伴互动	0.702
总问卷	0.737

由表2-3可见，同伴互动量表各维度的系数分别为0.878和0.702，而总问卷的系数为0.737。所以，无论是各维度还是总问卷，其系数都在0.7以上，说明大学生同伴互动量表具有较好的信度指标。

2.验证性因子分析结果

探索性因子分析是在事先不知道影响因子的基础上，通过运用统计软件以一定的原则对已有的数据资料进行因子分析，最后得出因子的过程。验证性因子分析充分利用了先验信息，在已知因子的情况下，检测所搜集的数据资料是否按照事先预定的结构方式产生作用。[①] 本次研究将采用AMOS 20.0对“大学生同伴互动量表”进行验证性因子分析（$n=2161$），以检验量表结构

① 王松涛.探索性因子分析与验证性因子分析比较研究[J].兰州学刊，2006(5)：155-156.

的模型拟合度。验证性因素分析采用极大似然估计法来对假设模型进行估计，路径图及标注化系数估计值如图 2-3 所示。

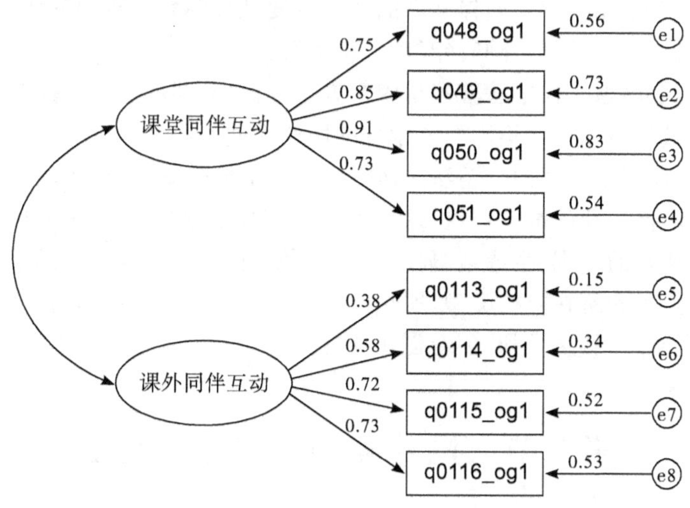

图 2-3　大学生同伴互动量表验证性因子分析

根据验证性因子分析得到的模型拟合指数可知(见表 2-4)：RMSEA、CFI、GFI、NNFI 以及 AGFI 都通过模型适配度检验，χ^2 值$=80.471$($df=19$，$p>0.05$)未通过。由于卡方χ^2分布与样本数有关，当样本量较大时，SEM 使用者会舍弃卡方就其他拟合指数。其他拟合指数均通过模型适配度检验，该模型的拟合度比较好。说明可以运用该量表对大学生同伴互动做出较为科学、合理的评价和分析。

表 2-4　大学生同伴互动量表验证性因子分析模型适配度检验结果摘要

统计检验量	适配的标准或临界值	检验结果数据	模型适配判断
χ^2值	$p<0.05$	$p>0.05$	否
RMSEA 值	<0.05 优良；<0.08 良好	0.039	是
GFI 值	>0.90 以上	0.991	是
CFI 值	>0.90 以上	0.991	是
TLI(NNFI)值	>0.90 以上	0.986	是
AGFI 值	>0.90 以上	0.982	是

资料来源：

(1)邱政皓.结构方程模型的原理与应用[M].北京：中国轻工业出版社，2009：73.

(2)吴明隆.结构方程模型：AMOS 的操作与应用[M].重庆：重庆大学出版社，2010：37-53.

(四)量表的数据处理与分析的适用性

本次研究的分析思路与研究目的具有高度一致。

首先,对全国大学生同伴互动的各个维度进行频数分析和平均数分析,了解全国高校大学生课内外同伴互动的基本情况。

其次,使用独立样本检验和单因素方差分析,分别从个体特征变量的角度和院校变量的角度探索不同群体学生的同伴互动差异。

最后,使用多元回归分析法来研究学生的个体变量、院校的教育培养等因素对学生同伴互动的影响,分析这些因素对同伴互动的贡献率。其中自变量包括个体变量的性别、生源地、兄弟姐妹人数、恋爱状况、学生干部任职情况、所学学科大类和所在院校类型、所在年级以及院校的教育培养,包括新生研讨课、翻转课堂、本科生导师、创新创业项目。

第二节　同伴互动的状态及特征

本部分的整体思路是考察全国高校大学生同伴互动的基本特征。通过探索性和验证性分析可知,同伴互动可以分为课堂同伴互动经历和课外同伴互动经历,在这里,我们主要从这两方面展开分析,并从个体的性别、恋爱状态、学生干部、家庭所在地、家庭情况、家庭子女人数,以及院校层面的专业、学校类别、年级等变量对不同群体大学生同伴互动的现状进行研究,目的主要在于理清不同类型大学生同伴互动的整体现状,为分析我国大学生同伴互动的情况提供常模参考。

一、我国大学生同伴互动整体特征分析

本书基于学生自我报告的问卷调查。在本书的数据库中,通过主成分分析形成的课堂同伴互动和课外同伴互动。因此,本次研究将从课堂同伴互动和课外同伴互动出发,通过大学生课堂和课外的同伴互动均值和标准差来分析我国大学生同伴互动的整体特征。

(一)课堂同伴互动特征

对学生课堂同伴互动因子及相关条目做描述统计,其结果如表 2-5 所示。从描述统计量表来看,课堂同伴互动的均值为 4.38,偏向于“基本同意”,表明全国大学生的课堂同伴互动状态良好,能够与同伴进行较好的交流和合作。课堂同伴互动中,“参加小组讨论”均值最高,说明在课堂上的高校大学生能较好地参与到小组的同伴互动中。从其他题项的均值来看,均值均大于 4,均偏

向于“基本同意”，可见大学生个体对自我与同伴互动评价程度较高，且各方面较为均衡，并未出现某些方面差距过于明显的状况。

表 2-5　全国大学生课堂同伴互动的描述统计

类　别	人数	最小值	最大值	平均值	标准差
课堂同伴互动	72241	1.00	6.00	4.38	0.88
学习方面的交流	72241	1.00	6.00	4.36	1.043
学习经验的分享	72241	1.00	6.00	4.33	1.033
参加小组讨论	72241	1.00	6.00	4.44	1.002
合作完成作业	72241	1.00	6.00	4.39	1.051

使用频率统计对课堂同伴互动进行分析，结果如表 2-6 所示。根据表中数据显示，全国大学生的课堂同伴互动情况偏正向。无论是在课堂的学习交流还是小组讨论合作，“基本同意”所在比例都最为集中。具体而言，认为自己在“学习方面的交流”的“基本同意”“同意”“完全同意”的累计比例为 84.1%，认为自己在“学习经验的分享”的“基本同意”“同意”“完全同意”的累计比例为 83.0%，认为自己在“参加小组讨论”的“基本同意”“同意”“完全同意”的累计比例为 87.6%，认为自己在“合作完成作业”的“基本同意”“同意”“完全同意”的累计比例为 84.7%。说明在大学生自我报告的课堂同伴互动中，最为集中的状态还是“基本同意”，表明我国大学生对自身在课堂上与同伴互动状态的认同感较高。在具体的课堂同伴互动活动中，相较于同伴学习经验的交流沟通，与小组的讨论以及小组作业的合作上表现更优。

表 2-6　全国大学生课堂同伴互动的频率统计

单位/%

类　别	完全不同意	不同意	基本不同意	基本同意	同意	完全同意
学习方面的交流	1.4	3.1	11.5	40.0	30.3	13.8
学习经验的分享	1.2	3.2	12.7	40.5	29.4	13.0
参加小组讨论	1.2	2.5	8.7	41.4	31.6	14.6
合作完成作业	1.3	3.5	10.5	38.6	31.6	14.4

(二)课外同伴互动特征

志愿者活动、社会实践活动、校内社团活动以及各种科创竞赛，这些活动都是高校中课外同伴互动的主要互动载体和互动内容。将学生课外同伴互动及相关条目进行描述统计分析,其结果如表 2-7 所示。从描述统计量表来看,课外同伴互动的均值为 3.30,低于中位数 3.5 分,偏向于“2 次”,表明全国大学生参与课外各类活动的人均次数为“2 次”左右。通过考察各条目的均值可以发现,在课外同伴互动的四类活动中,由高到低依次为“参加校内社团活动的次数”“参加社会实践活动的次数”“参加志愿者活动的次数”“参加各种科创竞赛的次数”。同时志愿者活动、社会实践活动、校内社团活动的均值均达到中位数 3.5 以上,说明我国大学生参与这三类课外同伴互动活动的人均次数均达到 3 次以上。值得关注的是,相较于其他课外同伴互动活动,“参加各种科创竞赛的次数”均值较低,仅仅为 2.01,差距明显,说明在大学课外同伴互动活动中,我国大学生参与科创竞赛经历较少,是我国大学生课外同伴互动活动的短板。

表 2-7　全国大学生课外同伴互动的描述统计

类　别	个案数	最小值	最大值	平均值	标准差
课外同伴互动	72241	1.00	6.00	3.30	1.22
参加志愿者活动的次数	72241	1.00	6.00	3.59	1.848
参加社会实践活动的次数	72241	1.00	6.00	3.62	1.684
参加校内社团活动的次数	72241	1.00	6.00	4.00	1.746
参加各种科创竞赛的次数	72241	1.00	6.00	2.01	1.422

使用频率统计对课外同伴互动进行分析,结果如表 2-8 所示。根据表中数据显示,在大学生自我报告的课外同伴互动活动中,“参加志愿者活动的次数”达到“1 次”“2 次”“3 次”“4 次”“5 次及以上”的累计比例为 83.4%;“参加社会实践活动的次数”达到“1 次”“2 次”“3 次”“4 次”“5 次及以上”的累计比例为 89.1%;“参加校内社团活动的次数”达到“1 次”“2 次”“3 次”“4 次”“5 次及以上”的累计比例为 90.9%;“参加各种科创竞赛的次数”达到“1 次”“2 次”“3 次”“4 次”“5 次及以上”的累计比例为 45.9%。说明在课外同伴互动活动中,我国大学生有参与过志愿者活动的比例为 83.4%、社会实践活动的比例为 89.1%、校内社团活动的比例为 90.9%和各种科创竞赛的比例为 45.9%。由高到低依次为“参加校内社团活动的次数”“参加社会实践活动的次数”“参加志愿者活动的次数”“参加各种科创竞赛的次数”。其中,前三类课外同伴互动活动的参与次数集中在“5 次及以上”以及“2 次”。课外同伴互动活动的“参加各种科创竞赛的次数”集中在“0 次”。

表 2-8　全国大学生课外同伴互动的频率统计

单位/%

类　别	0 次	1 次	2 次	3 次	4 次	5 次及以上
参加志愿者活动的次数	16.6	17.8	18.6	12.7	6.0	28.3
参加社会实践活动的次数	10.9	18.7	22.9	16.5	7.3	23.8
参加校内社团活动的次数	9.1	13.7	21.5	14.4	6.3	35.0
参加各种科创竞赛的次数	54.1	19.3	11.5	6.5	3.8	4.7

二、基于个体特征变量的大学生同伴互动特征分析

为了更清楚地了解我国大学生的同伴互动特征，本次研究从个体因素中的性别、恋爱状态、学生干部以及家庭背景的城乡、家庭情况、家庭子女人数出发，对不同类别学生的课堂与课外同伴互动特征进行分析，进一步理清我国大学生同伴互动的整体现状。

（一）性别差异下大学生同伴互动特征

本次研究将大学生的性别分为男生和女生两类，为了理清恋爱状态差异下大学生同伴互动特征，本次研究从课堂同伴互动和课外同伴互动两方面出发，分析不同性别大学生在课内外同伴互动及具体互动活动的差异性情况。

1.课堂同伴互动

为了比较男女大学生在课堂同伴互动上的差异，本次研究采用独立样本 t 检验比较男生和女生在课堂同伴互动及具体题项上的差异，结果见表 2-9。

表 2-9　不同性别大学生课堂同伴互动特征

类　别	性　别	n	均　值	标准差	t 值
课堂同伴互动	男	30700	4.38	0.94	0.236
	女	41541	4.38	0.84	
学习方面的交流	男	30700	4.40	1.09	7.742***
	女	41541	4.33	1.01	
学习经验的分享	男	30700	4.35	1.09	5.416***
	女	41541	4.31	0.99	
参加小组讨论	男	30700	4.42	1.08	−4.8***
	女	41541	4.45	0.94	
合作完成作业	男	30700	4.36	1.13	−7.555***
	女	41541	4.42	0.99	

注：* $p<0.05$；** $p<0.01$；*** $p<0.001$。

从表 2-9 可以看出，在统计检验上，男生和女生在课堂同伴互动中呈现差异不显著。课堂同伴互动两者均值相等。但具体到各个题项来看，男生和女生无论是课堂同伴互动题项还是课外同伴互动题项均呈现显著差异。具体来说，在课堂同伴互动中，男生在同伴间的学习经验的分享与交流上的均值显著高于女生，女生在课堂同伴小组讨论以及小组合作上均值显著高于男生。

总体来看，在课堂同伴互动的各题项中，男生和女生均在“参加小组讨论”这一题项上均值最高，说明相较于课堂的其他同伴互动方式，小组讨论是男女生都更倾向的互动。

2.课外同伴互动

为了比较男女大学生在课外同伴互动上的差异，本次研究采用独立样本 T 检验比较男生和女生在课外同伴互动及其具体题项上的差异，结果见表 2-10。

表 2-10　不同性别大学生课外同伴互动特征

类　别	性　别	N	均　值	标准差	t 值
课外同伴互动	男	30700	3.29	1.29	−1.872
	女	41541	3.31	1.17	
参加志愿者活动的次数	男	30700	3.45	1.82	−16.47***
	女	41541	3.68	1.86	
参加社会实践活动的次数	男	30700	3.59	1.68	−4.215***
	女	41541	3.64	1.68	
参加校内社团活动的次数	男	30700	3.91	1.76	−11.424***
	女	41541	4.06	1.73	
参加各种科创竞赛的次数	男	30700	2.22	1.55	33.103***
	女	41541	1.86	1.30	

注：* $p<0.05$；** $p<0.01$；*** $p<0.001$。

从表 2-10 可以看出，在统计检验上，男生和女生在课外同伴互动中呈现差异不显著。但在课外同伴互动的各项活动参与中，女生在参与志愿者活动次数、社会实践次数以及校内社团活动次数的均值均显著高于男生，但男生参与各种科创竞赛，如挑战杯或专业技能比赛次数的均值显著高于女生。

总体来看，在课外同伴互动中，男生和女生均在“校内社团活动的次数”这一题项上均值最高，说明相较于课外的其他同伴互动活动，校内社团活动是男女生参与度更高的互动活动。

（二）恋爱状态差异下大学生同伴互动特征

本次研究将大学生的恋爱状态分为谈过或正在谈和未谈过恋爱两类，为了理清恋爱状态差异下大学生同伴互动特征，本次研究从课堂同伴互动和课外同伴互动两方面出发，分析不同恋爱状态大学生在课内外同伴互动及具体互动活动的差异性情况。

1.课堂同伴互动

为了比较不同恋爱状态的大学生在课堂同伴互动上的差异，本次研究采用独立样本 T 检验比较不同恋爱状态的大学生在课堂同伴互动及其具体题项上的差异，结果见表 2-11。

表 2-11　恋爱状态差异下大学生课堂同伴互动特征

类　别	恋爱状态	N	均　值	标准差	t 值
课堂同伴互动	是	31171	4.43	0.88	12.824***
	否	41070	4.34	0.88	
学习方面的交流	是	31171	4.40	1.04	8.981***
	否	41070	4.33	1.05	
学习经验的分享	是	31171	4.38	1.03	12.161***
	否	41070	4.29	1.04	
参加小组讨论	是	31171	4.49	0.99	11.943***
	否	41070	4.40	1.01	
合作完成作业	是	31171	4.44	1.04	10.862***
	否	41070	4.35	1.06	

注：* $p<0.05$；** $p<0.01$；*** $p<0.001$。

从表 2-11 可以看出，在统计检验上，不同恋爱状态的大学生在课堂同伴互动上呈现显著的差异性，恋爱的大学生的均分显著高于未恋爱状态的大学生。具体到各个题项来看，在课堂同伴互动中，无论是同伴间学习经验的交流与分享还是课堂同伴小组的讨论与合作，恋爱的大学生的均值均显著高于未恋爱状态的大学生。

总体来说，在课堂同伴互动的各题项中，不同恋爱状态的大学生均在“参加小组讨论”这一题项上均值最高，说明无论大学生是否谈恋爱，相较于课堂的其他同伴互动方式，小组讨论是处于不同恋爱状态下的大学生都更倾向的互动。

2.课外同伴互动

为了比较不同恋爱状态的大学生在课外同伴互动上的差异，本次研究采用独立样本 t 检验比较不同恋爱状态的大学生在课外同伴互动及其具体题项上的差异，结果见表 2-12。

表 2-12　恋爱状态差异下大学生课外同伴互动特征

类　别	恋爱状态	N	均　值	标准差	t 值
课外同伴互动	是	31171	3.40	1.22	18.407***
	否	41070	3.23	1.22	
参加志愿者活动的次数	是	31171	3.64	1.83	7.35***
	否	41070	3.54	1.86	
参加社会实践活动的次数	是	31171	3.76	1.68	19.503***
	否	41070	3.51	1.68	
参加校内社团活动的次数	是	31171	4.11	1.72	14.75***
	否	41070	3.92	1.76	
参加各种科创竞赛的次数	是	31171	2.09	1.45	12.437***
	否	41070	1.95	1.40	

注：* $p<0.05$；** $p<0.01$；*** $p<0.001$。

从表 2-12 可以看出，在统计检验上，不同恋爱状态的大学生在课外同伴互动方面均呈现显著的差异性，恋爱的大学生的均分显著高于未恋爱状态的大学生。在课外同伴互动的各项活动参与中，恋爱的大学生在参与志愿活动次数、社会实践次数、校内社团活动次数以及各种科创竞赛，如挑战杯或专业技能比赛次数的均值均显著高于未恋爱状态的大学生。

总体来说，在课外同伴互动中，不同恋爱状态的大学生均在"参加校内社团活动的次数"这一题项上均值最高，说明无论大学生是否谈恋爱，相较于课外的其他同伴互动活动，校内社团活动是处于不同恋爱状态下的大学生参与度都更高的互动活动。

(三)学生身份差异下大学生同伴互动特征

本次研究将学生身份分为担任学生干部与未担任学生干部，为了理清学生身份差异下大学生同伴的互动特征，本次研究从课堂同伴互动和课外同伴互动两方面出发，分析不同学生身份的大学生在课内外同伴互动及具体互动活动的差异性情况。

1.课堂同伴互动

为了比较担任学生干部与未担任学生干部的大学生在课堂同伴互动上的差异，本次研究采用独立样本 t 检验比较不同学生身份的大学生在课堂同伴互动及其具体题项上的差异，结果见表 2-13。

表 2-13 学生干部差异下大学生课堂同伴互动特征

类 别	学生干部	N	均 值	标准差	t 值
课堂同伴互动	是	45545	4.44	0.87	23.076***
	否	26696	4.28	0.90	
学习方面的交流	是	45545	4.40	1.03	13.444***
	否	26696	4.29	1.06	
学习经验的分享	是	45545	4.39	1.02	22.069***
	否	26696	4.22	1.05	
参加小组讨论	是	45545	4.52	0.98	27.963***
	否	26696	4.30	1.03	
合作完成作业	是	45545	4.44	1.04	15.677***
	否	26696	4.31	1.07	

注：* $p<0.05$；** $p<0.01$；*** $p<0.001$。

从表 2-13 可以看出，在统计检验上，担任学生干部与未担任学生干部的大学生在课堂同伴互动方面呈现显著的差异性，担任学生干部的大学生的均分显著高于未担任学生干部的大学生。具体从各个题项来看，在课堂同伴互动中，无论是同伴间学习经验的交流与分享还是课堂同伴小组的讨论与合作，担任学生干部的大学生的平均数均显著高于未担任学生干部的大学生。

总体来说，在课堂同伴互动的各题项中，担任学生干部在“参加小组讨论”这一题项上均值最高，而未担任学生干部的大学生在“合作完成作业”这一题项上均值最高。说明无论大学生是否担任学生干部，相较于课堂的学习经验的交流学习，小组讨论和合作是大学生更倾向的互动。

2.课外同伴互动

为了比较担任学生干部与未担任学生干部的大学生在课外同伴互动上的差异，本次研究采用独立样本 t 检验比较不同学生身份的大学生在课外同伴互动及其具体题项上的差异，结果见表 2-14。

表 2-14 学生干部差异下大学生课外同伴互动特征

类 别	学生干部	N	均 值	标准差	t 值
课外同伴互动	是	45545	3.51	1.18	60.573***
	否	26696	2.95	1.21	
参加志愿者活动的次数	是	45545	3.83	1.83	47.966***
	否	26696	3.16	1.81	

续表

类　别	学生干部	N	均　值	标准差	t 值
参加社会实践活动的次数	是	45545	3.80	1.68	38.617***
	否	26696	3.31	1.65	
参加校内社团活动的次数	是	45545	4.28	1.68	58.127***
	否	26696	3.52	1.75	
参加各种科创竞赛的次数	是	45545	2.12	1.46	27.887***
	否	26696	1.82	1.34	

注：* $p<0.05$；** $p<0.01$；*** $p<0.001$。

从表 2-14 可以看出，在统计检验上，担任学生干部与未担任学生干部的大学生在课外同伴互动方面呈现显著的差异性，担任学生干部的大学生的均分显著高于未担任学生干部的大学生。在课外同伴互动的各项活动参与中担任学生干部的大学生在参与志愿活动次数、社会实践次数、校内社团活动次数以及各种科创竞赛，如挑战杯或专业技能比赛次数的均值均显著高于未担任学生干部的大学生。

总体来说，在课外同伴互动中，不同学生干部任职状态的大学生均在“校内社团活动的次数”这一题项上均值最高，说明无论大学生是否担任学生干部，相较于课外的其他同伴互动活动，校内社团活动是大学生参与度更高的互动活动。

(四)城乡大学生同伴互动特征

本次研究将大学生的生源地分为城市和乡村两类，为了理清城乡大学生同伴互动特征，本次研究从课堂同伴互动和课外同伴互动两方面出发，分析城乡大学生在课内外同伴互动及具体互动活动的差异性情况。

1.课堂同伴互动

为了比较城乡大学生在课堂同伴互动上的差异，本次研究采用独立样本 t 检验比较城乡大学生在课堂同伴互动及其具体题项上的差异，结果见表 2-15。

表 2-15　城乡大学生课堂同伴互动基本特征

类　别	城　乡	N	均　值	标准差	t 值
课堂同伴互动	城市	28414	4.40	0.91	5.668***
	农村	43827	4.36	0.86	
学习方面的交流	城市	28414	4.39	1.06	5.797***
	农村	43827	4.34	1.03	

续表

类　别	城　乡	N	均　值	标准差	t 值
学习经验的分享	城市	28414	4.35	1.06	5.196***
	农村	43827	4.31	1.01	
参加小组讨论	城市	28414	4.47	1.03	6.329***
	农村	43827	4.42	0.98	
合作完成作业	城市	28414	4.40	1.08	2.212*
	农村	43827	4.38	1.03	

注：* $p<0.05$；** $p<0.01$；*** $p<0.001$。

从表 2-15 可以看出，在统计检验上，城乡大学生在课堂同伴互动方面呈现显著的差异性，城市大学生的均分显著高于农村大学生。具体从各个题项来看，在课堂同伴互动中，无论是同伴间学习经验的交流与分享还是课堂同伴小组的讨论与合作，城市大学生的均分显著高于农村大学生。

总体来说，城乡大学生均在"参加小组讨论"这一题项上均值最高，说明相较于课堂的其他同伴互动方式，小组讨论是城乡大学生都更倾向的互动。

2.课外同伴互动

为了比较城乡大学生在课外同伴互动上的差异，本次研究采用独立样本 t 检验比较城乡大学生在课外同伴互动及其具体题项上的差异，结果见表 2-16。

表 2-16　城乡学生课外同伴互动基本特征

类　别	城　乡	N	均　值	标准差	t 值
课外同伴互动	城市	28414	3.27	1.24	−6.537***
	农村	43827	3.33	1.21	
参加志愿者活动的次数	城市	28414	3.48	1.85	−12.794***
	农村	43827	3.66	1.84	
参加社会实践活动的次数	城市	28414	3.55	1.69	−8.775***
	农村	43827	3.66	1.68	
参加校内社团活动的次数	城市	28414	4.03	1.77	3.417**
	农村	43827	3.98	1.73	
参加各种科创竞赛的次数	城市	28414	2.01	1.43	0.298
	农村	43827	2.01	1.42	

注：* $p<0.05$；** $p<0.01$；*** $p<0.001$。

从表 2-16 可以看出，在统计检验上，城乡大学生在课外同伴互动方面基本呈现显著的差异性，农村大学生的均分显著高于城市大学生。在课外同伴互动的各项活动参与中，农村大学生在参与志愿活动次数、社会实践次数的均

值均显著高于城市大学生，而在校内社团活动参与次数的均值上显著低于城市大学生的均分。在参与各种科创竞赛，如挑战杯或专业技能比赛次数的均值上，城乡大学生没有显著差异。

总体来说，在课外同伴互动中，城乡大学生均在"校内社团活动的次数"这一题项上均值最高，说明相较于课外的其他同伴互动活动，校内社团活动是城乡大学生参与度更高的互动活动。

（五）家庭情况差异下大学生同伴互动特征

本次研究将学生家庭情况分为双亲家庭、重组家庭、单亲家庭以及孤儿四类，为了理清家庭情况差异下大学生同伴互动特征，本次研究从课堂同伴互动和课外同伴互动两方面出发，分析不同家庭情况的大学生在课内外同伴互动及具体互动活动的差异性情况。

1.课堂同伴互动

为了比较不同家庭情况的大学生在课堂同伴互动上的差异，本次研究采用方差分析比较不同家庭情况的大学生在课堂同伴互动及其具体题项上的差异，结果见表 2-17。

表 2-17　家庭情况差异下大学生课堂同伴互动特征

类　别	家庭情况	N	均　值	标准差	F 值
课堂同伴互动	双亲家庭	65132	4.38	0.88	2.553*
	重组家庭	2005	4.33	0.95	
	单亲家庭	4668	4.37	0.88	
	孤儿	170	4.31	0.96	
学习方面的交流	双亲家庭	65132	4.36	1.04	2.844*
	重组家庭	2005	4.30	1.12	
	单亲家庭	4668	4.34	1.06	
	孤儿	170	4.32	1.12	
学习经验的分享	双亲家庭	65132	4.33	1.03	1.915
	重组家庭	2005	4.28	1.10	
	单亲家庭	4668	4.31	1.03	
	孤儿	170	4.28	1.10	
参加小组讨论	双亲家庭	65132	4.44	1.00	1.921
	重组家庭	2005	4.39	1.07	
	单亲家庭	4668	4.43	0.99	
	孤儿	170	4.31	1.05	

续表

类　别	家庭情况	N	均　值	标准差	F 值
合作完成作业	双亲家庭	65132	4.39	1.05	1.634
	重组家庭	2005	4.34	1.11	
	单亲家庭	4668	4.39	1.05	
	孤儿	170	4.31	1.11	

注：* $p<0.05$；** $p<0.01$；*** $p<0.001$。

从表 2-17 可以看出，在统计检验上，不同家庭情况的大学生在课堂同伴互动方面呈现显著的差异性。通过对课堂同伴互动的方差齐性检验发现，该因子显著性小于 0.05，所以方差不齐性。使用校正的 Tamhane's T2 法对不同家庭情况的学生的均值差异进行事后检验。结果表明，在课堂同伴互动中，四类学生间的均值均没有显著性差异。

但具体到各个题项来看，不同家庭情况的大学生在"学习经验的分享""参加小组讨论""合作完成作业"这三类课堂同伴互动中的不存在显著性差异。而在"学习方面的交流"上存在显著差异。通过方差齐性检验发现，该条目显著性小于 0.05，所以方差不齐性。使用校正的 Tamhane's T2 法对不同家庭情况的学生的均值差异进行事后检验。结果表明，四类学生间的均值均没有显著性差异。

2.课外同伴互动

为了比较不同家庭情况的大学生在课外同伴互动上的差异，本次研究采用方差分析比较不同家庭情况的大学生在课外同伴互动及其具体题项上的差异，结果见表 2-18。

表 2-18　家庭情况差异下大学生课外同伴互动特征

类　别	家庭情况	N	均　值	标准差	F 值
课外同伴互动	双亲家庭	65132	3.30	1.22	10.089***
	重组家庭	2005	3.42	1.25	
	单亲家庭	4668	3.30	1.23	
	孤儿	170	3.69	1.32	
参加志愿者活动的次数	双亲家庭	65132	3.58	1.85	3.172*
	重组家庭	2005	3.66	1.86	
	单亲家庭	4668	3.56	1.88	
	孤儿	170	3.96	1.76	

续表

类　别	家庭情况	N	均　值	标准差	F 值
参加社会实践活动的次数	双亲家庭	65132	3.61	1.68	7.052***
	重组家庭	2005	3.75	1.69	
	单亲家庭	4668	3.63	1.72	
	孤儿	170	4.00	1.70	
参加校内社团活动的次数	双亲家庭	65132	3.99	1.75	4.943**
	重组家庭	2005	4.14	1.70	
	单亲家庭	4668	4.03	1.76	
	孤儿	170	4.31	1.71	
参加各种科创竞赛的次数	双亲家庭	65132	2.01	1.42	11.305***
	重组家庭	2005	2.14	1.55	
	单亲家庭	4668	1.96	1.39	
	孤儿	170	2.49	1.71	

注：* $p<0.05$；** $p<0.01$；*** $p<0.001$。

从表 2-18 可以看出，在统计检验上，不同家庭情况的大学生在课外同伴互动各个方面均呈现显著的差异性。通过方差齐性检验发现，课外同伴互动因子和“参加校内社团活动的次数”题项的显著性均大于 0.05，所以方差齐性，使用 LSD 法对不同家庭情况的学生的均值差异进行事后检验。对于“参加志愿者活动的次数”“参加社会实践活动的次数”“参加各种科创竞赛的次数”三个条目来说，三者的显著性小于 0.05，说明方差不齐性，所以使用校正的 Tamhane's T2 法对不同家庭情况的学生的均值差异进行事后检验。

结果表明，在课外同伴互动中，孤儿和重组家庭的大学生的均值高于单亲家庭和双亲家庭学生的均值。具体到课外同伴互动的四类活动中来看，在“参加志愿者活动的次数”上，孤儿的大学生的均值显著大于双亲家庭和单亲家庭的大学生的均值。在“参加校内社团活动的次数”上，孤儿的大学生的均值显著大于双亲家庭和单亲家庭的大学生的均值，重组家庭的大学生的均值显著大于单亲家庭和双亲家庭的大学生的均值。在“参加社会实践活动的次数”上，孤儿的大学生的均值显著大于双亲家庭和单亲家庭的大学生的均值，重组家庭的大学生的均值显著大于双亲家庭的大学生的均值。在“参加各种科创竞赛的次数”上，是孤儿的大学生的均值显著大于双亲家庭和单亲家庭的大学生的均值，重组家庭的大学生的均值显著大于双亲家庭和单亲家庭的大学生的均值。

在课堂同伴互动的各题项中，不同家庭情况的大学生中双亲家庭、单亲家庭和重组家庭的大学生均在“参加小组讨论”这一题项上均值最高，而家庭情况为孤儿的大学生在“学习方面的交流”这一题项上均值最高。在课外同伴互动的具体活动中，不同家庭情况的大学生均在“参加校内社团活动的次数”这一题项上均值最高，说明相较于课外的其他同伴互动活动，校内社团活动是处于不同家庭情况的大学生参与度都更高的互动活动。

（六）家庭子女数差异下大学生同伴互动特征

本次研究将学生兄弟姐妹人数分为1个、2个、3个和4个及以上共四类。为了理清家庭子女数差异下大学生同伴互动特征，本次研究从课堂同伴互动和课外同伴互动两方面出发，分析不同家庭子女数的大学生在课内外同伴互动及具体互动活动的差异性情况。

1.课堂同伴互动

为了比较家庭子女数不同的大学生在课堂同伴互动上的差异，本次研究采用方差分析比较家庭子女数不同的大学生在课堂同伴互动及其具体题项上的差异，结果见表2-19。

表2-19 家庭子女数差异下大学生课堂同伴互动特征

类 别	家庭子女数	N	均 值	标准差	F 值
课堂同伴互动	1个	28525	4.41	0.92	50.872***
	2个	31706	4.38	0.86	
	3个	8684	4.31	0.85	
	4个及以上	3326	4.27	0.88	
学习方面的交流	1个	28525	4.41	1.07	74.306***
	2个	31706	4.36	1.02	
	3个	8684	4.26	1.03	
	4个及以上	3326	4.21	1.04	
学习经验的分享	1个	28525	4.37	1.07	58.291***
	2个	31706	4.33	1.00	
	3个	8684	4.23	1.02	
	4个及以上	3326	4.20	1.05	
参加小组讨论	1个	28525	4.46	1.04	17.214***
	2个	31706	4.43	0.98	
	3个	8684	4.39	0.97	
	4个及以上	3326	4.38	0.99	
合作完成作业	1个	28525	4.40	1.09	18.802***
	2个	31706	4.40	1.02	
	3个	8684	4.34	1.02	
	4个及以上	3326	4.29	1.07	

注：* $p<0.05$；** $p<0.01$；*** $p<0.001$。

从表 2-19 可以看出,在统计检验上,四类家庭子女数不同的大学生在课堂同伴互动各方面呈现显著的差异性。通过方差齐性检验发现,课堂同伴互动及其各项具体活动上的显著性均小于 0.05,说明方差不齐性,所以使用校正的 Tamhane's T2 法对家庭子女数不同的学生的均值差异进行事后检验。

结果表明,在课堂同伴互动中,独生子女的均值显著大于其他三类学生。兄弟姐妹数为 2 人的学生的均值显著大于家庭子女数为 3 人和家庭子女数为 4 人及以上的学生。家庭子女数为 3 人的学生与家庭子女数为 4 人及以上的学生的均值之间并不存在显著性差异。在课堂同伴互动的四类活动中,独生子女的均值显著大于其他三类学生。家庭子女数为 2 人的学生的均值显著大于家庭子女数为 3 人和家庭子女数为 4 人及以上的学生。兄弟姐妹数为 3 人的学生与家庭子女数为 4 人及以上的学生的均值之间并不存在显著性差异。

2.课外同伴互动

为了比较家庭子女数不同的大学生在课外同伴互动上的差异,本次研究采用方差分析比较兄弟姐妹人数不同的大学生在课外同伴互动及其具体题项上的差异,结果见表 2-20。

表 2-20　兄弟姐妹人数差异下大学生课外同伴互动特征

类　别	兄弟姐妹数	*N*	均　值	标准差	*F* 值
课外同伴互动	1 个	28525	3.26	1.25	52.595***
	2 个	31706	3.31	1.20	
	3 个	8684	3.37	1.20	
	4 个及以上	3326	3.51	1.23	
参加志愿者活动的次数	1 个	28525	3.46	1.84	132.333***
	2 个	31706	3.60	1.84	
	3 个	8684	3.77	1.86	
	4 个及以上	3326	4.02	1.87	
参加社会实践活动的次数	1 个	28525	3.54	1.68	58.748***
	2 个	31706	3.64	1.68	
	3 个	8684	3.71	1.68	
	4 个及以上	3326	3.87	1.73	
参加校内社团活动的次数	1 个	28525	3.98	1.76	5.389**
	2 个	31706	4.00	1.73	
	3 个	8684	4.01	1.74	
	4 个及以上	3326	4.11	1.76	

续表

类　别	兄弟姐妹数	N	均　值	标准差	F 值
参加各种科创竞赛的次数	1个	28525	2.05	1.46	17.323***
	2个	31706	1.98	1.39	
	3个	8684	1.97	1.40	
	4个及以上	3326	2.05	1.47	

注：* $p<0.05$；** $p<0.01$；*** $p<0.001$。

从表2-20可以看出，在统计检验上，四类家庭子女数不同的大学生在课外同伴互动各方面均呈现显著的差异性。通过方差齐性检验发现，课外同伴互动和其各项具体活动的显著性小于0.05，说明方差不齐性，所以使用校正的Tamhane's T2法对家庭子女数不同的学生的均值差异进行事后检验。

结果表明，在课外的同伴互动中，独生子女的均值显著小于家庭子女数为2人的学生。家庭子女数为2人的学生的均值显著小于家庭子女数为3人的学生。家庭子女数为3人的学生的均值显著小于家庭子女数为4人及以上的学生。具体到课外同伴互动的各项活动中来看，在“参加志愿者活动的次数”以及“参加社会实践活动的次数”上，家庭子女数为4人及以上的学生的均值显著大于其他三类学生的均值。家庭子女数为3人的学生的均值显著大于家庭子女数为2人和独生子女的学生。家庭子女数为2人的学生与独生子女的均值之间并不存在显著性差异。在“参加校内社团活动的次数”上，家庭子女数为4人及以上的学生的均值显著大于其他三类学生。在“参加各种科创竞赛的次数”上，家庭子女数为4人及以上的学生的均值显著大于家庭子女数为2人的学生和家庭子女数为3人的学生。家庭子女数为2人和3人的学生的均值显著大于独生子女。

在课堂同伴互动的各题项中，家庭子女人数不同的大学生均在“参加小组讨论”这一题项上均值最高。说明无论大学生家庭子女人数有多少，相较于课堂的学习经验的交流学习，小组讨论和合作是家庭子女人数不同的大学生都更倾向的互动。在课外同伴互动的具体活动中，家庭子女人数不同的大学生均在“参加校内社团活动的次数”这一题项上均值最高，说明相较于课外的其他同伴互动活动，校内社团活动是家庭子女人数不同的大学生参与度更高的互动活动。

三、基于院校特征变量的大学生同伴互动特征分析

学生的发展不仅仅取决于个体的先赋性特征和自致性努力，帕斯卡雷拉的“整体变化评定模型”，学生的发展还受到院校组织特征和院校环境的影响。

为了更清楚地了解我国大学生的同伴互动特征，本书从代表院校组织特征的高校类型、学生所在年级以及学生所属的学科类型出发，对不同类别学生的课堂与课外同伴互动特征进行分析，进一步理清我国大学生同伴互动的整体现状。

（一）不同类型高校大学生同伴互动特征

本书将样本高校分为985高校、211高校和一般本科院校共三类。为了理清不同类型高校大学生同伴互动特征，从课堂同伴互动和课外同伴互动两方面出发，分析不同类型高校的大学生在课内外同伴互动及具体互动活动的差异性情况。

1.课堂同伴互动

为了比较不同类型高校的大学生在课堂同伴互动上的差异，本书采用方差分析比较不同类型高校的大学生在课堂同伴互动及其具体题项上的差异，结果见表2-21。

表2-21　不同类型高校大学生课堂同伴互动特征

类　别	院校类型	N	均　值	标准差	F 值
课堂同伴互动	985高校	1686	4.40	0.90	47.033***
	211高校	5911	4.27	0.86	
	一般本科院校	53250	4.39	0.87	
学习方面的交流	985高校	1686	4.41	1.07	42.301***
	211高校	5911	4.24	1.04	
	一般本科院校	53250	4.36	1.03	
学习经验的分享	985高校	1686	4.40	1.04	73.681***
	211高校	5911	4.17	1.03	
	一般本科院校	53250	4.34	1.02	
参加小组讨论	985高校	1686	4.47	1.03	15.204***
	211高校	5911	4.37	0.97	
	一般本科院校	53250	4.44	0.99	
合作完成作业	985高校	1686	4.29	1.15	31.613***
	211高校	5911	4.30	1.05	
	一般本科院校	53250	4.40	1.04	

注：* $p<0.05$；** $p<0.01$；*** $p<0.001$。

从表2-21可以看出，在统计检验上，不同院校类型的大学生在课堂同伴互动以及各方面均呈现显著的差异性。通过方差齐性检验发现，课堂同伴互动因子及各项具体活动的显著性均小于0.05，说明方差不齐性，所以使用校正的 Tamhane's T2 法对不同院校类型学生的均值差异进行事后检验。

结果表明，在课堂同伴互动中，985 院校和一般本科院校的大学生的均值均显著大于 211 院校的大学生。985 院校和一般本科院校的大学生的均值之间并不存在显著性差异。具体到课堂同伴互动的各项活动中，在“学习方面的交流”“学习经验的分享”“参加小组讨论”上，一般本科院校和 985 院校的大学生的均值均显著大于 211 院校的大学生均值。在“学习经验的分享”上，985 院校大学生的均值显著大于一般本科院校大学生的均值，在“合作完成作业”上，一般本科院校的大学生均值显著大于 985 院校以及 211 院校大学生的均值。

2.课外同伴互动

为了比较不同类型高校的大学生在课外同伴互动上的差异，本次研究采用方差分析比较不同类型高校的大学生在课外同伴互动及其具体题项上的差异，结果见表 2-22。

表 2-22　不同类型高校大学生课外同伴互动特征

类　别	院校类型	N	均　值	标准差	F 值
课外同伴互动	985 高校	1686	3.09	1.12	38.072***
	211 高校	5911	3.29	1.18	
	一般本科院校	53250	3.34	1.22	
参加志愿者活动的次数	985 高校	1686	3.74	1.87	8.219***
	211 高校	5911	3.71	1.89	
	一般本科院校	53250	3.62	1.84	
参加社会实践活动的次数	985 高校	1686	3.18	1.46	83.2***
	211 高校	5911	3.53	1.69	
	一般本科院校	53250	3.67	1.69	
参加校内社团活动的次数	985 高校	1686	3.48	1.76	92.772***
	211 高校	5911	4.13	1.77	
	一般本科院校	53250	4.01	1.74	
参加各种科创竞赛的次数	985 高校	1686	1.94	1.36	94.278***
	211 高校	5911	1.78	1.26	
	一般本科院校	53250	2.04	1.44	

注：* $p<0.05$；** $p<0.01$；*** $p<0.001$。

从表 2-22 可以看出，在统计检验上，不同院校类型的大学生在课外同伴互动各个方面均呈现显著的差异性。通过方差齐性检验发现，课外同伴互动因子及其各项具体活动的显著性均小于0.05，说明方差不齐性，所以使用校正的 Tamhane's T2 法对不同院校类型学生的均值差异进行事后检验。

结果表明，在课外的同伴互动中，一般本科院校大学生的均值显著大于211 院校大学生的均值，211 院校大学生的均值显著高于 985 院校大学生的均值。具体到课外同伴互动的各项活动中来看，在“参加志愿者活动的次数”上，985 院校大学生的均值显著大于 211 院校大学生的均值，211 院校大学生的均值显著高于一般本科院校大学生的均值。在“参加社会实践活动的次数”以及“参加各种科创竞赛的次数”上，一般本科院校大学生的均值显著大于 211 院校大学生的均值，211 院校大学生的均值显著高于 985 院校大学生的均值。在“参加校内社团活动的次数”上，211 院校大学生的均值显著大于一般本科院校大学生的均值，一般本科院校大学生的均值显著高于 985 院校大学生的均值。

在课堂同伴互动的各题项中，不同院校类型的大学生均在“参加小组讨论”上的均值最高。说明无论哪个院校的大学生，相较于课堂的其他同伴互动活动，小组讨论是不同院校类型的大学生都更倾向的互动。在课外同伴互动的具体活动中，211 院校和一般本科院校的大学生均在“校内社团活动的次数”上的均值最高，而 985 院校的大学生在“参加志愿活动的次数”上的均值最高。

（二）不同年级大学生同伴互动特征

本次研究将年级分为大一、大二、大三和大四及以上共四类。为了理清不同年级大学生同伴互动特征，本次研究从课堂同伴互动和课外同伴互动两方面出发，分析不同年级的大学生在课内外同伴互动及具体互动活动的差异性情况。

1.课堂同伴互动

为了比较不同年级的大学生在课堂同伴互动上的差异，本次研究采用方差分析比较不同年级的大学生在课堂同伴互动及其具体题项上的差异，结果见表 2-23。

表 2-23　不同年级大学生课堂同伴互动特征

类　别	年级	N	均　值	标准差	F 值
课堂同伴互动	大一	25339	4.33	0.89	109.323***
	大二	20537	4.35	0.89	
	大三	17735	4.41	0.88	
	大四及以上	8630	4.51	0.86	

续表

类　别	年级	N	均　值	标准差	F 值
学习方面的交流	大一	25339	4.32	1.04	63.805***
	大二	20537	4.34	1.06	
	大三	17735	4.36	1.05	
	大四及以上	8630	4.50	1.00	
学习经验的分享	大一	25339	4.28	1.04	105.528***
	大二	20537	4.29	1.04	
	大三	17735	4.36	1.03	
	大四及以上	8630	4.50	0.98	
参加小组讨论	大一	25339	4.40	1.01	51.454***
	大二	20537	4.42	1.01	
	大三	17735	4.47	1.00	
	大四及以上	8630	4.54	0.97	
合作完成作业	大一	25339	4.31	1.08	133.462***
	大二	20537	4.36	1.05	
	大三	17735	4.47	1.02	
	大四及以上	8630	4.52	1.00	

注：* $p<0.05$；** $p<0.01$；*** $p<0.001$。

从表 2-23 可以看出，在统计检验上，四类不同年级的大学生在课堂同伴互动各个方面均呈现显著的差异性。通过方差齐性检验发现，课堂同伴互动因子和“学习经验的分享”“合作完成作业”两个题项的显著性小于 0.05，说明方差不齐性。所以使用校正的 Tamhane’s T2 法对不同年级学生的均值差异进行事后检验。而对于“学习方面的交流”以及“参加小组讨论”两个题项来说，二者的显著性大于 0.05，说明方差齐性，所以使用 LSD 法对不同年级学生的均值差异进行事后检验。

结果表明，在课堂同伴互动中，大四及以上学生的均值显著大于大三学生的均值，大三学生的均值显著大于大二学生的均值，大二学生的均值大于大一学生的均值，但并不存在显著性差异。具体从课堂同伴的各项互动活动中来说，大四及以上学生的均值显著大于大三学生的均值，大三学生的均值显著大于大二和大一学生的均值，但大一和大二的均值之间并不存在显著性差异。

2.课外同伴互动

为了比较不同年级的大学生在课外同伴互动上的差异，本次研究采用方差分析比较不同年级的大学生在课外同伴互动及其具体题项上的差异，结果见表 2-24。

表 2-24　不同年级大学生课外同伴互动特征

类　别	年级	N	均　值	标准差	F 值
课外同伴互动	大一	25339	3.18	1.21	170.59***
	大二	20537	3.34	1.21	
	大三	17735	3.34	1.24	
	大四及以上	8630	3.50	1.23	
参加志愿者活动的次数	大一	25339	3.45	1.85	76.561***
	大二	20537	3.70	1.85	
	大三	17735	3.60	1.85	
	大四及以上	8630	3.68	1.80	
参加社会实践活动的次数	大一	25339	3.36	1.72	483.103
	大二	20537	3.61	1.66	
	大三	17735	3.77	1.64	
	大四及以上	8630	4.09	1.59	
参加校内社团活动的次数	大一	25339	4.11	1.76	67.942***
	大二	20537	4.00	1.75	
	大三	17735	3.87	1.75	
	大四及以上	8630	3.95	1.69	
参加各种科创竞赛的次数	大一	25339	1.80	1.31	324.94***
	大二	20537	2.06	1.43	
	大三	17735	2.12	1.47	
	大四及以上	8630	2.27	1.54	

注：* $p<0.05$；** $p<0.01$；*** $p<0.001$。

从表 2-24 可以看出，在统计检验上，四类不同年级的大学生在课外同伴互动各个方面均呈现显著的差异性。通过方差齐性检验发现，课外同伴互动及其各项具体活动的因子显著性小于 0.05，说明方差不齐性，所以使用校正的 Tamhane's T2 法对不同年级学生的均值差异进行事后检验。

结果表明，在课外的同伴互动中，大四及以上学生的均值＞大二学生的均值＞大一学生的均值，且呈现显著性。而大三和大二的均值之间并不存在显著性差异。具体到课外同伴互动的各项活动来说，在“参加志愿者活动的次数”上，大四及以上学生的均值显著大于大三和大一学生的均值。大四及以上和大二的均值之间并不存在显著性差异。大三学生的均值显著大于大一学生的均值。大二学生的均值显著大于大三和大一学生的均值。在“参加社会实践活动的次数”上，大四及以上的均值显著大于其他年级学生的均值。大三学生的均值显著大于大二和大一学生的均值。大二学生的均值显著大于大一学生的均值。在“参加校内社团活动的次数”上，大四及以上学生的均值显著大于大三学生的均值。大二学生的均值显著大于大三学生的均值。大一学生的均值显著大于大二学生和大三学生以及大四以上学生的均值。大四及以上和大二学生的均值之间并不存在显著性差异。在“参加各种科创竞赛的次数”上，大四及以上的均值显著大于其他年级学生的均值。大三学生的均值显著大于大二学生和大一学生的均值。大二学生的均值显著大于大一学生的均值。

在课堂同伴互动的各题项中，不同年级的大学生均在“参加小组讨论”这一题项上均值最高，其中大三学生在“合作完成作业”上均值与小组讨论题项的均值一样高。说明无论哪个年级的大学生，相较于课堂的学习经验的交流学习，小组讨论和合作是不同年级的大学生都更倾向的互动。在课外同伴互动的具体活动中，大一、大二和大三年级的大学生均在“参加校内社团活动的次数”这一题项上均值最高，而大四及以上的大学生在“参加社会实践活动的次数”这一题项上均值最高。

（三）不同学科类型大学生同伴互动特征

本次研究将学科分为文史哲、社会科学、理学和农工医共四类，为了理清不同学科大学生同伴互动特征，本次研究从课堂同伴互动和课外同伴互动两方面出发，分析不同学科的大学生在课内外同伴互动及具体互动活动的差异性情况。

1.课堂同伴互动

为了比较不同学科类型的大学生在课堂同伴互动上的差异，本次研究采用方差分析比较不同学科类型的大学生在课堂同伴互动及其具体题项上的差异，结果见表 2-25。

表 2-25　不同学科类型大学生课堂同伴互动特征

类　别	学科类型	N	均　值	标准差	F 值
课堂同伴互动	文史哲	7636	4.41	0.86	44.855***
	社会科学	27624	4.42	0.86	
	理学	5010	4.31	0.88	
	农工医	31971	4.35	0.90	

续表

类　别	学科类型	N	均　值	标准差	F 值
学习方面的交流	文史哲	7636	4.35	1.03	2.495
	社会科学	27624	4.36	1.03	
	理学	5010	4.33	1.04	
	农工医	31971	4.37	1.06	
学习经验的分享	文史哲	7636	4.32	1.02	8.969^{***}
	社会科学	27624	4.35	1.01	
	理学	5010	4.27	1.04	
	农工医	31971	4.32	1.05	
参加小组讨论	文史哲	7636	4.51	0.95	71.91^{***}
	社会科学	27624	4.49	0.97	
	理学	5010	4.36	1.01	
	农工医	31971	4.39	1.03	
合作完成作业	文史哲	7636	4.44	1.01	140.659^{***}
	社会科学	27624	4.48	1.00	
	理学	5010	4.28	1.06	
	农工医	31971	4.32	1.09	

注：$^{*}p<0.05$；$^{**}p<0.01$；$^{***}p<0.001$。

从表 2-25 可以看出，在统计检验上，四类不同科类的大学生在课堂同伴互动各个方面均呈现显著的差异性。通过方差齐性检验发现，课堂同伴互动及其各项具体活动的显著性小于 0.05，说明方差不齐性，所以使用校正的 Tamhane's T2 法对不同科类学生的均值差异进行事后检验。

结果表明，在课堂同伴互动中，文史哲类和社会科学类学生的均值显著大于理学和农工医类学生。农工医类学生的均值显著大于理学类学生的均值。具体到课堂同伴互动的四类活动来说，在课上“学习经验的分享”“参加小组讨论”“合作完成作业”方面，社会科学类学生的均值均显著高于理学和农工医类学生的均值。文史哲类学生的均值均显著高于理学类学生的均值。在合作完成作业方面，社会科学类学生的均值显著高于文史哲类学生的均值。在学习经验分享上，农工医类学生的均值显著高于理学类学生的均值。

2.课外同伴互动

为了比较不同学科类型的大学生在课外同伴互动上的差异，本次研究采用方差分析比较不同学科类型的大学生在课外同伴互动及其具体题项上的差异，结果见表 2-26。

表 2-26　不同学科类型大学生课外同伴互动特征

类　别	学科类型	N	均　值	标准差	F 值
课外同伴互动	文史哲	7636	3.36	1.17	22.751***
	社会科学	27624	3.33	1.22	
	理学	5010	3.34	1.21	
	农工医	31971	3.26	1.24	
参加志愿者活动的次数	文史哲	7636	3.87	1.87	86.87***
	社会科学	27624	3.50	1.82	
	理学	5010	3.71	1.86	
	农工医	31971	3.57	1.86	
参加社会实践活动的次数	文史哲	7636	3.73	1.70	63.39***
	社会科学	27624	3.70	1.65	
	理学	5010	3.55	1.68	
	农工医	31971	3.53	1.70	
参加校内社团活动的次数	文史哲	7636	4.06	1.74	35.922***
	社会科学	27624	4.06	1.73	
	理学	5010	4.07	1.75	
	农工医	31971	3.93	1.76	
参加各种科创竞赛的次数	文史哲	7636	1.77	1.29	86.64***
	社会科学	27624	2.06	1.44	
	理学	5010	2.04	1.41	
	农工医	31971	2.02	1.44	

注：* $p<0.05$；** $p<0.01$；*** $p<0.001$。

从表 2-26 可以看出，在统计检验上，四类不同科类的大学生在课外同伴互动各个方面均呈现显著的差异性。通过方差齐性检验发现，课外同伴互动及其各项具体活动的显著性均小于 0.05，说明方差不齐性，所以使用校正的 Tamhane's T2 法对不同科类学生的均值差异进行事后检验。

结果表明，在课外的同伴互动中，文史哲类、社会科学类以及理学类学生的均值均显著大于农工医类学生的均值。具体到课外同伴互动的四类活动中，在“参加志愿者活动的次数”上，文史哲类学生的均值显著大于其他三类学科学生的均值，社会科学类学生的均值显著小于其他三类学科学生的均值，理学类学生的均值显著大于农工医类学生的均值。在“参加社会实践活动的次数”上，文史哲类和社会科学类学生的均值显著大于理学和农工医类学科学生的均值。在“参加校内社团活动的次数”上，农工医类学生的均值显著小于其他三类学科学生的均值，理学学生的均值最高。在“参加各种科创竞赛的次数”上，文史哲类学生的均值显著小于其他三类学科学生的均值，社会科学类学生的均值显著大于农工医类学生的均值，且均值最高。

在课堂同伴互动的各题项中，不同科类的大学生均在“参加小组讨论”这一题项上均值最高。说明无论哪个科类的大学生，相较于课堂的其他同伴互动活动，小组讨论是不同科类大学生都更倾向的互动。在课外同伴互动的具体活动中，不同科类的大学生均在“参加校内社团活动的次数”这一题项上均值最高，说明相较于课外的其他同伴互动活动，校内社团活动是各科类大学生参与度更高的互动活动。

四、基本状态与特征总结

基于前文从学生个体层面和院校层面对全国大学生同伴互动现状的分析，得出全国大学生课内外同伴互动的整体特征以及不同群体大学生的同伴互动情况，并对数据现象进行讨论，分析现象出现的可能原因。

（一）我国大学生同伴互动的整体特征

总体而言，在 6 点量表中，课堂同伴互动均值在 4 以上，表明全国大学生的课堂同伴互动状态良好，能够与同伴进行较好的交流和合作。在课堂同伴互动活动中，我国大学生对于“参加小组讨论”的认同度最高，由高到低依次是合作完成作业、学习交流以及学习经验分享。从频数分析来看，无论是课堂的学习交流和经验分享还是小组的讨论与作业合作，同伴互动的整体状态都呈现为“基本同意”，表明我国大学生对自身在课堂上与同伴互动状态的认同感较高。从课堂同伴互动的具体活动来说，相较于同伴间学习经验的交流与沟通，同伴间的小组讨论以及作业合作的均值更高，说明我国大学生在课堂上更倾向于在小组讨论与合作中进行同伴间的互动。

志愿者活动、社会实践活动、校内社团活动以及各种科创竞赛，四类活动作为高校学生课外同伴互动的主要互动载体和互动内容。我国大学生参与这些课外同伴互动活动的均值为 3.30，表明全国大学生参与课外各类同伴互动活动的人均次数处于“2 次”左右，其中，我国大学生参与校内社团活动的频次最高，由高到低依次是社会实践活动、志愿者活动以及各种科创竞赛。值得关注的是，学生参与各类科创竞赛，如挑战杯或专业技能比赛的次数远低于前三类校内同伴互动活动，说明我国大学生参与科创竞赛活动的次数较少。通过频数分析发现，我国有 80%以上的大学生参与到志愿者活动、社会实践活动、校内社团活动中去，且这三类课外同伴互动活动的参与次数集中在“5 次及以上”以及“2 次”。课外同伴互动活动中的“参加各种科创竞赛的次数”集中在

"0 次",而且不到 50%的大学生有参与过各种科创竞赛,该项活动是我国大学生课外同伴互动活动的短板。

(二)不同类别大学生同伴互动的特征

1.个体变量差异下大学生同伴互动的特征

学生个体层面中的性别、恋爱状态以及学生身份都对全国大学生同伴互动的某些维度产生了差异性的影响。

(1)大学生同伴互动上不存在性别差异

在课堂同伴互动上,男女生在整体课堂同伴互动上不存在显著差异。但在具体课堂互动活动中,男生在同伴间学习经验的分享与交流上均值显著高于女生,而女生在课堂同伴小组讨论以及小组合作上的均值显著高于男生。在课外同伴互动上,不同性别的大学生不存在显著差异,但在具体的课外同伴互动上,女性大学生在志愿服务、社会实践以及校内社团活动的参与次数上显著高于男性大学生,而男性大学生在科创竞赛活动的参与次数显著高于女性大学生。

出现这种差异可能是由于性别角色期待的缘故。男生在人际交往中更加注重自身的独立性,同伴互动中更愿意通过展示自己的能力来证明自己的价值。所以,在同伴交流过程中更偏向于向他人展示自己的学习经验和技能,也更加愿意参加具有挑战性的科创竞赛活动,进而凸显自己的价值。女生在人际互动中相较于男生会更加善解人意,同时也擅长沟通与寻求支持,因此,女生在同伴互动中会更加倾向学习上的互助合作以及注重人与人沟通的志愿服务、社会实践以及社团活动。

(2)大学生同伴互动存在恋爱状态差异

总体来看,在课堂和课外的同伴互动上,恋爱状态的大学生的均值均显著高于非恋爱状态的大学生。具体表现为,在课堂上同伴间的学习交流,经验分享、小组讨论和合作完成作业,以及在志愿活动、社会实践、校内社团活动以及各类科创竞赛的参与次数上,恋爱状态的大学生的各项互动表现均显著高于单身状态的大学生。

恋爱中大学生在课内外同伴互动表现都更好,可能由于他们在性格上就更加外向主动,会有意识地结交朋友,所以也就更愿意积极参与到各类课外同伴互动中,提升寻求到另一半的概率。同时,恋爱使人成长。恋爱双方不断磨合,沟通交流能力得到锻炼,合作解决困难的能力也不断提升,这些能力也可以迁移到课堂同伴互动中,能更好地体谅同伴,有效沟通交流,更好合作完成小组任务。

(3)大学生同伴互动存在学生身份差异

总体来看,在课堂和课外的同伴互动上,担任学生干部的大学生的均值均显著高于未担任学生干部的大学生。具体表现为，在课堂上同伴间的学习交流，经验分享、小组讨论和合作完成作业，以及在志愿活动、社会实践、校内社团活动以及各类科创竞赛的参与次数上，担任学生干部的大学生的各项互动表现均显著高于未担任学生干部的大学生。

担任学生干部的大学生在课内外同伴互动表现都更好，除了担任学生干部的学生个人性格偏外向这一原因之外，在担任学生干部这一过程中，他们需要协调处理各类关系，与同伴互动的机会更多，同时身处学生组织中，会有更多机会参与到各类活动中，这些工作实践与互动过程也提供了锻炼沟通合作能力的机会，让这些担任学生干部的大学生有意愿也有能力参与到课堂上的沟通交流以及合作学习中。

2.家庭背景差异下大学生同伴互动的特征

家庭背景层面上的家庭所在地、家庭情况以及家庭子女人数都对全国大学生同伴互动的某些维度产生了差异性影响。

(1)大学生同伴互动存在城乡差异

在课堂同伴互动上，城市大学生的均值显著高于农村大学。具体而言，在学习交流，经验分享、小组讨论以及合作完成作业上，城市大学生在这四类课堂同伴互动活动中的均值均显著高于农村大学生。在课外同伴互动上，农村大学生的均值显著高于城市大学生。具体而言，在志愿活动、社会实践、校内社团活动以及各类科创竞赛这四类课外同伴互动活动中，城市大学生在校内社团活动的参与次数显著高于农村大学生，而在志愿服务以及社会实践活动的参与次数显著低于农村大学生，在科创竞赛上二者没有显著差异。

出现这些差异可能是由于我国长期城乡二元结构，这造成了城乡学生的家庭社会经济地位的资源禀赋差异。农村学生长期由于家庭经济困窘、教育资源条件差等原因，难以得到良好的教育指导。而城市大学生能够具有良好的家庭环境和教养方式，这对于同伴交流互动能力以及综合素质能力的培养有较大帮助，所以城市学生在课堂互动上表现更优。同时城市学生才艺较多，更愿意参与到社团活动中去。对于助人为乐的志愿服务，实践能力要求较高的社会实践活动，相较于城市学生，早熟的农村学生更愿意参与其中。

(2)大学生同伴互动存在家庭情况差异

在家庭情况分为双亲家庭、重组家庭、单亲家庭以及孤儿的四类大学生群体中，四类学生间的均值在课堂同伴互动中具有显著性差异。但四类大学生群体仅在课堂同伴互动中的学习交流活动上存在显著性差异，在学习经验分享、小组交流以及合作完成作业上没有显著性差异。

在课外同伴互动上，四类学生群体均呈现显著性差异，表现为孤儿和重组家庭的大学生的均值显著高于单亲家庭和双亲家庭学生的均值。具体而言，在课外同伴互动的具体活动中，即在志愿活动、社会实践、校内社团活动以及各类科创竞赛上，双亲家庭的大学生在四类课外同伴互动中的均值均显著小于其他三类学生。重组家庭的大学生在校内社团活动和各种科创竞赛上的均值显著大于单亲家庭的大学生的均值。孤儿的大学生在四类课堂同伴互动活动中的均值显著高于单亲家庭的大学生的均值。

(3)大学生同伴互动存在家庭子女人数差异

在家庭子女人数为 1 人、2 人，3 人以及 4 人以上的四类学生群体中，四类学生间的均值在课堂同伴互动上呈现显著性差异。具体来说，独生子女的均值显著大于其他三类学生。家庭子女数为 2 人的学生的均值显著大于家庭子女数为 3 人和家庭子女数为 4 人及以上的学生。在课堂同伴互动上，独生子女表现最好，可能与他们所拥有的家庭资源禀赋有关。独生子女家庭重视子女教育投入与指导，倾向将其所拥有的社会、文化、教育资源进行代际传递，外加上中国家长注重成绩，因此更加关注独生子女学业成绩上的表现，所以其在课堂互动的表现优于课外同伴互动。

在课外同伴互动上，四类学生群体均呈现显著性差异，表现为独生子女的均值＜家庭子女数为 2 人的学生的均值＜家庭子女数为 3 人的学生的均值＜家庭子女数为 4 人及以上的学生的均值。具体而言，在志愿活动、社会实践、校内社团活动以及各类科创竞赛的参与次数上，兄弟姐妹数为 4 人及以上的学生的均值均显著大于其他三类学生的均值，而独生子女大学生在各项活动的均值均小于其他三类学生。家庭子女数为 3 人的学生在志愿活动和社会实践活动上的均值显著大于家庭子女数为 2 人。可见，家庭子女人数越多的大学生课外同伴互动参与次数越多。导致这种现象的原因可能是这些家庭子女人数多的学生，他们从小身边的兄弟姐妹就是同伴，常年相处下来，人际交往能力也就不断提升，也更愿意参与到各项课外活动中与同龄人打交道。但人数的增多也弱化了个体所能获取的学习资源，可能是造成他们课堂同伴互动表现不佳的原因。

3.高校特征差异下大学生同伴互动的特征

高校类型层面上的院校属性、年级以及学科类别都对全国大学生同伴互动的某些维度产生了差异性影响。

(1)大学生同伴互动存在院校差异

不同院校类型学生间的均值在课堂同伴互动上呈现显著性差异，表现为 985 院校和一般本科院校的大学生的均值均显著大于 211 院校的大学生。具体而言，985 院校和一般本科院校的大学生在“学习方面的交流”“学习经验的分享”“参加小组讨论”上的均值均显著高于 211 院校学生的均值，985 院校大学生在“学习经验的分享”上的均值显著大于一般本科院校大学生的均值，但在“合作完成作业”上，显著小于一般本科院校的大学生均值。课堂同伴互动是大学课堂体验的一个重要表征，也是大学教学质量的一个体现。985 院校作为国内重点发展院校，课堂教育质量理应高于其他类型院校，然而意外的是211 院校学生的课堂同伴互动表现却不及一般本科院校，这值得进一步探讨。

不同院校类型学生间的均值在课外同伴互动上呈现显著性差异，从均值看表现为一般本科院校＞211 院校＞985 院校。具体而言，在社会实践以及各种科创竞赛中，一般本科院校大学生的均值＞211 院校大学生的均值＞985 院校大学生的均值。而在志愿活动中，则呈现完全相反的结果，即这部分的均值一般本科院校＜211 院校＜985 院校。在社团活动中，211 院校大学生的均值显著高于 985 院校和一般本科院校的大学生均值。可见，不同类型院校的大学生都有其偏爱的课外同伴互动活动，也有其参与度不足的活动，各院校可以依据自己所属的院校类型有针对性地提升学生的课外同伴互动活动的参与性。

(2)大学生同伴互动存在年级差异

不同年级类型学生间的均值在课堂同伴互动上存在显著性差异。具体而言，大四及以上＞大三＞大二，大二＞大一学生，但并不存在显著性差异。可见，年级越高，随着校园生活的不断融入，学习模式的不断适应，学生的课堂同伴互动表现越佳。但大一和大二之间不存在显著性差异，也反映出大一学生融入大学教学模式仍需一定的时间。因此，在学生的大一阶段，学校要充分重视学生学习的适应性，可以让高年级学生进行跨年级辅学，让大一新生能更好地融入大学学习生涯中。

不同年级类型学生间的均值在课外同伴互动上呈现显著性差异，表现为大四及以上＞大二＞大一，且具有显著差异；大三和大二的均值之间并不存在显著性差异。具体而言，在志愿活动的参与上，大四及以上以及大二学生的均值显著高于大三和大一学生的均值，大三学生的均值显著高于大一学生。在社会实践和各种科创竞赛参与的均值方面，大四及以上＞大三＞大二＞大一。在校内社团活动的参与上，大一的均值显著高于大二和大三以及大四以上学生的均值，大四及以上和大二学生的均值显著高于大三学生的均值，大四及以上和大二学生的均值之间并不存在显著性差异。可见，总体上随着年级的增加，学生在课外同伴互动活动的参与上无论是次数还是类型都比低年级学生更加丰富，这也是由于高年级学生在校时间长的缘故。

(3)大学生同伴互动存在学科差异

不同科类学生间的均值在课堂同伴互动上呈现显著性差异。表现为文史哲类和社会科学类学生的均值显著高于理学和农工医类学生。农工医类学生的均值显著高于理学类学生。具体而言，文史哲类与社会科学类学生在“学习经验的分享”“参加小组讨论”“合作完成作业”上的均值均显著高于理学类学生的均值。农工医类学生在“学习经验的分享”上的均值显著高于理学类学生的均值。社会科学类学生在“合作完成作业”上的均值显著高于文史哲类学生的均值。总体来看,偏文的文史哲和社会科学的学生在课堂同伴互动的表现优于偏理科的理学和农工医类学生。这应该是与其学科性质相关。文科类学科多注重发散性思维,课堂上教师也多引导学生进行交流讨论,所以课堂同伴之间的互动表现较好。理工科专业则注重逻辑性的推演,更注重学生个体的思考和专研,因此,课上的合作学习机会较少。

不同科类学生间的均值在课外同伴互动上呈现显著性差异,表现为文史哲类、社会科学类以及理学类学生的均值均显著大于农工医类学生。具体而言,在志愿活动中,文史哲类＞理学类＞农工医类＞社会科学类。在社会实践中,文史哲类和社会科学类学生的均值显著高于理学和农工医类学科的学生。在校内社团活动中,农工医类的学生均值显著低于其他三类学科的学生,理学学生均值最高。在各种科创竞赛中,文史哲类的学生均值显著低于其他三类学科的学生,社会科学类学生的均值显著高于农工医类学生且均值最高。总体来看,农工医专业的学生在课外同伴互动活动的参与度是最低的,或许由于这些学科多实验,学生的课余时间大多都投入到实验室中去,所以较少参与到课外同伴互动的各类活动中。而文科和理科没有较多的实验要求,因此,他们有较多的课余时间参与到课外同伴互动的各类活动中。

第三节　同伴互动的影响因素

在已有的经典院校影响力理论中,同伴互动被认为是影响学生发展的重要一环,而个人层面的学生特征、家庭背景以及院校层面的结构特征和院校教育环境在帕斯卡雷拉的“整体变化评定模型”中被视为影响高校学生同伴互动的重要变量。研究至此,将着重分析学生层面的个体变量(性别、生源地、兄弟姐妹人数、恋爱状况、学生干部任职情况、所学学科类型、所在院校类型和所在年级)以及院校层面的教育培养因素(新生研讨课、翻转课堂、本科生导师、创新创业项目)对我国高校大学生同伴互动的影响,并使用多元线性回归分析对模型进行数据检验。其中院校环境中的教育培养因素主要挑选了新生入学时的研讨课,课堂教学的教学模式,学习生涯的教师指导以及“双创”背景下学校提供的创新创业项目来分析这些因素对大学生课堂和课外的同伴互动的影响。

一、同伴互动研究影响因素的选定

本次研究中，将个体变量的性别、生源地、兄弟姐妹人数、恋爱状况、学生干部任职情况、所学学科类型、所在院校类型和所在年级以及学生在院校的教育培养包括新生研讨课、翻转课堂、本科生导师、创新创业项目作为自变量，分别分析各因素对学生课堂同伴互动和课外同伴互动的影响。

由于性别、生源地、兄弟姐妹人数、恋爱状况、学科类型、院校类型、所在年级、学生干部、新生研讨课、翻转课堂、本科生导师、创新创业项目均为类别变量，因此，在分析前将这些变量转化为虚拟变量。此外，通过前一章对大学生同伴互动现状描述中发现，我们可以看出，文史哲和社会科学类学生之间的差异性小，理学和农工医类学生之间的差异性小，985 院校和 211 院校学生之间差异性较小，兄弟姐妹人数为 2 人、3 人和 4 人的学生之间差异性较小。所以，在这些变量进入回归模型前，笔者对其进行了处理。在性别变量中，女生为参照组；在城乡变量中，农村学生为参照组；家庭子女人数变量分为独生子女和非独生子女，独生子女为参照组；在恋爱状况变量中，单身为参照组；在学生干部变量中，非学生干部为参照组；将学科类别分为文科大类和理科大类，文科大类为参照组；院校类型分为 211 院校（包含 985 院校）和一般本科院校，一般本科院校为参照组；年级变量中，大一为参照组；在新生研讨课变量中，未参与新生研讨课为参照组；在翻转课堂变量中，未参与翻转课堂为参照组；在本科生导师变量组，无本科生导师为参照组；在创新创业项目变量中，没有提供创新创业项目变量为参照组。详情见表 2-27。

表 2-27　数据结构表

类别	变量名	赋值	含义
个体变量	性别	0	女生
		1	男生
	生源地	0	农村
		1	城市
	兄弟姐妹人数（包括自己）	0	独生子女
		1	非独生子女
	恋爱状况	0	否
		1	是
	担任学生干部	0	否
		1	是

续表

类别	变量名	赋值	含义
个体变量	所学学科大类	0	文科大类
		1	理科大类
	所在院校类型	0	一般本科院校
		1	211 院校(包含 985 院校)
	所在年级	0	大一
		1	大二
		2	大三
		3	大四及以上
	新生研讨课	0	否
		1	是
	翻转课堂	0	否
		1	是
	有本科生导师	0	否
		1	是
	学校提供创新创业项目	0	否
		1	是

二、大学生课堂同伴互动的影响因素分析

探讨学生个体变量和院校教育培养变量对学生课堂同伴互动的影响。在本书中,以学生课堂同伴互动作为因变量,将学生个体变量和院校教育培养变量作为自变量,应用多元回归中的阶层回归(hierarchical regression)分析法来分析各变量对大学生课堂同伴互动的影响。在本书研究中,以学生个体变量,即性别、生源地、兄弟姐妹人数、恋爱状况、学生干部任职情况、所学学科类型、所在院校类型和所在年级等变量作为多元回归模型的第一区组,将院校的培养因素作为第二区组。院校的培养因素通过学生个体变量发挥作用,所以,将院校培养因素变量置于学生个体变量之后进入回归方程中,处理结果见表 2-28。

表 2-28 学生个体因素和院校因素对大学生课堂同伴互动的影响

自变量	因变量:大学生课堂同伴互动			
	区组 1		区组 2	
	标准化回归系数	T 值	标准化回归系数	T 值
男生 & 女生	0.023	5.283***	0.016	3.689***
城市 & 农村	0.002	0.52n.s.	0.003	0.731n.s.
独生子女 & 非独生子女	0.023	5.097***	0.022	4.956***
恋爱 & 单身	0.034	8.355***	0.025	6.23***
学生干部 & 非学生干部	0.077	18.897***	0.058	14.479***
理科 & 文科	0.046	10.604***	0.044	10.26***
大二 & 大一	0.002	0.526n.s.	−0.006	−1.23n.s.
大三 & 大一	0.036	7.856***	0.023	5.073***
大四及以上 & 大一	0.068	15.275***	0.051	11.478***
211 院校(包含 985 院校)& 一般本科院校	−0.029	−7.236***	−0.027	−6.699***
选修过新生研讨课 & 未选修过新生研讨课			0.047	11.139***
参与翻转课堂 & 未参与翻转课堂			0.086	20.934***
有本科导师 & 无本科导师			0.071	16.868***
学校提供创新创业项 & 学校不提供创新创业项目			0.068	16.618***
F	101.834***		199.244***	
R^2	0.016		0.044	
R^2 变化量	0.016		0.027	

注:* $p<0.05$;** $p<0.01$;*** $p<0.001$;n.s.p 代表>0.05。

由表 2-28 可知,区组 1 只考虑学生个体因素对大学生课堂同伴互动的影响,通过分析可知,学生个体因素对大学生课堂同伴互动的解释率为 1.6%。区组 2 综合考虑学生个人因素和院校教育培养因素对大学生课堂同伴互动的影响,通过分析可知,学生个人因素和院校教育培养因素对大学生课堂同伴互动的解释率为 4.4%,在学生个体因素变量的基础上,解释增量为 2.7%,也非常显著,区组的增量具有统计意义。也就是说,在控制了个体因素变量的影响下，院校的教育培养因素能够“贡献”2.7%的解释力。

（一）个体因素对大学生课堂同伴互动的影响

在控制了教育培养因素的情况下（见表2-28中的区组2），在学生个体因素中，性别、兄弟姐妹人数、恋爱状况、学生干部任职情况、专业因素以及所在年级和院校对课堂同伴互动存在显著影响，在进入回归模型的10个个体因素自变量中，学生个体是否担任学生干部对大学生课堂同伴互动的解释变异量最大，达5.8%。从标准化回归系数来看，男生 & 女生、独生子女 & 非独生子女、恋爱 & 单身、学生干部 & 非学生干部、理科 & 文科、大三 & 大一、大四及以上 & 大一对比组的值分别为0.016、0.022、0.025、0.058、0.044、0.023和0.051，都为正值，表示与参照组相比，比较组的课堂同伴互动表现更好。211院校（包含985院校）& 一般本科院校对比组的值分别为−0.027，对比组的值为负值，表示与参照组相比，比较组的课堂同伴互动表现不佳。具体差异分析可见第四章节。

（二）教育培养因素对大学生课堂同伴互动的影响

在控制了学生个体因素的情况下，院校环境中的教育培养因素，即新生研讨课、翻转课堂、本科生导师、提供了创新创业项目对大学生课堂同伴互动均产生了显著影响。进入回归模型的院校培养因素自变量中，学生个体是否参与翻转课堂对大学生课堂同伴互动的解释变异量最大，达8.6%。从标准化回归系数来看，选修过新生研讨课 & 未选修过新生研讨课、参与翻转课堂 & 未参与翻转课堂、有本科导师 & 无本科导师、学校提供创新创业项 & 学校不提供创新创业项目对比组的值分别为0.047、0.086、0.071和0.068，都为正值，表示与参照组相比，比较组的课堂同伴互动表现更好。其中，参与翻转课堂对课堂同伴互动的影响最大（$\beta=0.086$，$p<0.001$），有本科生导师的影响次之（$\beta=0.071$，$p<0.001$），再次为学校提供创新创业项目（$\beta=0.068$，$p<0.001$），而新生研讨课的影响最小（$\beta=0.047$，$p<0.001$）。

三、大学生课外同伴互动的影响因素分析

探讨学生个体变量和院校教育培养变量对学生课外同伴互动的影响。本节中，以学生课外同伴互动作为因变量，将学生个体变量和院校教育培养变量作为自变量，应用多元回归中的阶层回归（hierarchical regression）分析法来分析各变量对大学生课堂同伴互动的影响。在本次研究中，以学生个体变量，即性别、生源地、兄弟姐妹人数、恋爱状况、学生干部任职情况、所学学科类型、所在院校类型和所在年级等变量作为多元回归模型的第一区组，将院校的培养因素作为第二区组。院校的培养因素通过学生个体变量发挥作用，所以，将院校培养因素变量置于学生个体变量之后进入回归方程中，处理结果见表2-29。

表 2-29　学生个体因素和院校因素对大学生课外同伴互动的影响

自变量	因变量：大学生课堂同伴互动			
	区组 1		区组 2	
	标准化回归系数	T 值	标准化回归系数	T 值
男生 & 女生	0.008	1.767^n.s.^	−0.002	−0.529^n.s.^
城市 & 农村	−0.019	−4.293***	−0.019	−4.318***
独生子女 & 非独生子女	−0.017	−3.917***	−0.019	−4.359***
恋爱 & 单身	0.035	8.811***	0.026	6.562***
学生干部 & 非学生干部	0.223	56.192***	0.206	52.176***
理科 & 文科	0.018	4.218***	0.016	3.823***
大二 & 大一	0.045	10.075***	0.037	8.39***
大三 & 大一	0.047	10.486***	0.033	7.513***
大四及以上 & 大一	0.074	17.13***	0.057	13.141***
211 院校(包含 985 院校) & 一般本科院校	−0.024	−6.013***	−0.021	−5.389***
选修过新生研讨课 & 未选修过新生研讨课			0.061	14.861***
参与翻转课堂 & 未参与翻转课堂			0.090	22.507***
有本科导师 & 无本科导师			0.065	15.645***
学校提供创新创业项 & 学校不提供创新创业项目			0.047	11.801***
F	390.082***		411.533***	
R^2	0.060		0.086	
R^2变化量	0.060		0.026	

注：* $p<0.05$；** $p<0.01$；*** $p<0.001$；n.s.p 代表>0.05。

由表 2-29 可知，区组 1 只考虑学生个体因素对大学生课外同伴互动的影响，通过分析可知，学生个体因素对大学生课外同伴互动的解释率为 6%。区组 2 综合考虑学生个人因素和院校教育培养因素对大学生课外同伴互动的影响，通过分析可知，学生个人因素和院校教育培养因素对大学生课外同伴互动的解释率为 8.6%。在学生个体因素变量的基础上，解释增量为 2.6%，也非常显著，区组的增量具有统计意义。也就是说，在控制了个体因素变量的影响下，院校的教育培养因素能够“贡献”2.6%的解释力。

(一)个体因素对大学生课外同伴互动的影响

在控制了教育培养因素的情况下(见表 2-29 中的区组 2)，学生个体因素中，生源地、兄弟姐妹人数、恋爱状况、学生干部任职情况、专业因素以及所在年级和院校对课堂同伴互动存在显著影响，在进入回归模型的 10 个个体因素自变量中，学生个体是否担任学生干部对大学生课外同伴互动的解释变异量最大，达 20.6%。从标准化回归系数来看，恋爱 & 单身、学生干部 & 非学生干部、理科 & 文科、大二 & 大一、大三 & 大一、大四及以上 & 大一对比组的值分别为 0.026、0.206、0.016、0.037、0.033 和 0.057 都为正值，表示与参照组相比，比较组的课外同伴互动次数更高。城市 & 农村、独生子女 & 非独生子女、211 院校(包含 985 院校)& 一般本科院校对比组的值分别为－0.019、－0.019、－0.021，对比组的值为负值，表示与参照组相比，比较组的课外同伴互动活动的参与次数更低。具体差异分析可见第四章节。

(二)教育培养因素对大学生课外同伴互动的影响

在控制了学生个体因素的情况下，院校环境中的教育培养因素，即新生研讨课、翻转课堂、本科生导师、提供了创新创业项目对大学生课堂同伴互动均产生了显著影响。在进入回归模型的 4 院校培养因素自变量中，学生个体是否参与翻转课堂对大学生课外同伴互动的解释变异量最大，达 9%。从标准化回归系数来看，选修过新生研讨课 & 未选修过新生研讨课、参与翻转课堂 & 未参与翻转课堂、有本科导师 & 无本科导师、学校提供创新创业项 & 学校不提供创新创业项目对比组的值分别为 0.061、0.090、0.065 和 0.047，都为正值，表示与参照组相比，比较组的课外同伴互动次数更多。其中，参与翻转课堂对课堂同伴互动的影响最大($\beta=0.090$，$p<0.001$)，有本科生导师的影响次之($\beta=0.065$，$p<0.001$)，再次为新生研讨课($\beta=0.061$，$p<0.001$)，而学校提供创新创业项目的影响最小($\beta=0.047$，$p<0.001$)。

四、影响因素总结与讨论

基于帕斯卡雷拉的“整体变化评定模型”指导，通过多元线性回归分析，将学生个体因素和院校教育培养因素纳入大学生同伴互动影响因素的回归分析中，分别探讨学生个体因素和院校教育培养因素对大学生课堂同伴互动和大学生课外同伴互动的影响。

(一)大学生课堂同伴互动的影响因素分析

学生个体因素和院校教育培养因素对课堂同伴互动的累计解释为 4.4%。其中学生个体因素对大学生课堂同伴互动的解释率为 1.6%，在个体因素变量的基础上，院校教育培养因素解释增量为 2.7%，虽然学生的个体性因素和院校教育培养因素的解释率并不是很高，但仍可以看出，相较于个体因素，院校的教育培养因素的解释率更高，说明院校的培养是有助于提升学生的课堂同伴互动表现。具体来说，在学生个体影响因素中，学生个体是否担任学生干部对大学生课外同伴互动的解释变异量最大，达5.8%。说明让学生担任学生干部能够很大程度上提升学生的课堂同伴互动表现，获得更好的课堂体验。在院校教育培养因素中，参与翻转课堂对课堂同伴互动的影响最大($\beta=0.086$，$p<0.001$)，有本科生导师的影响次之($\beta=0.071$，$p<0.001$)，再次为学校提供创新创业项目($\beta=0.068$，$p<0.001$)，而新生研讨课的影响最小($\beta=0.047$，$p<0.001$)。由此可见，相较于其他因素，良好的课堂教学模式能最大限度地调动学生间的互动，也有实证研究指出，翻转课堂这一新型教学模式在调动学生学习积极性、激发学习动机方面比传统教学具有优势[①]，进一步辅证本次研究结论。

具体到个体和院校的每个影响因素来看，在学生个体因素中，男生、独生子女大学生、恋爱的大学生，担任学生干部的大学生、理科生、大三和大四及以上的大学生和一般院校的本科生在课堂互动上的评价均高于女生、非独生子女大学生、未恋爱大学生、未担任学生干部的大学生、文科生、大一学生以及211院校大学生。在院校教育因素中，有参与新生研讨课，参与过翻转课堂、在学期间有本科生导师以及所在学校有提供创新创业项目的大学生在课堂同伴互动上显著高于没有这些院校经历的大学生。除了学生个体特征外，能提供翻转课堂、本科生导师、新生研讨课以及创新创业项目的院校，学生的课堂同伴互动表现也更佳，说明学校可以在课程教学模式上进行探索创新，在教学活动上开展多种支持性服务，通过丰富学生的院校经历，提升学生的课堂同伴互动水平，改进课堂体验。

（二）大学生课外同伴互动的影响因素分析

学生个体因素和院校教育培养因素对课外同伴互动的累计解释为8.6%。其中学生个体因素对大学生课外同伴互动的解释率为6%，在个体因素变量的基础上，院校教育培养因素解释增量为2.6%。可见在课外同伴互动中，学生的个体性因素还是主要的影响因素，院校的教育培养也有助于提升学生的课外同伴互动。具体来说，在学生个体影响因素中，学生个体是否担任学生干部对大学生课外同伴互动的解释变异量最大，达20.6%，远大于其他个体变量。在院校的教育培养因素中，参与翻转课堂对课外同伴互动的影响最大($\beta=0.090$，$p<0.001$)，有本科生导师的影响次之($\beta=0.065$，$p<0.001$)，再次为新生研讨课($\beta=0.061$，$p<0.001$)，而学校提供创新创业项目的影响最小($\beta=$

① 潘炳超."翻转课堂"对大学教学效果影响的准实验研究[J].现代教育技术，2014，24(12)：84-91.

$0.047, p < 0.001$)。

具体到个体和院校的每个影响因素中，在学生个体因素中农村学生、非独生子女大学生、恋爱大学生，担任学生干部大学生、理科生、大一、大三和大四及以上大学生以及一般院校本科生在课外同伴互动活动的参与次数上均高于城市学生、独生子女学生、未恋爱大学生、未担任学生干部大学生、文科生、大一学生以及211院校大学生。在院校教育因素中，有参与新生研讨课，参与过翻转课堂、在学期间有本科生导师以及所在学校有提供创新创业项目的大学生在课外同伴互动活动的参与次数上显著高于没有这些院校经历的大学生。从个体和院校培养因素的解释率来看，影响学生课外同伴互动活动的参与次数的主要因素还是取决于学生的个体性特征。学生个体的家庭背景因素，例如兄弟姐妹人数多的学生在课外同伴互动活动的参与上就更加积极，同时也受学生个体的后致性因素影响，例如在校期间有谈过恋爱或担任学生干部的学生参与到课外同伴互动活动的积极性更高。课外同伴互动活动作为高校教学的第二课堂，院校的教育培养也能在一定程度上鼓励学生参与到课外同伴互动活动中。因此，除了关注学生个体特征，也要重视院校培养对学生课外同伴互动活动的影响，教学模式、导师制、新生研讨课以及创新创业项目都能在一定程度上对学生的课外同伴互动产生积极影响。

第四节　同伴互动效应中的中国特征

同伴互动是大学生学习生涯中重要的影响因素，可以直接或间接地影响着大学生学习与成长，是推进我国"立德树人"根本任务的重要教育元素。本次研究以我国大学生同伴互动为研究对象，在已有文献的基础上，并依托厦门大学史秋衡教授主持的NCSS 2017年的全国大学生学情调查数据，通过探索性和验证性分析将同伴互动细分为课堂同伴互动和课外同伴互动，从这两方面出发探讨了我国大学生同伴互动的基本特征，理清了性别、恋爱状态以及学生干部、家庭所在地、家庭情况、家庭子女人数和专业、学校类别、年级等变量下不同类别大学生同伴互动的差异，并分析了上述变量对学生课内外同伴互动差异的影响。

在此基础上，加入院校的教育培养因素，将学生个体特征因素和院校因素共同纳入回归分析中，分析了学生个体因素和院校教育培养因素对大学生课内外同伴互动的影响。通过本次研究的深入探究，得出了我国大学生同伴互动的基本特征以及学生个体因素和院校教育培养因素对大学生同伴互动的影响程度的结论。

一、我国大学生同伴互动状态分析结论

通过对我国大学生同伴互动状态的探讨，本次研究得出了关于我国大学生同伴互动的基本特征以及不同群体大学生同伴互动差异的结论，即性别、恋爱状态、学生干部、家庭所在地、家庭情况、家庭子女人数以及专业、学校类别、年级等变量对学生同伴互动差异影响的有关结论。

（一）我国大学生同伴互动基本特征

1.全国大学生课堂同伴互动状态良好，倾向小组讨论的互动形式

从大学生同伴互动的整体来看，我国大学生课堂同伴互动状态良好，大学生个体能够与同伴进行较好的交流和合作。在课堂同伴互动的具体互动活动中，对“参加小组讨论”该项课堂同伴互动活动的认同度最高，接下来依次是合作完成作业、学习交流以及学习经验分享。总体来看，相较于同伴间学习经验的交流与沟通，同伴间的小组讨论以及作业合作的均值更高，说明我国大学生在课堂上更倾向于在小组讨论与合作中进行同伴间的互动。

2.大学生参与到课外同伴互动活动的人均次数为2次左右，以校内社团活动为主

我国大学生的课外同伴互动次数的均值为3.30，表明全国大学生参与课外各类活动的人均次数为“2次”左右。在志愿者活动、社会实践活动、校内社团活动以及各种科创竞赛四类课外同伴互动活动中，我国大学生参与校内社团活动的频次最高，接下来依次是社会实践活动、志愿者活动以及各种科创竞赛。值得关注的是，学生参与各类科创竞赛，如挑战杯或专业技能比赛的次数远低于前三类课外同伴互动活动，说明我国大学生较少参与到科创竞赛中。通过频次分析发现，我国有80%以上的大学生有参与到志愿者活动、社会实践活动、校内社团活动中去，且这三类课外同伴互动活动的参与次数集中在“5次及以上”以及“2次”。课外同伴互动活动中的“参加各种科创竞赛的次数“集中在0次”，而且不到50%的大学生参加过科创竞赛，可见，该项活动是我国大学生课外同伴互动活动的短板。

（二）不同类别大学生同伴互动差异

1.男女生在课堂和课外同伴互动活动上表现各异

男女生在课堂和课外同伴互动上没有显著性差异。但在课堂的具体同伴互动中，男生在同伴间学习经验的分享与交流上均值显著高于女生，而女生在课堂同伴小组讨论以及小组合作上均值显著高于男生。在课外的具体同伴互动活动中，女大学生在志愿服务、社会实践以及校内社团活动的参与次数上显著高于男大学生，而男大学生在科创竞赛活动的参与次数上显著高于女大学生。

2.恋爱的大学生课堂同伴互动表现更佳,课外同伴互动活动参与更多

不同恋爱状态的大学生在课堂同伴互动和课外同伴互动上均存在显著差异。在课堂和课外的具体同伴互动活动中,恋爱的大学生也都比单身的大学生表现更好。恋爱过或者正在恋爱的大学生可能性格上更加主动,开放,在恋爱过程中恋爱双方交流自己的困惑、人生目标等,也不断提升自己与他人的沟通合作能力,恋爱使人成长,所以在同伴互动上比单身状态的大学生表现得更好。另外,恋爱的大学生在恋爱之前可能就有谈恋爱的想法,想在大学中寻求到另一半,所以也更愿意积极参与到各类课外同伴互动活动中,提升寻求到另一半的概率。

3.担任学生干部的大学生课内外同伴互动都表现更佳

不同学生身份的大学生在课堂同伴互动和课外同伴互动上均存在显著差异。在课堂和课外的具体同伴互动中,担任学生干部的大学生也都比未担任学生干部的大学生表现更好。首先,这可能因为愿意担当学生干部的大学生大都具有性格外向、长于交际、善于表达等特点,这个体性因素让担任学生干部的学生比未担任学生干部的学生更愿意参与到各项同伴互动活动中去。另外,由于担任了学生干部,无论是班级中的学生干部还是校内课外各项活动的学生干部,都需要与周围的同学能够沟通,组织成员、开展活动,这也增加了同伴互动的机会,不断训练学生干部的沟通协调以及组织合作能力。因此,担任学生干部的大学生在各项同伴互动活动上也要比未担任学生干部的大学生要优越。

4.城市大学生课堂同伴互动更佳,农村大学生课外同伴互动活动的参与度更高

城乡大学生在课堂同伴互动和课外同伴互动上均存在显著差异。在课堂同伴互动中,无论是学习经验的交流与分享还是小组讨论与合作,城市大学生的均值均显著高于农村大学生。在课外的同伴互动活动中,农村大学生的参与次数显著高于城市大学生。具体来说,农村大学生在志愿服务以及社会实践活动的参与次数上显著高于城市大学生,而在校内社团活动的参与次数上显著低于城市大学生。城市学生课堂同伴互动表现更佳,这可能与城市学生的教育起点高有关,良好的家庭环境和教养方式对于同伴交流互动能力的培养以及综合素质能力的培养有较大帮助,所以城市学生在课堂互动上表现更优,同时城市学生才艺较多,更愿意参与到社团活动中去。然而大多数农村学生很早就需要承担起生活的重担,在生活的压力下,大多农村学生也不爱展露情感,吐露心声。但对于助人为乐的志愿服务,实践能力要求较高的社会实践活动,相较于城市学生,早熟的农村学生更愿意参与其中。

5.孤儿课外同伴互动活动的参与次数最高,双亲家庭最低

家庭情况分为双亲家庭、重组家庭、单亲家庭以及孤儿四类大学生群体中，四类学生在课堂同伴互动和课外同伴互动上均存在显著差异。在课堂的具体同伴互动中，四类学生的差异主要体现在同伴学习交流活动上，但在学习经验分享、小组交流以及合作完成作业上没有显著性差异。在课外的同伴互动中，双亲家庭的大学生在志愿活动、社会实践、校内社团活动以及科创竞赛四类活动上的均值均显著小于其他三类学生。重组家庭的大学生在校内社团活动和科创竞赛上的均值显著大于单亲家庭大学生的均值。孤儿大学生在四类课外同伴互动活动中的均值均最高，且显著高于单亲家庭的大学生的均值。

在大众认知中，通常认为家庭情况为双亲的学生家庭完整，学生人格成长可能更好，更愿意参与到人际交往活动中。而本次研究显示出不同的结论，与其他家庭情况的大学生对比，双亲家庭的大学生在各类课外同伴互动活动中的参与度都是最低的，反而孤儿和重组家庭的大学生更积极参与到同伴互动中。

6.家庭子女人数与课堂同伴互动表现成反比，与课外同伴互动活动的参与次数成正比

在家庭子女人数为 1 人、2 人，3 人以及 4 人以上的四类学生群体中，四类学生间的均值在课堂同伴互动和课外同伴互动上均存在显著差异。在课堂同伴互动中，无论是学习经验的交流与分享还是小组讨论与合作，独生子女的各项均值均显著高于其他三类学生，表现最优，其次是家庭子女为 2 人的学生。在课外同伴互动中，则呈现相反的结果，即独生子女的均值＜家庭子女为 2 人的学生的均值＜家庭子女为 3 人的学生的均值＜家庭子女为 4 人及以上的学生的均值。在志愿活动、社会实践、校内社团活动以及科创竞赛四类活动中，家庭子女为 4 人及以上的学生的均值均显著大于其他三类学生。而独生子女大学生在各项活动上的均值均显著小于其他三类学生。家庭子女为 3 人的学生在志愿活动和社会实践活动上的均值显著大于家庭子女为 2 人的学生。

从总体来看，课堂同伴互动中，兄弟姐妹人数越少，学生的表现越好。而在课外同伴互动上，兄弟姐妹人数越多，学生的参与度越高。独生子女的大学生可能在家庭中受到足够重视，家长集中家庭资源于一人身上进行栽培，加上中国父母比较注重学业成绩，独生子女在学业上与同伴交流的精力也会比课外活动多，所以独生子女的大学生在课堂上的同伴互动表现最好，而在参与课外同伴互动活动的次数最少。而兄弟姐妹人数 4 人以上的大学生，从小身边的兄弟姐妹就是同伴，常年相处下来，人际交往能力也就不断提升，也更愿意参与到各项课外活动中与同龄人打交道。但人数的增多也弱化了个体所能获取的学习资源，可能造成他们课堂同伴互动表现不佳的原因。

7. 211 院校学生课堂同伴互动表现不佳，不同院校学生课外同伴互动表

现各异

不同院校类型学生间的均值在课堂同伴互动和课外同伴互动上均呈现显著性差异。在课堂同伴互动中，985 院校和一般本科院校的大学生的均值均显著大于 211 院校的大学生。具体而言，一般本科院校的大学生无论是在学习的交流与分享上还是小组的讨论与合作中，均值得分均显著高于 211 院校学生的均值。但在“学习经验的分享”上，小于 985 院校大学生的均值。985 院校大学生在“合作完成作业”上与 211 院校大学生没有差异，但在其他三类活动中的均值均高于 211 院校大学生。在课外同伴互动上，一般本科院校大学生的均值＞211 院校大学生的均值＞985 院校大学生的均值。具体而言，在社会实践中，一般本科院校大学生的均值最高，985 院校大学生的均值最低。而在志愿活动中，则呈现完全相反的结果，即 985 院校大学生的均值最高，一般本科院校大学生的均值最低。在各种科创竞赛中，一般本科院校大学生的均值最高，211 院校大学生的均值最低。在社团活动中，211 院校大学生的均值最高，985 院校均值最低。

总体来看，985 院校和一般本科院校的大学生无论是在课堂同伴互动的表现上还是课外同伴互动活动的参与次数上都优于 211 院校大学生。211 院校为我国国家重点建设高校，高等教育经费、师资水平等教育资源远多于一般本科院校，在教学能力与教学效果上需要起到应有的“领头羊”作用。但从研究结果来看，211 院校并没有显现出相应的高水平，而在学校硬件环境的满意度上远高于一般本科院校的学生[①]，表明 211 院校并没有把丰富的高等教育资源切实地用于改善大学课堂教学效果。

8.课堂同伴互动表现和课外同伴互动活动的参与度与学生年级成正比

不同年级学生间的均值在课堂同伴互动及课外同伴互动中均呈现显著性差异。在课堂同伴互动中，无论是学习经验的交流与分享还是小组讨论与合作，大四及以上学生的均值＞大三学生的均值＞大二学生的均值，存在显著性差异，大二和大一的均值之间并不存在显著性差异。在课外同伴互动上，大四及以上学生的均值＞大二学生的均值＞大一学生均值，具有显著差异。大三和大二的均值之间并不存在显著性差异。具体来说，在志愿活动中，大四及以上以及大二学生的均值显著大于大三和大一学生的均值，大一学生均值最低。在社会实践和各种科创竞赛中，大四及以上的均值＞大三学生的均值＞大二学生的均值＞大一学生的均值。在校内社团活动中，大一的均值最高，而大三学生的均值最低。

随着大学生年级的升高，学生课堂和课外的同伴互动均呈现出随着年级

① 文静.大学生学习满意度实证研究[M].北京：教育科学出版社，2015：157-158.

的增长而不断提升的趋势。大一是新生入学的调试期，学生在这个阶段要从高中讲授式的教学模式转换为研讨式的教学模式，需要适应的过程。但之后随着年级的升高，学生对大学的教学模式也能不断适应并融合其中，在课上的同伴交流以及小组讨论与合作等互动行为也更多，课堂同伴互动表现也更好。在课外同伴互动中，大一新生刚步入高校，主要通过社团活动来结交同伴，随着年级的升高，志愿活动、社会实践以及各类科创竞赛成为学生参与的主要项目。之所以大四学生参与的次数高于其他年级，很可能的原因是在校时间长，参与过多次课外同伴互动活动。

9.偏文学科的学生课堂同伴互动表现更佳，不同科类的学生课外同伴互动表现各异

不同科类学生间的均值在课堂同伴互动以及课外同伴互动中均呈现显著性差异。在课堂同伴互动中，文史哲类和社会科学类学生的均值显著大于理学和农工医类学生。农工医类学生的均值显著大于理学类学生。具体而言，文史哲类和社会科学类学生在这三项活动的均值显著大于理学和农工医类学生。农工医类学生在“学习经验的分享”上的均值显著大于理学类学生。社会科学类学生在“合作完成作业”上的均值显著高于文史哲类学生。在课外同伴互动中，从总体来看，文史哲类、社会科学类以及理学类学生的均值均显著大于农工医类学生。在志愿活动中，文史哲类学生均值＞理学类学生均值＞农工医类学生均值＞社会科学类学生均值。在社会实践中，文史哲类和社会科学类学生的均值显著大于理学和农工医类学科的学生。在校内社团活动中，农工医类的学生均值显著小于其他三类学科的学生，理学学生均值最高。在各种科创竞赛中，文史哲类的学生均值显著小于其他三类学科的学生，社会科学类学生的均值显著大于农工医类学生，且均值最高。

从课堂学生互动来看，文史哲和社会科学类专业的学生多注重课堂同伴讨论与合作，可能由于学科性质自身的差异，即文科生课堂的教学内容多是比较开放且没有固定答案，需要同伴共同探讨分析，进行思维碰撞。理科和农工医类专业的教学内容逻辑性较强，大多涉及艰深的知识和公式。因此，他们更多的是需要独立思考和专研，较少进行合作完成任务。从不同科类大学生在课外同伴互动活动中的总体表现来看，农工医专业的学生的参与度是最低。而文史哲专业的学生除了在各类科创竞赛这一活动的参与次数较少外，在其他三类课堂同伴互动活动参与次数都最高。理学类学生在社团活动中的参与次数最高。而在更注重成果转化的科创竞赛上，农工医和理科类学生参与次数不及社会科学类学生。

二、我国大学生同伴互动影响因素分析结论

本次研究系统化地分析了学生层面的个体变量(性别、生源地、家庭子女人数、恋爱状况、学生干部任职情况、所学学科类型、所在院校类型和所在年级)以及院校层面的教育培养因素(新生研讨课、翻转课堂、本科生导师、创新创业项目)对我国高校大学生同伴互动的影响,并使用多元线性回归分析对模型进行数据检验,揭示了不同因素对大学生课内外同伴互动的贡献力。

(1)院校教育培养有助于提升学生课堂同伴互动

学生个体因素和院校教育培养因素对课堂同伴互动的累计解释为4.4%。其中学生个体因素对大学生课堂同伴互动的解释率为1.6%,在个体因素变量的基础上,院校教育培养因素解释增量为2.7%,虽然学生的个体性因素和院校教育培养因素的解释率并不是很高,但可以看出,相较于个体因素,院校的教育培养因素的解释率更高,说明院校的培养是有助于提升学生的课堂同伴互动表现。具体来说,在院校教育培养因素中,有参与新生研讨课,参与过翻转课堂、在学期间有本科生导师以及所在学校有提供创新创业项目的大学生在课堂同伴互动上显著高于没有这些院校经历的大学生。其中,参与翻转课堂对课堂同伴互动的影响最大($\beta=0.086, p<0.001$),有本科生导师的影响次之($\beta=0.071, p<0.001$),再次为学校提供创新创业项目($\beta=0.068, p<0.001$),而新生研讨课的影响最小($\beta=0.047, p<0.001$)。

由此可见,相较于其他因素,良好的课堂教学模式能最大限度地调动学生间的互动,说明学校可以在课程教学模式上进行探索创新,并在教学活动上开展多种支持性服务,通过丰富学生的院校经历,提升学生的课堂同伴互动水平,改进课堂体验。

(2)个体特征是学生课外同伴互动的重要影响因素

学生个体因素和院校教育培养因素对课外同伴互动的累计解释为8.6%。其中学生个体因素对大学生课外同伴互动的解释率为6%,在个体因素变量的基础上,院校教育培养因素解释增量为2.6%,可见在课外同伴互动中,学生的个体性因素还是主要的影响因素。具体而言,在学生个体影响因素中,学生个体是否担任学生干部对大学生课外同伴互动的解释变异量最大,达20.6%,远大于其他变量。课外同伴互动活动作为高校教学的第二课堂,院校的教育培养也能在一定程度上鼓励学生参与到课外同伴互动活动中。

除了关注学生个体特征,也要重视院校培养对学生课外同伴互动活动的影响。在院校教育培养因素中,有参与新生研讨课,参与过翻转课堂、在学期间有本科生导师以及所在学校有提供创新创业项目的大学生在课外同伴互动上显著高于没有这些院校经历的大学生。其中,参与翻转课堂对课外同伴互

动的影响最大($\beta=0.090$，$p<0.001$)，有本科生导师的影响次之($\beta=0.065$，$p<0.001$)，再次为新生研讨课($\beta=0.061$，$p<0.001$)，而学校提供创新创业项目的影响最小($\beta=0.047$，$p<0.001$)。教学模式、导师制、新生研讨课以及创新创业项目都能在一定程度上对学生的课外同伴互动产生积极影响。

第三章

学习满意度:协同式体验中的成就感强化

第一节　大学生学习满意度的生成及协同价值

“努力办好人民满意的教育”,充分体现了党中央对教育事业的高度重视,涵盖教育各利益相关主体的满意。大学生作为教育基本关系、基本规律的主体,其学习满意度是反映高等教育质量的重要窗口,表征了大学生的学习质量,也聚焦了对学习过程的评判。学习满意度是大学生学习质量的重要指标之一,以外显化的各项指标体现了大学生对学习体验、成长过程的满足感,是大学生在成长的协同循环中不可或缺的关键一环。

研究学习满意度的生成机制、提升路径和优化方略,不仅是致力于提升满意度水平、优化满意度模型,更能成为学习质量提升的助力点,从而推进大学生学习质量理论的研究。探究大学生学习满意度的具体提升路径和推进方略,能为实现“办好人民满意的教育”提供建议和对策。更进一步讲,从当前的政策需求来看,是为了更好地理清在大学生协同式成长过程中的各项关系,为引导大学生成长成才提供证据链,为高等教育全过程育人、评估方式的革新提供重要参考。

一、学习满意度的生成逻辑及机制

(一)学生参与理论视野下大学生学习满意度的理论模型

学生参与理论聚焦大学生学习和发展,从大学生学习的特性出发,并汲取管理学理论对满意度的研究成果,意在于促动学生成功、培养优秀人才,同时提供了以学生为主体的认识大学生学习的方式,也为深度挖掘大学生学习满意度提供了方法论的指导,对我国大学生学习满意度的挖掘与分析、提升与优化提供了理论参考。

1.学生参与理论提供的理论基础

学生参与理论指出“学生的学习可以理解成为参与和融入的过程,学习环境在很大程度上对学生学习产生了影响”。该理论融合了心理分析和经典学习理论，无论是对大学生发展的理论研究，还是对大学管理者进行的实践改革，都是重要的分析框架。①

学生参与理论充分体现了大学生在学习过程中的主体地位，使大学生以参与者的身份进入学习过程和研究视域，实现以学生为中心的质量评价。②学生参与学习过程包括身心参与的数量和质量，因而学生对于自身的参与能够形成体验，进而形成满意度的心理感受，基于学生参与而得的大学生学习满意度有了可测量的支持，是构建数据模型或者使用逻辑模型进行评估的基础理论。③ 因而在学生参与理论的视野下，大学生学习满意度的切入点在于“学生参与和体验学习过程的质量”，并使用实证方法与技术来调查和研究大学生学习满意度，从而提升学习满意度模型构建及修订设计过程中的理论深度。④

2.基于 IEO 理论模型的分析框架

同样由 Astin 教授提出的 IEO 模型，是基于学习过程研究大学生学习满意度的重要理论模型。该模型认为大学生学习过程的测评，由投入、环境和结果三个主要要素构成，其中投入包括个人信息、基本技能、志向意愿等，环境则主要涉及高等教育机构提供的一切学习体验，而结果由学习成果、知识、技能、价值观、态度等构成。⑤ 显而易见的是，满意度属于结果型的变量，可以通过投入与环境两方面来进行分析，并且满意度本身也还可以继续细分，各内部要素之间应该具有相关度，因此可以 IEO 模型作为大学生学习的参考系统模型，用于我国大学生学习满意度实证调查与分析框架，并作为预测中国大学生学习满意度动向的基准。

(二)基于学习过程的学习满意度塑造

对于大学生而言，在学习中获得成长，而学习又往往被视作一个持续不断

① Astin A W. Achieving Educational Excellence: A Critical Assessment of Priorities and Practices in Higher Education[M]. New York: Josse Bass Higher and Adult Education, 1985:133-134,147-150.

② 杨帆，李朝阳，许庆豫.高校学生社团的学生评价与影响因素[J].教育研究，2015(12):43-51.

③ 史秋衡，文静.大学生学习满意度测评逻辑模型的构建[J]，大学教育科学，2013(4):55-62.

④ Christine Kerlin. Measuring Student Satisfaction with Service Process of Selected Educational Support Services at Everett Community College [D]. Oregon State University, 2000.

⑤ Astin A W. Assessment for Excellence: The Philosophy and Practice of Assessment and Evaluation in Higher Education[M]. New York: American Council on Education and Macmillan Publishing Company, 1991.

的过程。对于大学生学习满意度研究而言，参与学习过程、获得学习体验，这样的学习满意度才具备说服力。因此，学生参与理论视角下的学习满意度研究，基于学习过程，又充分考虑到其中的各项学习要素，从而推动学习满意度的提升，能够更好地协同大学生的成长。

1.大学生学习过程与学习满意度

概括而言，大学生学习过程可以描绘成在教师的主导下，发挥学生主体性在大学环境内进行的认知活动。大学生学习是一项具体的活动，可以用过程加以描述。从学习活动的内涵来看，学习过程就是学习者内部的状态和外显的行为发生变化的过程。① 因而学习过程对学习来说是最为核心、关键的环节，所有的要素都要通过学习主体转化为自身因素从而才能在学习过程中去实现，也就是只有通过一定的学习过程学习主体才能真正获得知识与技能。②学习过程是学习理论的基本问题，理清学习过程的要素也就意味着对学习过程的深刻理解和认识。因而，教师主导、学生主体、学习环境便构成了大学学习过程的三个要素，并且三要素之间相互作用共同推动大学生学习过程的实现。

2.大学生学习要素理论对满意度研究的支持

大学生学习过程的要素理论反映出大学生参与学习过程的总体框架，从要素的角度将大学生学习过程中所涉及的教师要素、学习者要素以及学习环境要素呈现，并且描述出要素之间相互作用的关系。作为贯穿大学生学习过程的理论，该理论也为本次研究在对大学生学习满意度基本状态分析的基础上，提供了结构化分析和差异性分析逻辑化的理论框架。与此同时，梳理大学生学习过程各项关键要素对学习满意度的影响，并探讨学习收获与学习满意度之间的相关性，因而通过学习过程要素理论提供的主线，便能从过程影响和结果相关两个层面解构学习满意度。

3.融入大学生协同式成长中学习满意度研究的基本逻辑

立足学习过程，结合学习要素，作为大学生协同式成长循环中重要一环的学习满意度，在融入理论与实践之时需要先理清其基本逻辑。首先，不同类型的大学生对总体学习满意度、学习满意度的各个要素有着不同的体验，这就意味着学生的个人背景可以作为输入变量进入研究模型，亦有可能成为学习满意度的影响因素，还有可能进一步形成新的分层分类。其次，在大学生学习满意度的树状结构下的每种要素对总体满意度有着不同的贡献力，这是由于不同性质学习要素、资源的存在，使得学习满意度具有内部复杂性，结构功能视

① 王言根.对大学生学习过程的认识与思考[J].中国大学教学，2001(3):24-26.

② 杨强.我国普通高校本科生学习过程规律研究[D].厦门：厦门大学，2011.

角下所产生的贡献力加剧了复杂程度，共同汇入到学习过程中。[①] 再次，大学生的学习满意度与学习过程、学习收获具有关联性，过程影响着结果，那么必须将这三者统合起来，综合考虑，以便更加全面、立体地进行学习满意度的模型修订和动向监测，从而实现提升路径和优化方案。

二、学习满意度模型修订提供的协同基础

我国高等教育迈入后大众化阶段以来，高等教育不仅正经历着“量的扩张”，更重要的是“质的提升”。高校人才培养的质量既是核心也是基础，同时还需兼顾人才的多样化特征。大学生作为高等教育最直接的内部利益相关者备受关注，而学习满意度更是成为各方聚焦的中心，是“办好人民满意教育”的坚实保障。修订学习满意度模型，主要是以大学生的学习参与和体验为主线，使模型研究符合当前在校大学生学习与发展的现状，揭示规律并监控未来动向。在大数据思维模式下利用“循证”方式构建、修订我国大学生学习满意度的模型，既是深入推进大学生成长路径的探究，回归到高等教育的本质，也是助推我国高等教育质量管理的有效落实，兼具基础性、重要性和前瞻性。

（一）大学生学习满意度模型实证研究设计与修订方法

如何理解和运用“参与”是将学生参与理论运用至学习满意度研究的关键。对于大学生的学习过程来说，参与是有目的性的身心能量的投入，是体现持续性的活动，具有质和量双方面的特征，学生学习和个人发展与其参与的程度、质量均有相关，而教育政策和实践对学习的参与亦有推动，由此把握住学习满意度模型修订的技术路线。

对我国大学生学习满意度的模型修订研究，通过实证调查来进行，依托NCSS平台，编制量表和采集数据，通过探索性因子分析和验证性因子分析来进行信效度检验，依步骤进行模型的修订工作。

（二）大学生学习满意度模型修订的路径及实现

在理论修订和调查设计的基础上，修订我国大学生学习满意度的模型，主要由两个递进的步骤构成。首先是通过对整体满意度的描述性分析建立对大学生满意度的基本认知，把握大样本下我国在校大学生的总体情况与特征；其次是以相关分析为基础，用多元回归的方式完成满意度各要素与整体满意度的数据模型，完成模型修订。[②]

大学生学习满意度模型构建及修订的结果表明，我国大学生对于学习满意度形成了 4 个回归模型，并基于各个要素形成了不同的影响力。在模型所

① 文静.大学生学习满意度实证研究[M].北京：教育科学出版社，2015：146-152.

② 文静.大学生学习满意度的模型修订与动向监测[J].教育研究，2018，39(5)：50-58，75.

示的整体性学习满意度内容中(所学专业满意度、任课教师满意度、自己学习情况满意度和所在学校满意度),大学生对于任课教师的满意度水平最高,其次是对所在学校的满意度,排第三位的是对所学专业的满意度,最后则是对自己学习情况的满意度。经过全国性调查、数据搜集和统计分析得出学习满意度的构成要素及其贡献力,从而实现了模型修订。如表 3-1 所示教师教学三次排在各项目的首位,充分说明了教师的教学及引导在大学生学习过程中的地位和影响力,这给强化本科教学质量提供了依据。值得引起重视的是大学生的人际关系,是学习体验中不容小觑的要素,朋辈效应对于学习满意度的影响力已经得到展现。与此同时,学校提供的制度与设施、学习支持条件方面的影响比较有弹性,说明了我国高等教育基础建设已经发展到比较稳固的阶段,考虑到学生学习方式、行为的已有变化,实体性、制度性的建设是为了给予学生学习更好的支持。

表 3-1　学习满意度模型修订总结

满意度项目(降序)	影响力排序			
	1	2	3	4
专业总体满意度	教师教学	人际关系	学习支持制度与设施	学习支持条件
对任课教师总体满意度	教师教学	人际关系	学习支持制度与设施	学习支持条件(不显著)
自己学习情况的总体满意度	教师教学	学习支持制度与设施	人际关系	学习支持条件(负向)
对学校的总体满意度	学习支持制度与设施	学习支持条件	教师教学	人际关系

大学生对学校的满意度高于对专业的满意度,这足以反映出我国各类高校在大众化以来的建设成效,学校归属感还不错;但同时学科专业建设却没有跟上,大学生的专业认同感仍有待加强。而假设性条目出现了五五对半的现象,一来再次验证学习满意度的校际比较是不成立的结论,二来表明大学生有尝试更多可能的意愿。

针对各个因子来说,大学生对于人际关系的满意度最高,尤其是"室友关系"的满意度上表现让人惊喜,再次反映出"朋辈效应"的影响力,不仅是学生工作的一个重点关注点,也是大学学习学研究的一项重要的特色性指标。紧随其后的教师教学满意度再次印证了教学在大学生学习过程中扮演的重要角色,反映出我国大学生在知识求索过程中仍然依存于教师的教学、引导,并且能够从中获得满足，经典课程与教学理论仍然适用。当然，从模型修订中发现，大学生在自主学习方面仍然还有提升空间，也成为高校教师教学改革的攻坚方向。

（三）合理监测大学生学习满意度的发展动向

修订的大学生学习满意度模型，能够预测学习满意度的发展动向。从整体上讲，大学生学习是在教师引导下大学教学环境中的主动建构过程，为此本次模型的修订始于理论基础的调适，根据 IEO 模型设计调查问卷最终形成教师教学、学习支持条件、学习支持制度与设施、人际关系四个因子，分别表征着通过"输入"和"环境"影响到学习满意度的"输出"，形成了以学习参与和体验为主线的中国大学生学习满意度的数据模型，并据此作出进一步的预测与监测。

1.理论动向：大学教学理论的反思与提升

在实用主义哲学理念下的大学教学理论认为教学在于"实践"和"体验"，并且既不偏向教条主义也非经验主义；同时对于大学的教学则倾向使用"科学家的方法"，以追求知识和真理为要旨，认为大学教学是通过"教书"，重在"育人"，更是思维活动。[①] 因此，此次修订的大学生学习满意度模型是对经典大学教学理论的检验，通过多元回归模型肯定了教师、教学、引导对大学生学习过程的积极作用，教师施予的教学需要通过学生主体作用才能得以实现。

同时，模型中反映出来的学生群体内部的互动关系对于学习的推动，正好是对经典教学理论的补充。也就是说，在传统的、经典的大学教学理论中，并没有强调生生互动的作用，而此次修订的模型却反映出学生之间的沟通和交流对于大学学习过程的推动，因而可以在大学教学、学习理论的发展过程中加入学生交流的元素，也对将来的大学教学实践中加入生生互动提供了有力的证据。由此可见，学习满意度的提升、学习体验的优化、主动性学习的加强，重点还是应该加强教学引导、促进师生交流、推动生生互动等方面。

2.研究动向：基于特征的长期监测与研究机制的建立

单年的调查统计数据作为静态观测所建立的大学生学习满意度模型，从平面上形成了我国目前在校大学生在学习满意度方面的特征，各要素与总体学习满意度具有中度或者低度的相关，各因子之间具有一定潜在的相关性。从所建立的回归模型来看，教师教学要素在专业满意度、任课教师满意度和自己学习情况这三项总体满意度上均是最有影响力的因子；人际关系对这 4 个模型的贡献力度仍然不容小觑，大学生们对交流如此看重；然而对于学习支持条件来讲，在任课教师的模型里不显著，在自我学习状态的模型里为负向影

---

① 杜威.民主主义与教育[M].北京：人民教育出版社，1984:2-11，245-265.

响，反映出给予学生的支持应当张弛有度，在达到一定水平之后，过于富余的支持条件会降低学生学习的总体满意度。由此可知，在我国大学生学习满意度的模型中，师生关系、生生影响这类人与人之间的互动作用对学习满意度的影响更大，高于物对人的影响。

长期、系列的调查分析足以说明，在长期的高校舆情监测与研究过程中，大学生学习满意度是一项重要的指标。首先表现为整体满意度的发展变化，反映出全部群体的共性变化趋势；其次是满意度内部要素指标值的变化，反映出结构性的变化趋势；最后是加入背景作为干预变量的指标，反映出不同群体的变化趋势，由此建立长期动态监测机制。

3.实践动向：优化学习体验是提升大学生学习满意度的内在逻辑

大学生学习满意度模型的修订，势必为提升学习满意度提供参考依据，更重要的是预测实践动向、指明实践着力点。整体思路是通过优化学习体验，重视其对于高等教育质量评价的原点性，从而有效提升大学生的学习满意度①。

首先，教学与学习的强化与变革是优化学习体验之基。分析表明，教师对于学生的影响不仅与总体学习满意度相关度较高，而且对总体满意度的贡献力较高，为此以“引导”作为提升我国大学生学习满意度最有力的着力点和关键性的抓手。从教师的角度，知识引导、能力引导和人生引导三者缺一不可，并且需要在有限的施教过程中开辟更丰富的形式和内容。从大学生的角度，知识体系引导、能力锻炼引导、适应大学引导以及个人发展引导是完整的体系，需要全面学习，因而也从这个意义上延展了学习的内涵和外延。建立教师引导、学生自主的交流型师生关系，是提升大学生学习满意度的必然之举，也是提升大学生学习质量的必需之策。

其次，环境与制度建设的支持是提升学习满意度之本。回归分析的研究表明，充足的资源和有保障的平台能促进教与学之间更充分的良性互动，提升大学生的学习兴趣和满意度，但是制度安排必须合理，张弛有度，不然可能会适得其反。保障大学生的学习资源能够得到优化配置，开发良性学习环境能够更好地促进知识建构，不仅有助于大学生学习满意度的提升，同时也符合其他利益相关主体（如家长、主管部门等）的利益诉求，当然也有助于大学社会影响力的进一步提升。在为大学生学习提供良好的教学、科研、生活平台的同时，更重要的是增强大学生学习的制度建设与人文关怀。一来制度是影响大学生学习过程的软环境，需要从制度建构中实现大学生的学习自由，二来制度体现了高等教育对大学生的尊重，从人文关怀的角度为大学生满意度的提升做出积极影响。

① 文静.大学生学习满意度：高等教育质量评判的原点[J].教育研究，2015(1)：75-80.

再次，文化引领与交流互动的并行是提升学习满意度体验之策。分析可知，在校大学生对专业培养和专业学习的依存程度较高，因此不妨以专业文化为支点培养大学生对学习的深度热爱。专业文化首先需要建立的是大学生对专业的基本认同，通过对专业特质的提炼，在内容导向上起到对大学生的激励作用。对专业的基本认同到深度热爱，是大学专业教育中引导大学生融入专业，进行更有动力、卓有成效学习的关键。

最后，重视大学生非正式群体之间的交流和影响。大学生的非正式群体带来了直接、深刻和持久的影响力。通过研究发现，大学生的非正式群体成员之间交流机会更多，影响更深入，完全印证了“近朱者赤、近墨者黑”的效用。学生普遍认为由课程、学生活动和宿舍关系而产生的好友，相互之间有更多影响和交流的机会，该方面的满意度体验水平较高，认识程度也较深。因此，促进非正式群体间的交流，加强朋辈效应在学习过程中的正面影响力，成为进一步完善学生工作、提升满意度的一个新的增长点。

三、学习满意度的协同价值及意义

已有的研究和认知告诉我们，如今大学生的学习和成长，不再是单因素或者简单几个要素的排列组合，而是以更具多面和立体的方式呈现，我国大学生已经出现了特色化的指标和现象，这就注定了对大学生的成长，需要以“协同”的眼光来看待。而在协同式成长的视野下，学习满意度因为其复杂性、动态性和不可偏离性成为协同循环圈的重要组成。

（一）中国大学生特色化的学习满意度指标解析

学习满意度的指标观测与分析，历来是大学生学情调查与研究的重要组成。在 NCSS 国家大学生数据平台上，对我国大学生的学习满意度进行了年度性的调查，搜集起来的数据，不仅能够反映历年来的静态值，还能从多年调查中进行动态化观测，用于学习满意度更深入的研究，剖析中国大学生成长的立面。

1.连续年度数据及结论

NCSS 在对大学生学习的多项指标调查分析中，已经发现了我国大学生在不同年级学习状态呈现的“U 型特征”，也可以称之为“大二低谷现象”。而在学习满意度的研究中发现，从 2013 年开始的连续五年内，学习满意度从高到低排名前三的分别是“与室友的关系”“与其他同学的关系”“与专业指导老师的关系”。[①] 由此可见，能够使得我国大学生感到心满意足的首先是属于关系性范畴的指标；而仔细分析可知，这样的关系始于自己接触距离最近的室

① 史秋衡.高等学校分类体系及其设置标准研究[M].北京：经济科学出版社，2019：367.

友，范围再逐渐扩大。

再看从2012年到2017年我国大学生对学校总体满意的同意度百分比，整体上呈现稳步上升趋势，从2012年的57.6%上升到2017年的64.8%。[①]说明了自从“办人民满意教育”提出以来，随着对大学生学习研究如火如荼的推进，各高校日益重视对学生学习各方面影响因素的关注，学生自我报告得出的对学校总体满意度实现了稳中有升。

2.重要性程度的层次性

在对学习满意度专门化研究板块中，NCSS注意到了满意度水平和重要性关系紧密，因此采用同组指标进行了重要性的测量。研究结果表明，2013年至2017年间，我国大学生认为重要性从高到低排名前三的指标分别是“学校学习风气”“与室友的关系”“学校的就业指导”。[②] 由此可见，大学生认为重要的在于学校氛围性、关系性的内容，以及对学业、职业生涯有着直接作用的指导。当然，不排除大学生已经把教学指导视作根源性的内容，内化在学习全过程中的可能性。

同时，从学习满意度的内部结构研究可以看到，重要性各要素的高低排序以此为人际关系、教师教学、食宿、图书馆资源和规章制度，并保持基本稳定不变，由此可以反映出当代大学生对于满意度内部要素地位的认可，并且涉及了需要理论的各个层次。

3.模型修订与动向监测的结论

以学生参与为理论基础设计并进行的大学生学习满意度模型修订表明，大学生对所学专业、任课教师、自己学习情况和所在学校四项的整体认知水平相对正面，也比较一致；通过多元回归分析，教师教学、学习支持条件、学习支持制度与设施和人际关系对各整体性学习满意度具有不同的影响力。修订后的回归模型表明，人的因素对学习满意度的贡献力，大于物化因素对学习满意度的贡献。因此，有效监测大学生学习满意度的动向，从理论上聚焦于大学教学论的反思与提升，在研究中落脚于建立长期监测与分析机制，实践则立足于大学生学习的投入和参与，在优化自主学习体验中提升学习满意度。

4.协同式关系的指标意义和新的增长点

而从关系的亲疏与轻重来看，室友与同学属于在参与学习体验中的同伴关系，处于协同地位；专业指导老师属于参与学习体验中的教学关系，处于引导地位。可见，协同式的关系及其对学习满意度的影响，已经到了前位。

学情调查研究之初，室友关系的满意度给研究者带来了不小的冲击，可以

① 史秋衡.高等学校分类体系及其设置标准研究[M].北京：经济科学出版社，2019：369.

② 史秋衡.高等学校分类体系及其设置标准研究[M].北京：经济科学出版社，2019：367.

说成为该方面研究新的增长点。在对大学生进行深入访谈调查后发现，正是由于我国大学住校制度及宿舍关系的存在，舍友间的相互影响力和宿舍氛围成为颇具中国特色的指标，能从大学生的舍友关系角度阐述中国大学生学情调查与研究的"中国故事"。

（二）通过满意度，强化成就感，提升内驱力

若从大学生学习与成长的基本心理状态与规律分析，从内部给予正向刺激、驱动持续学习的根本性因素在于成就感的获得。因此，探测大学生对学习的心理状态，找到他们对于学习带来的满足感、成就感的基本特征，并总结提炼出规律就显得至关重要。

若从引导大学生深度参与学习、提升努力质量的角度分析，对于学习满意度内部复杂性和基本状态特征的分析，能够反映出当代大学生在大学期间学习体验的实然状态，能够找到和应然状态之间的差距，通过结构要素和影响因素来落实整改和提升。

若从大学生自主学习及其风格的角度来审视，我国大学生的学习质量面临着整体上的巩固与提升，教育部也已经狠下决心严格要求大学人才培养必须使得大学生忙起来，杜绝"游玩""游离"现象。值得注意的是，"千禧后"已经成为在校大学生的主体，这一网络原生代群体的思维方式有所不同，也呈现出更加多样化的学习风格，意味着能从不同角度助推学习满意度的提升。

（三）学习满意度的协同地位与协同方式

站在协同的视角，学习满意度在大学生的成长中并不是孤立的存在，始终和大学生的学习与成长紧密相连，和大学生学习的过程与要素密切相关，并且在学情研究中占有重要的地位。

1.学习满意度能够形成国际比较与对接

从我国高等教育在世界高等教育发展的阶段和地位特征来看，目前我们在关注高等教育内涵式发展的同时，亦非常注意国际化进程。学习满意度是全世界大学生学习都会面临、不可回避的话题，指标的直观性使其更具通用性和普适性，因而可以在全球范围内就学习满意度开展跨国、多国的调查研究。目前，已经有中国和巴基斯坦、文莱在学习满意度方面的联合或者对比分析，做出了在跨国形势下协同学习满意度的有益尝试。

2.学习满意度是大学生协同成长循环中不可或缺的一角

从分析框架来看，在学生参与的大局观内，学习满意度虽不属于学习过程，但却无时无刻与之相互作用、相互影响，尤其在学习行动和成长结果方面不可分割。那么也就能充分说明，大学生的协同式成长不能离开学习满意度，从同伴互动的方式与程度，再到就业能力的培养与评价，都与学习满意度形成了相互促进的效果，能够实现大学生协同成长循环圈的良性循环。

3.学习满意度具有动态协同性

学习满意度的内部复杂性从来都不是一成不变的,从 NCSS 连续 8 年的调查结果来看,不同年份的满意度内部指标出现过微调,不同年份的调查结果也出现过差异,说明了学习满意度自身在经历变动,当然对学习满意度的研究也逐渐走向成熟,日渐优化。

第二节　大学生学习满意度的提升路径论析

"育人为本、质量先行",人才培养质量是高等教育质量的全面提升和内涵式发展的重要节点,大学生学习满意度正是引导高校学生成长成才的着力点,是"办人民满意教育"的关键抓手,对构建中国特色高等教育体系具有积极作用。学习满意度的关键性和重要性在于其作为大学生学习的主体性表达,能够通过科学的方法实现测量,是大学生对参与学习结果的评判指标,是全面提升高等教育质量的突破口,在理论研究与管理实践中理应得到有效结合,全面、系统规划提升路径和落实优化方案。

作为大学生协同式成长循环圈中不可或缺的一个支点,提升学习满意度,意味着对循环点的优化,以强化循环圈的循环力,增强协同成长的能量。为此,聚焦于学习满意度提升的双重路径,从结构功能的角度,学习满意度内部结构的复杂性,根据各组成要素的贡献力,形成结构式的提升路径;从学习过程的角度,学习满意度受到学习过程各要素的影响,学习收获与满意度之间亦具有相关性,从而形成过程式的提升路径。

一、提升大学生学习满意度是"立德树人"整体目标下追求卓越的必然诉求

大学生是我国高等教育质量构建与提升的重要主体,体现学习的过程质量和结果质量,在成长成才中表征着我国高等教育人才培养对于卓越性的追求。大学生在校期间的学习经历和与之相应的满意度,不仅反映了大学生学习的主观体验效果,也反映出学生群体对高等教育质量的感知。"立德树人"的整体目标强调了对大学生成长成才的引导,关注到充分发挥大学生的主体性,在学习体验中追求卓越,大学生对学习过程和体验的满意度成为检视学习质量的风向标。

在全面提升高等教育质量的道路上,提升大学生学习的满意度已经成为深入新时期大学生学习本质、引导大学生成长成才的重要突破口,也是反映中国高等教育吸引力和竞争力的有效窗口。

（一）大学生学习满意度的理论推演与现实推进

充分解析并有效提升大学生学习满意度，在新时代的高等教育和高等教育新时代已经进入了新的阶段。以透视大学生学习的理论模型为出发点，结合大学生学习的本质性与时代性，尤其是以我国大学生学习的特色性，不断推动学习理论的更新，以求更好地解决问题，提升大学生的学习满意度。

1.“学生参与”视角下学习满意度的概念更新与理论模型的修订

立足高等教育人才培养的基本问题，以学生为中心、学习为本质的学习满意度研究，主要以“学生参与理论”为视角来聚焦大学生学习和发展，抓住学生成功、培养优秀人才的主要矛盾，提供以学生为主体的认识大学生学习的方式，也为深度挖掘大学生学习满意度提供了方法论基础。该理论指出“学生的学习可以理解成为参与和融入的过程，学习环境在很大程度上对学生学习产生了影响”①。因此，融合了心理分析和经典学习理论的核心构架，无论是对大学生发展的理论研究，还是对大学管理者进行的实践改革，该理论已然成为其重要的分析框架。

学生参与理论充分表征了大学生在学习过程中的主体地位，使大学生以参与者的身份进入学习过程和研究视域，实现以学生为中心的质量评价。②学生参与学习过程包括身心参与的数量和质量，因而学生对于自身的参与能够形成体验，进而形成满意度的心理感受，基于学生参与而得的大学生学习满意度有了可测量的支持，是构建数据模型或者使用逻辑模型进行评估的基础理论。③ 因而在学生参与理论的视野下，大学生学习满意度的切入点在于“学生参与和体验学习过程的质量”，并使用实证研究的方法与技术来调查和研究大学生学习满意度，从而提升学习满意度模型构建及修订设计过程中的理论深度，为实践改革中学习满意度的提升做好充分的理论准备。④

2.新时代高等教育发展模式下大学生学习满意度的议题指向

新时代高等教育强调内涵式发展，肯定了大学生在高等教育质量体系中的主体地位和积极作用，注重对育人的制度保障，着力优化人才培养的规模和结构、推进高层次人才供给改革，以培养一流人才作为教学体系、科研体制、人事制度、管理体制等各项改革的根本出发点。这就意味着在政策供给方面已

① Astin A W. Achieving Educational Excellence: A Critical Assessment of Priorities and Practices in Higher Education[M]. New York: Josse Bass Higher and Adult Education, 1985:133-134,147-150.

② 杨帆，李朝阳，许庆豫.高校学生社团的学生评价与影响因素[J].教育研究，2015(12):43-51.

③ 鲍威.未完成的转型:高等教育影响力与学生发展[M].北京:教育科学出版社，2014.

④ 文静.大学生学习满意度的模型修订与动向监测[J].教育研究，2018,39(5):50-58,75.

有了明确的方向，结合新时期大学生学习的本质，把握大学生学习经历的内核，才能完成提升大学生学习满意度良好的制度设计。

找准大学生学习满意度的特征值，引导学习过程的“转型升级”。关于学生发展的研究已经表明，我国大学生已经呈现出学习动机个体化、学习方式多样化的趋势，在投入方面可分为“全力投入型”“投入均衡型”“同伴依赖型”“教师依赖型”“通过考试型”“学习抵触型”六大类别。[①] 因此，学习满意度的研究必须关注到大学生学习的本质，从中提炼出特征值，才能抓住主要矛盾，引导学生在“互联网＋”的时代背景下更好地体验高等教育。

落实提升学习满意度的制度保障，推动大学生成长成才制度设计的有效性。满意度往往和忠诚度相关，目前呈现出制度建设不够到位、不够完善导致满意度不充分的情况，反映出对于大学生学习过程真问题、真需求的保障还能有进一步提升的空间。为此，以学生参与为理论视角，结合重要议题指向，通过大学生的自我报告，抓住学习满意度的结构与学习过程，来研究提升大学生学习满意度的路径，并探讨如何优化以追求卓越，是真正致力于完善大学生成长成才制度的设计，并注重其针对性和有效性(图 3-1)。

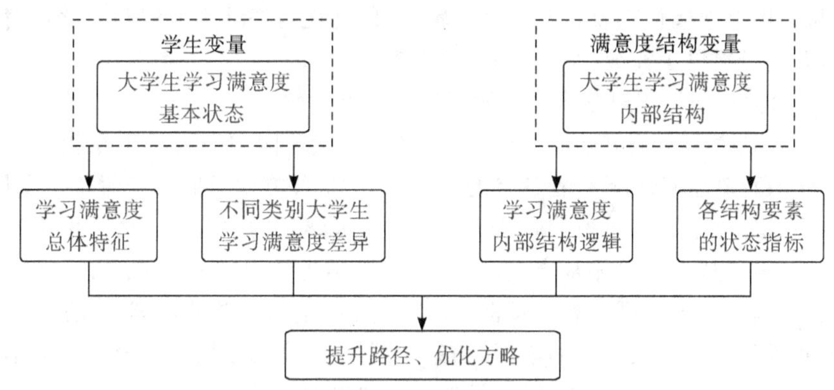

图 3-1　学生参与视角下大学生学习满意度的研究逻辑

(二)基于学习本质而追求卓越的满意度提升及研究设计

由前述分析可知，学生参与理论认为学习满意度实质上是对学生学习参与活动及其体验的探究，基于学习本质而深研，并推动学习质量不断追求卓越。

1.充分解析要素以把握学习满意度的结构逻辑

对我国大学生学习满意度结构的研究以大规模问卷调查和数据分析为铺

① 杨院，李艳娜，丁楠.大学生学习投入类型及其与学习收获关系的实证研究[J].高教探索，2017(3):74-77.

垫，目标在于剥离出满意度的各个组成要素，揭示出各个要素的重要性程度以构成重要性指标，在此基础上分析出各要素的贡献力，以此而构建出满意度结构的模型。因而，研究满意度结构最现实的意义就在于构建出满意度结构模型，从而对我国大学生学习满意度状况形成普适性的解释，站在准确把握大学生学习满意度内涵的高度，发现和运用大学生学习满意度的内部规律，促进质量提升与教学改革。

植根大学生学习的过程和本质，从“教师引导、学生主体和环境影响”的关系来梳理大学生学习的满意度。这是高等教育教学过程的基本因素，这三者之间也形成了一个三角循环的逻辑关系，它们之间相互作用、相互影响、相互制约，成为贯穿高等教育始终的经典教学三要素理论。① 以学生主体为观测点，在大学教学三要素的相互作用中可以发现，学生不仅接收到来自教师、环境的作用与影响，同时还受到学生群体内部的影响，会分别对教师教学、周边环境和学生群体产生满意与否、满意多少、重要性如何的心理状态，以学生的视角对大学期间的教师影响、环境影响和群体影响做出评判。将学习满意度与大学教学、学习过程相整合，梳理而成我国大学生的学习满意度的树状结构，从结构上把握住其要素及内生逻辑，为以优化内部结构为核心的学习满意度提升路径提供了充分的理论和事实准备。②

2.深度梳理过程以整合学习满意度的动态逻辑

高等教育是一项复杂的社会活动，身处大学校园内的大学生在相差无几的大学教育教学环境下有着各自的体验，并且从各方面汲取精华而获得成长，因此不可能也不可以单一的是非判断来定夺大学生的学习满意度。由于涉及面众多，需要从一个总体基准点出发，深入大学生学习的基本要素，反映不同层面的问题，在理论逻辑和分析框架的指引下统合成指标集群，通过在校学生的自我评价来表征大学生的学习状态。学习满意度属于既能充分呈现大学生对于学习的评价，又极具直观性，是能够反映出大学学习满意状态度量水平的指标集群。

在大学生学习过程的研究领域，比较具有代表性的是现象描述学（phenomenography）的研究结果，认为人类认识客观世界的方式可以分为两种，一种是直接性的认识和观察，另一种是通过别人对现象的描述和经历来认识世界。多数情况下，学习属于第二种认识世界的方式，需要在描述和体验的基础上获得认知。而后在 20 世纪 80 年代，澳大利亚学者 Biggs 在对学生学习过程深入研究的基础上，认为学生的最终学习结果（Product）是前置因素（Pres-

---

① 潘懋元.新编高等教育学[M].北京：北京师范大学出版社，2009：236-244.

② 文静.大学生学习满意度实证研究[M].北京：教育科学出版社，2015：149-152.

age)和过程因素(Process)共同作用的结果,也就是著名的“学习的3P理论”。[①] 其中,前置因素(Presage)包括学生的个体因素(人口统计学特征背景、教育背景)和课堂教学情景(学科背景、教师教学方式、学业评价方式等);过程因素(Process)主要涵盖学生的学习方式(包括深层学习方式和浅层学习方式),并由学习动机和学习策略两部分组成;学习结果(Product)指学生的学习成绩、知识和技能的获得、在价值观等方面的转变以及学习满意度等等。在Biggs的理论中,他认为学生的个体因素和课程教学情景影响着学生在学习过程中的学习方式,而学生的学习方式影响着学习结果,也就意味着个体因素和课堂学习环境因素通过学习方式而发挥作用,形成最终的学习结果。当然,学习满意度就属于主观评价意义上的学习结果。

立足大学生自主学习的学习过程而形成的学习满意度,采用学生参与理论对学习满意度进行了刻画和研究,在此基于学习的3P模型将学习过程与学习结果相结合,同时在学习结果的部分,根据该模型将学习结果细分为学习满意度和学习收获,分别代表了学习的主观性结果和客观性结果。[②] 着眼如何提升学习满意度的研究主题,在提炼过程性的路径上必须将主客观的学习结果结合起来。由此而推,如果将学习满意度视作一个整体放置于大学生学习的全过程,学习观、学习方式和课堂环境从过程上影响了学习满意度,学习满意度与学习收获之间则相互关联、相互影响,具体如图3-2所示。因此,从学习观、学习方式、课堂环境如何塑造学习满意度方面入手,通过学习满意度和学习收获之间的关联性来研究提升学习满意度的过程式路径。

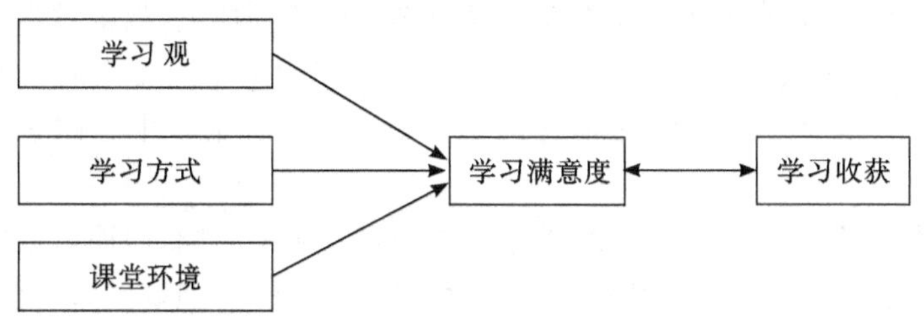

图3-2　学习满意度的过程和影响解析

① 杨院.我国大学生学习方式研究:基于学习观与课堂学习环境的探讨[D].厦门:厦门大学,2012.

② Biggs J B. Study Process Questionnaire Manual[M]. Melbourne: Australian Council for Educational Research, 1987(12):90-110.

二、提升大学生学习满意度的双重路径

作为大学生学习情况调查和研究中的重要板块，在 NCSS 的调查研究平台中，针对大学生在学习中的满意度体验和重要性认识的结构化量表，涉及专业学习、教师授课、自我学习情况和对学校的总体满意度，从大学生学习体验的角度设计指标，展开年度性的调查和分析。[①] 根据连续八年的调查研究可知，大学生学习满意度既有自身的内部结构，各个构成要素对总体学习满意度有着不同的贡献力度，形成静态逻辑；同时，学习满意度作为期望、投入和结果的综合比对指标，与大学生的学习过程紧密相关，整合出学习满意度的动态逻辑。因此，提升大学生的学习满意度，必须遵循学习满意度的解构、学习过程与满意度建构两条路线，动静结合，抓住大学教学与人才培养的基本关系，遵从上位规律，分别从内部结构与外部关联两个角度来解析的路径选择。

(一)精准发力:结构式路径的生成及基本原则

从结构上剖析大学生的学习满意度，主要是源于其内部机制。在分析梳理大学生学习满意度结构的基础上，以树状结构为基准，结合调查工具的因子结构和各类型特征变量，对大学生学习满意度的各个要素进行了不同维度的分析，在差异性的基础上来讨论相关性，通过相关分析进而建立回归模型，呈现学习满意度的内部结构及组成，并分析各要素对总体学习满意度的贡献力，以数据为蓝本梳理出结构式路径。

根据 NCSS 平台调查数据的分析结果，从构建的大学生学习满意度解释型回归模型可知，目前大学生在总体学习满意度的构成上，教师教学和学生群体是最具解释力的两个因子，分别从教师要素和学生个人要素的角度支撑了大学生的总体学习满意度，因而这两个要素成为解释大学生总体学习满意度的重点。

人的因素产生影响的力度，大于物的因素产生的影响，因而以结构为框架的提升路径需要以其重要性和贡献力度为逻辑展开，以强调发力的精准性，并注意把握其中的原则。

首先，把握教学的重点项目，但需要多元化、多样化的教学设计。教师应围绕教学方法、教学内容、对学生学习的评价标准、教学准备、课外交流与沟通、学习情况的反馈、本专业的课程设置，明确并深研教学的重点项目，以学生学习方式的更新为突破口，打破传统教学形式，不局限于课本、不拘泥于教材。与此同时针对教学设计应根据不同学科、专业、领域之所需，开展多种形式的

---

① 史秋衡，郭建鹏.我国大学生学情状态与影响机制的实证研究[J].教育研究，2012(2)：109-121.

教学，通过多种教学行为的组合，来实现大学的人才培养，更多注重过程的多元化，形式的多样化，以优化学生参与学习过程中的体验，从而提升大学生的学习满意度。

其次，抓住大学生的心理状态，提升人际关系互动性和熏陶性。大学生作为一种特殊的社会群体，由于其生活环境、社会认知等方面的不同，会呈现出大学生群体特有的心理状态，例如强烈的独立意识和批判精神、强烈的情感和交友需要、强烈的求知欲、强烈的参与意识等等。因此应围绕大学生特有的心理特征，提升大学生与室友、其他同学、任课教师、辅导员、专业指导老师、学校职能部门工作人员的关系中的互动性。与此同时，以学术性、专业性、技术性构建人才培养的学习氛围，强调沟通与协作，强化各类人才学习和培养的过程。

再次，坚持对大学各方面环境的塑造，并注重分层分类与因材施教。人才培养不等同于教学，教学不仅限于课堂，而更应该在学习环境中充分发挥各项资源的价值，多方位培养多层次多类型的一流人才，不断提高人才培养质量，是全面提升高等教育质量的落脚点。除教师教学和学生群体两个最具解释力的因子构成大学生的总体学习满意度外，学习环境也是构成大学生总体学习满意度的重要因子。学习环境包括学校的图书资源、图书馆的学习环境、住宿条件、自习室的数量、实验室设备、体育设施等物质环境；奖助学金制度、选课制度、毕业要求等学校制度；新生入学指导、就业指导、心理咨询中心的服务、校园活动等学校服务等等。以上共同构成大学校园的学习环境，不同的大学生对于各方面环境的需求不同，因此应针对不同类型、不同学习风格的大学生尽可能提供支持，满足其大学生活学习的需求，提升大学生成长过程的多样化，成就殊途同归。

（二）全程推进：过程式路径的要素与重点

从大学生的学习全过程出发是提升学习满意度过程式路径的核心，其推进过程中考虑到了学习过程的基本要素，在这些学习要素与大学生学习满意度进行相关性研究的基础上，应用多元回归分析，构建学习要素与总体学习满意度的关系表达式，以从过程的角度探寻提升学习满意度的路径。经过 NCSS 的调查研究，从学习状态、同伴关系和负面感知三方面构建了我国大学生满意度影响因素的模型，从 2011 年至 2017 年八年的调查数据显示，与专业指导教师关系的满意度、教师的教学准备与教学内容、教师的教学方法进入了满意度和重要性指标的前三位。[①] 足以说明在大学生的学习过程中，把握住因

① 史秋衡，王芳.国家大学生学习质量提升路径研究[M].厦门：厦门大学出版社，2018：307，367-369.

教学关系产生的影响能够给予学生更好的学习体验,帮助学生树立有效的、适切的学习观,有效提升他们的学习满意度。

1.立足教学关系,加强引导性师生关系的重构

从调查研究中不难看出,我国大学生对课堂、教学等方面的学习体验存在较高的依赖性,并认为良好的课堂教学能够促进他们更好的学习,但也已经不满足只是停留于课堂的教学。为此,课堂体验的加深是提升大学生学习满意度最基本性的工作,但是目光不能停留在教师对知识的传授及讲授方式上,学生更加重视教师对其自主学习的引导和批判性思维的构建,因而采取适度超前的方式,在基本教学关系的基础上,通过搭建多样化的人才培养平台来引导学生学习,激发他们对学习的兴趣,以成就感和获得感来维持长期学习的内驱力,才能建立主动学习、深度学习的良好体验。

2.理清学习思路,帮助学生树立适切的学习观

学习观是观念意识方面的内容,思想指挥着行动。无论是实证调查还是现实舆论均可以看出,大学生的思想意识容易出现不稳定,对现实和未来不太容易把握,并且面临着多种选择,未来会有无限可能。因此,对目前在校大学生的引导,重点可以转向建立适合自我的学习观,使得每个人都能根据自己的实际情况做出选择和判断,并引导大学生为自己的选择负责,提高学习质量或者进行适切的职业规划。

3.紧抓学习质量,助推大学生学习模式的重构

在帮助学生形成适切的学习信念和学习目标之后,更重要的是引导学习模式的重构。传统的、单一的知识性的学习已经不太适合现代大学生了,学习体验的加深需要通过多种学习活动的相互组合来实现个体化学习方式的建立。大学生学习模式是统帅"学生主体"与"高校人才培养平台",是形成大学生学习质量的路径选择,不同的学习模式形成不同的学生学习质量。同样基于对大学生学习过程的关注,构建多样化的学生学习模式需要从学生学习信念与学习目标、高校人才培养平台以及师生交流互动三维角度入手,有助于多样化学生学习质量的形成,从而在大学生群体中重构学习模式。①

第三节　大学生学习满意度提升的推进方略

提升大学生学习满意度是新时代关注大学生学习的关键,其必要性已得到关注和充分论证,在理论梳理的基础上,通过实证研究而形成具体化、针对

① 杨院.学习模式:大学生学习质量形成的路径选择[J].江苏高教,2014(3):80-82.

性的推进方略，从而提升系统性和精深性。已有研究表明，大学生学习满意度的提升对结构优化、学习过程具有路径依赖，因此大学生学习满意度提升路径的推进方略应聚焦于学习满意度内部要素的结构优化，以及学习过程的引导。

在我国高等教育内涵式发展的新时代，提升我国大学生学习满意度，需要落实“理论站位先行，实践改革并进”的整体行动框架，抓住大学教学与人才培养的基本关系、基本矛盾，以结构式路径的精准性、过程式路径的全程性为依托，落实到大学生学习过程各方面具体方针和策略的具体设计上来，在学习体验、学习引导、学习质量上，多层次、分步骤地推进我国大学生学习满意度的提升。

一、强调学习体验，利用学习体验实现学习满意度的提升

学习满意度被界定为是体验与期望之间的差值，其大小决定了学习满意度水平的高低。由于期望是进入大学学习阶段之前所形成，且水平因人而异，那么大学阶段的重点就在于学习体验的优化，根据学习满意度结构式路径，优化各项提升方略，使其符合大学学习规律并更具可操作性。

（一）在多样化教学方式中重塑人才培养目标

大学教学的地位与作用不可动摇，但是在现阶段需要得到重新梳理和塑造。调查分析结果表明，大学生对于目前教学的满意度处于基本过关，但并没有从中得到足够多的满足感；尽管教师教学要素在学习满意度的回归模型中贡献力充足，然而在大学生的访谈中却表明了他们对教学的期待和隐忧。为此，大学教学目标应该注重赋予学生有意识的思维方式、研究和解决问题的方法论及方法，以及保持学习和思考的习惯这三方面；教学的重点在于引领学生进入其所感兴趣的专业领域，享受学习、探索的乐趣和成就感，突破课堂教学的园囿，根据不同学科、专业、领域之所需，开展多种形式的教学，并组合多种教学行为。

（二）推动良性人际关系形成，倡导互动学习

研究发现，学生对于群体中人际关系的满意度、重要性出现双高。群体中的人际关系也成为学习体验的一项重要内容，是提升学习满意度的新的增长点。

首先，在制度与教育意义中建立新型师生关系，加强师生互动。从学生的视角，他们渴望和教师互动，加强和专业教师的联系，进行深层次的师生对话，例如可推行教师的办公时间制度，以个人约定制的交谈来促进学生与老师之间有更多的沟通交流机会，增加个人化引导。从教师的视角，与学生开展深度互动，有利于他们掌握学生的思潮，充分贯彻引导学生成长成才的思想内核，是新时代对“因材施教”“教学相长”的升华。

其次，为学生提供更多的生生交流机会和场所，营造同伴互动的氛围。教

师以师者、尊者身份的影响力在某些方面是有限的，然而学生同伴之间、上下之间的效应潜力无限。在协同共促大学生成长的机制中加大对朋辈效应的运用，通过项目参与、团队作业、合作讨论等方式加强学生群体的交流；校方为学生提供更多的场所，发挥学生同伴之间、上下之间互动互促的无限潜力，加速思想火花的碰撞，提升学习参与性。

（三）严格而多样的学习环境，并能提供支持性保障

大学生的学习环境可以细分为硬环境和软环境两个部分。硬环境主要包括学校提供一切可以为学习所利用的场所、设备以及相关条件。目前我国各级各类高校在基础建设、图书馆建设、电子资源建设方面已经取得了长足的进步，未来努力的目标则是进一步的完善，提供更好的服务设施，形成更佳的学习支持。

软环境则主要指与学习相关的各方面政策及制度安排。尽管学生期望宽松的制度环境、更多的自由度，然而立足学校管理和人才培养质量，则需要注意制度环境的刚性与柔性，给予学生更加严格、但并不单一的制度环境来优化管理，使学生更加专注于学习本身，但同时也有相应的配套措施与此对接，形成良性、可操作的制度安排。

二、加强全面引导，完善大学生的学习过程

从教学过程的变革引导学习过程的转变，须注意对新时代大学生学习特征的提炼、对学习思维的扬弃，全面整合学习过程中与满意度相关的关键要素，以适当的教学设计和制度安排落实在提升学习满意度的过程式路径上。

（一）教学为基：多样化的教学设计及引导

研究大学生学习满意度的过程发现，“教”与“学”之间的相关性在此表现出了张力，教学引导是大学生学习满意度的重要结构要素，同时课堂环境对学习满意度产生了有力的影响，这些都是人才培养过程中不可或缺的部分。

首先，课堂内的教学设计的针对性与多样性。在现代大学治理理念的传承下，我国目前的大学人才培养对于课堂教学重视程度较高，国家层面、省部级层面、院校层面对于本科生教育质量都非常重视，制定了相关政策、措施，严把质量关。在全面提升质量的思想统领下，强化教师对教学的权力和引导力，教师在规定的底线上，根据其专业特殊性、课程教学的针对性进行教学设计，通过多样化的教学方式、教学项目、教学活动的具体组合，完成课程与教学，并且由任课教师严格把握学生学习的过程与结果，以学习过程的质量来建构学习结果的质量。

课堂外的氛围熏陶的引导性与实时性。课堂教学的地位和作用，无论从理论研究、现状分析，还是从本课题的调查来看都是举足轻重的。然而当代大

学生在调查中却表现出了一个新的趋势，就是对课堂外人才培养、沟通交流的期望，这是全过程育人值得重视的关节点。从学校提供的条件设备来看，图书馆及相关资源的建设，在大学生学习过程中的意义非常突出。但同时如果能够在课外活动、学校文化建设方面给予学生更多的引导，能从多个角度接触到教师而进行沟通交流，这将是非课本性的、实时性的、具有创造力的、宽泛型的人才培养活动，而不是把人才培养局限于课堂之内。

（二）成长为路：学业生涯与职业生涯的引导

对于学习过程的改善与完善，教师能够从课堂内外的教学活动、学术活动、沟通交流等方面进行指导，从专业知识技能、思维方式等方面加强引导。受课堂教学的时间和空间所限，大学生在学习方面的所有问题和情景无法通过课堂教学全部解决。提倡建立大学生学习与成长的服务支持机制，发挥制度安排的优势，将“传道、授业、解惑”的职业行为与制度联系起来。除此之外，大学生还在学业生涯和职业生涯方面有所诉求，期望能够有相关的形式、组织、机构、活动能够承担这样的使命或者任务。

首先，完善辅导员制度与学生工作。对于我国的大学生和高校管理制度来说，辅导员及其工作是极具特色的，关系着我国大学生的思想建设。当然，考虑到时代背景，辅导员需要实时掌握大学生的思想动向，给予学生正能量，激发他们树立正确的、适宜的学习观，并且了解不同群体大学生的特征，同时能够有针对性地进行关注和辅导。尤其是在 NCSS 的调查研究中提到的大二、大三年级学生，其学习满意度一直在下降，亟须辅导员以及学生工作者对此进行帮扶。

其次，建立学业生涯服务机制。如前所述，受课堂教学的时间和空间所限，大学生在学习方面的所有问题和情景无法通过课堂教学全部解决。通过调查分析与研究，本课题呼吁在全国范围的高校内建立起一种基于学生成长的学习服务机制，并以学生学习服务的实体机构来执行，以拥有丰富经验和心理学、教育学学科背景的“个人顾问”教师为团队，给予学生在学业上、职业生涯上顾问式、服务式的指导。这种机制及机构，能够使学业指导成为一种常态化的形式，学生学习过程中遇到的任何情况都可以预约咨询，及时解决学生的困惑，帮助缓解大学生的各种迷茫。

再次，学生团队与学术团队的互动。在我国大学里，学生组织、社团形式多样、主题丰富，并且参加学生社团活动的大学生对于学习的各方面满意度会显著提升。因此，鼓励学生参与丰富多样的学生组织，鼓励建立学生的学术团队，在培养学生团队协作能力、解决问题能力的同时，加深对学习过程的理解和认识，能够很大程度上促进学习满意度的提升。

（三）成才为靶，引导学生建构适切性的学习方式

基于学生学习过程而提升学习满意度，还要建立在学习模式的优化上，在适应主流价值观的范围内，给予学生指导以帮助他们建立起适合其个体的学习模式，从而帮助其学习过程的完善，提升其学习收获和满意度。

首先，协同引导大学生的学习观从模糊到明确。在大学生群体中，"迷茫"能够代表为数不少人的状态，他们并不清楚大学学习的目标、内容，甚至学习的方式方法，而且并不是所有人都能够找到合适的引导来帮助建立和完善学习的自主性。从高中阶段的浅层学习方式，到大学深层学习方式的转型及建构，还需要从学习观的树立开始。学习观与学习满意度之间的中度相关性和正向回归系数说明了学习观对于学习满意度的塑造及提升具有积极作用，联系并不松散。另外，思想的先导性也说明了帮助大学生树立明确的学习观，建立好持久的学习内驱力，是完善学生学习过程的首要步骤。

其次，协同引导大学生的学习方式从单一到多元。在从浅层记忆知识为主的学习方式向深层应用知识、探索知识为主的学习方式的转型过程中，大学生应该根据自己的学习观念、学习行为、思维模式建立起符合自身条件的学习方式。应该明确的是，并没有固定的某种学习方式，而是在个体化、社会化的过程中，有大学生在指导、体验、成就感的基础上，建构自己独有的学习方式，从而实现学习方式的多元化。

再次，协同引导大学生的学习行为从普适到个适。大学生学习方式的建立，需要通过具体的学习行为来得到加强。这时需要说明的是，在普适价值观之下的具体学习行为，可以是个性化的，有助于学生发散性思维、创新创造力的培养与发挥，从千篇一律的模仿到千人千面的特色，也有助于高校走出"千校一路"的困境，实现千校千路的多样化发展模式，打造中国大学生的学习特色。

三、重视全面卓越，凸显学习满意度表征的学习质量

大学生学习满意度对大学学习质量产生着影响，使得学习过程质量和结果质量形成统一，是整体上研究学习质量的关口。大学生学习满意度对于学习质量的影响具有内在持久性，综合运用学习满意度的双重路径，有效着力于大学生学习质量，力求实现全面卓越的整体目标。

（一）以大学生学习满意度的结构特征为观测点监控学习质量

解构大学生学习满意度的内部结构，其目的是深入剖析学习满意度的内在组成，并建构学习满意度结构性的回归模型。调查分析的结果表明，大学生学习满意度分别从教师要素、学生要素和学习环境要素落脚，并在其内部形成更加具体、细致的成分。事实上，在教师要素中，以影响和引导形式存在的"传

道、授业、解惑”最具贡献力；在学生主体要素中，以各类人际关系形式存在的人与人之间的沟通和交往，对学习满意度的贡献更是强而有力；在学习环境的影响方面，大学生对于学校提供学习资源的可获取性和便利性很重视，认为舒适、便捷的条件及设施能够提升他们对学习的愉快感，更容易投身其中。这类结果表明，从“输入”阶段进行的改进，特别是人为因素方面的改善，能从速度和效率两方面同时提升满意度水平。

适时关注大学生学习满意度的群体特征，实现对学习结果质量的保障。根据不同的分类标准，把大学生分成不同的群体分别研究，不同类别的大学生对于满意度的判断有所差异，甚至在某些外在因素的影响下，呈现出显著性差异。因此，从群体特征入手，关注学习满意度明显偏低的群体，挖掘其心理变化和学习动态，施以有针对性的鼓励措施，能够使其在学习结果方面有所改善。大二、大三年级学生的学习状况和心理状态，尤其值得关注。当然，高质量的学习结果对提高学习满意度具有积极作用，并使学习质量、学习满意度得到应有的提升。

（二）持续追踪和多方测评大学生的学习满意度

测量与评价学习满意度，应在两种评价方式的融合中实现学习过程质量和结果质量的内在统一，并建立相应的综合测评机制，形成长期追踪的数据库。大学生学习满意度的测量和评价最初是在大学生充分参与、体验高等教育之后作出的评判，多利用终结性评估方式。研究发现，大学生的学习满意度在学习的不同阶段具有不同的体验水平和认识程度，并且学习过程的各个要素能够塑造学习满意度。因此强调和呼吁建立大学生学习满意度的常规性调查与测评机制，目的在于从动态测评和长期关注的角度，不只是静态观测的数据来进行测评，结合过程性评估与终结性评估的方式，实现对大学生学习质量的过程监管和结果提升。

满意度的窗口效应使其将高等教育教学的内部情况与社会得以沟通和交流，那么未来不妨充分利用满意度这项优势，并配合使用“三角矫正法”，从对大学生学习的各类利益相关主体着手，展开满意度调查。目前，教育部评估中心的学生、雇主“双满意度”调查已经放眼学习者和用人单位双边。作为学术研究，还可以尝试从教师、家长等更加广泛的角度来实现调查研究，利用全面质量管理的思路来提升大学生的学习满意度和学习质量。

总体而言，在协同式成长的视野下，学习满意度因为其复杂性、动态性和不可偏离性成为协同循环圈的重要组成，是大学生成长的协同循环中不可或缺的关键一环，因此为更有效地实现大学生协同成长循环圈的良性循环，必须稳固学习满意度在协同循环圈内的角色和地位。大学生学习满意度能从学生的角度反映出高等教育质量的感知情况，是教育部门、决策部门在整体规划、

决策或者利用经济杠杆进行调节的基础数据。全面提高高等教育质量是我国高等教育中长期发展的终极目标，需从学生对高等教育的学习满意度着手，抓住结构和过程两条基本规律及所形成的路径，找准提高大学生学习质量的关键环节加以具体推进，从整体上提升大学生学习的满意度，推动中国特色高等教育体系的建设。

第四章

就业能力:协同式结果下的社会化成长

“科教兴国,人才强国”。高等教育早已成为全球竞争力的重要组成元素,人才作为高等教育事业最主要“产品”的重要性不言而喻,人才的就业能力则反映着这个最主要“产品”的出厂参数。微观上关系到实现个人的全面发展,中观上关系到大学生群体的全面进步,宏观上则关系到国家未来的人才储备,成为影响国家发展战略的关键因素之一。为此,以大学生学习为主线,以耦合协同观来检视高校大学生就业能力培养,着力统筹城乡差异中大学生就业能力的提升,是促进大学生社会化成长的有效手段,也是衡量高校人才培养质量的关键指标。

第一节 就业能力培养在大学生协同成长中的地位与作用

大学生的就业能力(employability),是社会问题,也是教育问题,极具现实性、参考性和战略性。大学生就业,一方面关系到高等教育与社会的接轨,是对高等教育“产出”的检验;另一方面关乎民生,是产业转型升级换代、学习型社会建设的重要突破口。从大学生成长的协同性来看,就业能力即是其成长的要素,也是成长的结果,具备检验教育目标是否实现的功能,也具备协同促进大学生获得深度成长的属性,对提升高校人才培养的整体质量至关重要。

一、就业能力在高校人才培养中的地位

十九大报告指出,“我国社会主要矛盾已经转化为人民日益增长的美好生活需要和不平衡不充分的发展之间的矛盾”。报告还强调,“就业是最大的民生,要坚持就业优先战略和积极就业政策,实现更高质量和更充分就业”。以大学生为代表的青年就业问题是党和政府重点关注的焦点之一,关系到青年大学生的发展和幸福,是社会各界评价高校人才培养质量的标杆。

(一)大学生成长与就业的准备

接受高等教育时期,是培养和提升大学生综合素质的关键期,就业能力作为综合素质的重要构成,成为大学生在大学阶段提升和培养的重点能力,而这一能力与大学人才培养模式有着密切的相关性。可以说,大学生就业能力问题,归根结底是高校人才培养模式的问题和人才培养质量的问题。为此,提升大学生就业能力需要重点关注高校人才培养模式,人才培养过程中要突出能力培养和素质提升,并在人才培养全过程中抓住"学习"这一核心要素,将就业能力与学习过程有效关联。

(二)就业压力与矛盾的缓冲剂

近年来,随着我国高校招生人数的不断扩张以及GDP增长速度进入相对缓慢的特殊时期,就业问题是当下学者们关注的热点。大学生就业难题的复杂性需要全社会共同努力,通过推动大学人才培养模式改革来缓解就业难的问题。根据社会发展与人才成长的需求,高校需要与时俱进地对人才培养模式做出相应调整,有针对性地提高大学生的就业能力,通过培养大学生就业能力来打通大学教育与就业之间的瓶颈。而大学生由于自身生源地的不同导致进入高校的先赋性条件存在差异,基于这种差异下的城乡大学生就业能力又会表现出哪些具体特征?又有哪些关键因素对不同生源地的大学生就业能力起到了重要的影响作用?这都是研究大学生成长需要重点关注的研究问题,也是解锁我国大学生就业能力的重要一环。

(三)倒逼高校人才培养改革的抓手

立足大学生学习与能力培养的基本状态,通过其自我报告,分析我国大学生就业能力的现状,能够为高校人才培养以及大学生就业提供有益借鉴。

首先,展现当今时期我国大学生就业能力的真实情况。利用实证研究的优势,通过科学抽样调查我国高校大学生的整体就业能力情况,并着重突出就业能力的城乡差异,为提升高校大学生就业质量提供可靠的参考依据。

其次,为高校人才培养模式改革提供思路。就业能力是高校人才培养的一个结果性观测指标,通过探究大学生就业能力这一结果性指标,进而反思我国高校人才培养过程,有利于为高校人才培养模式改革提供新方法、新思路。

最后,帮助大学生更好地成长与完成高质量就业。通过不同因素对城乡大学生的影响研究,剖析城乡差异下的大学生就业能力情况,帮助就业能力较弱的大学生清楚自身弱势,以便于更好地提高其就业能力,为将来就业做好充足的准备。

二、新常态经济范式转换下就业能力培养与提升的政策指引

随着我国经济进入新常态,大学生就业这个高等教育与社会经济紧密接

轨的话题也随即进入了新的轨道。新常态经济是经济学范式的转换，是经济发展模式的转轨，也是经济增长方式的转变，对劳动力市场提出了新的要求，对人才也寄予了新的期望。人才价值的发展得到进一步的重视，也就意味着高校人才培养亟须落实对大学生就业能力的培养，以此提升人才的竞争力、适应力和可持续发展能力。

（一）新常态经济为大学生就业能力提供了新的平台

社会经济的发展状态，往往给大学生的就业问题提供了相应的社会环境。2014 年 12 月 5 日，中央政治局会议上首提"新常态"，意味着我国经济正在向形态更高级、分工更复杂、结构更合理的阶段演化，经济发展进入新常态，正从高速增长转向中高速增长，经济发展方式正从规模速度型粗放增长转向质量效率型集约增长，经济结构正从增量扩能为主转向调整存量、做优增量并存的深度调整，经济发展动力正从传统增长点转向新的增长点。认识、适应、引领新常态，是当前和今后一个时期我国经济发展的大逻辑，也是研究我国大学生就业问题面临的一个新的局面。

"新常态"经济的提出，其目的在于有效规避"中等收入陷阱"这样的增长停滞不前的现象，那么也就要求 GDP 增长方式向再生型增长方式转变，新常态经济的重点在于调结构、稳增长，其核心关注到了"价值"，意味着经济发展是价值的发展、生产力的发展、再生生产力的发展、中国人民创新能力的发展。因此，新常态经济对于大学毕业生所形成的劳动力供给市场有着新的要求，也提供了更高更宽广的发展平台，即能够拥有足够的高素质和继续学习的能力来应对价值增长，从而有持续、足够、实时更新的生产力，立足于知识密集型的社会生产方式。

（二）《中共中央关于全面深化改革若干重大问题的决定》对大学生就业创业的肯定与支持

新常态的经济发展模式，对于大学生的就业能力培养既是机遇也是挑战。然而早在 2013 年十八届三中全会出台《中共中央关于全面深化改革若干重大问题的决定》中，在"推进社会事业改革创新"的部分，提出深化教育领域综合改革，要求"创新高校人才培养机制，促进高校办出特色争创一流"；提出"健全促进就业创业体制机制"，要求"促进以高校毕业生为重点的青年就业和农村转移劳动力、城镇困难人员、退役军人就业。结合产业升级开发更多适合高校毕业生的就业岗位。政府购买基层公共管理和社会服务岗位更多用于吸纳高校毕业生就业。健全鼓励高校毕业生到基层工作的服务保障机制……实行激励高校毕业生自主创业政策，整合发展国家和省级高校毕业生就业创业基金。实施离校未就业高校毕业生就业促进计划，把未就业的纳入就业见习、技能培训等就业准备活动之中，对有特殊困难的实行全程就业服务。"由此可见，针对

就业市场而进行人才培养机制的改革、完善与创新，是非常有必要，并且可行的。这就意味着，大学生就业能力的培养与提升，既是完善人才培养机制的重点攻坚项目，也是健全促进就业创业体制的必要组成部分。

在2014年9月的夏季达沃斯论坛上，李克强总理发出了"大众创业、万众创新"的号召，并且在2015年的政府工作报告里表述为"推动大众创业、万众创新，既可以扩大就业、增加居民收入，又有利于促进社会纵向流动和公平正义"。同年4月，李克强总理在福建考察时，"点赞"了厦门大学学生进行的创业项目，表达对创业行为的鼓励和赞赏。由此可见，大学生的就业创业能力培养理应进入高等教育的人才培养过程，并能够使其得到提升，成为终身学习与发展必备之能力。

(三)《国家中长期教育改革和发展规划纲要(2010—2020年)》高度关注大学生就业

作为我国教育事业10年来的顶层设计，《国家中长期教育改革和发展规划纲要(2010—2020年)》中，已经清醒地认识到"学生适应社会和就业创业能力不强，创新型、实用型、复合型人才紧缺"这个问题，分别在职业教育、高等教育中对此进行了论述，并列入重大项目的实施和组织中。其中，面对职业教育在推动经济发展、促进就业、改善民生、解决"三农"问题中扮演的重要角色，《纲要》强调"职业教育要面向人人、面向社会，着力培养学生的职业道德、职业技能和就业创业能力"，因而高等职业教育肩负着这样的任务和使命，并且必须"把提高质量作为重点"，做到"以服务为宗旨，以就业为导向，推进教育教学改革"，进一步提升职业教育的吸引力。因此这为高等职业教育的学生就业能力培养与提升指明了方向。

落实到高等教育领域，《纲要》则强调"加强就业创业教育和就业指导服务"，"创立高校与科研院所、行业、企业联合培养人才的新机制"，以改革和完善人才培养与评价制度，才可以"着力培养信念执着、品德优良、知识丰富、本领过硬的高素质专门人才和拔尖创新人才"，提高人才培养质量，一来缓解大学生就业市场的"结构性失业"问题，二来切实提高高等教育的人才产出，提升创新创业型人才的水平和质量。当然，这其中少不了教育信息化项目建设的支持，即"基本建成较完备的国家级和省级教育基础信息库以及教育质量、学生流动、资源配置和毕业生就业状况等监测分析系统"，从而全面监测大学毕业生就业。

(四)《全面提高高等教育质量的若干意见》对大学生的就业质量的强调与落实

《国家中长期教育改革和发展规划纲要(2010—2020年)》对高等教育提出了"全面提高质量"的总要求，2012年《全面提高高等教育质量的若干意见》

（高教三十条）的出台，则针对高等教育领域如何实现质量的全面提升制定了详细的条款。就业质量，也是高等教育质量的有机组成。《意见》中在“优化学科专业和人才培养结构”中指出“建立高校毕业生就业和重点产业人才供需年度报告制度，健全专业预警、退出机制。连续两年就业率较低的专业，除个别特殊专业外，应调减招生计划直至停招。加大应用型、复合型、技能型人才培养力度”；在“加强创新创业教育和就业指导服务”中强调，“把创新创业教育贯穿人才培养全过程”。基于此，高校应该落实“制订高校创新创业教育教学基本要求，开发创新创业类课程，纳入学分管理……支持学生开展创新创业训练，完善国家、地方、高校三级项目资助体系；依托高新技术产业开发区、工业园区和大学科技园等，重点建设一批高校学生科技创业实习基地；普遍建立地方和高校创新创业教育指导中心和孵化基地；加强就业指导服务，加快就业指导服务机构建设，完善职业发展和就业指导课程体系；建立健全高校毕业生就业信息服务平台，加强困难群体毕业生就业援助与帮扶”，由理念、教学、服务、平台等方面予以落实，从而关注就业率的提升，更重要的是就业质量的提高。

三、大学生就业能力研究的协同性

我国幅员辽阔的疆土上分布着各类型的高等院校，在概括性、普适性的研究基础上，不少学者有针对性地进行了大学生就业能力相关方面的研究。经过整理分类可以发现，这类带有区域色彩的研究成果，有从理论模型推演至某一具体领域的研究，有集中于地域、学科专业的研究，还有将市场发展动向与人才培养相结合而进行的就业能力相关研究。总的说来，这类研究往往从某种现实基础出发，充分把握了大学生就业能力的特殊性，同时也提升了研究的精细度，把就业能力能够放在可推广、可协同的位置上。

（一）理论模型与区域研究的结合

对大学生的就业能力进行研究，理论模型是必不可少的，更是实证研究的基础。在已有的研究成果中，相对集中在就业能力的 USEM 模型和 Career-EDGE 模型，分别从就业能力的内生培养和就业能力的职业成长两个角度切入。

1.基于就业能力内生培养的 USEM 模型

在具有普适意义的文献综述中，已经提到过基于 USEM 模型的大学生就业能力研究，已经指出对该模型的引入和使用。然而在这里，研究更具有具体指向，更强调理论与实践操作的结合。USEM 模型为高校开展以提高大学生就业创业能力为目的的教育教学改革提供了理论基础，并为大学生就业能力培养提供了实施策略基础。研究指出，全面开发大学生的就业能力，主要的途径一是将就业能力隐含在一般的课程教育中的“整合嵌入式”开发，另一种是将就业能力培养独立于课程教育之外的"贴附式"开发。[①] 因此，有学者对已经毕业的往届生设计问卷进行了 USEM 方面的调查，Logistic 回归分析结果表明大学的学科专业建设要考虑社会需求，必须面对市场经济环境来调整办学理念和学科结构，积极开展大学生的社会实践，从而提高大学生自身社会适应能力和学习能力，才能做好大学生就业能力的培养和开发这项系统工程。[②] 具体到高职高专，该类院校学生的就业能力具备职业定向性较强、自我认知偏差较大、就业期望值较高这样几个特征，需要从岗位技能、心理品质、可迁移技能、职业素养这四个方面来落实就业能力的培养。[③] 而对民办院校本科生来说，三所学校的调查研究表明在就业能力四个因素中的不同特征，总体说来不容乐观，因而需要从学校专业设置、学生专业训练、校企就业引导和尊重个体特征四个方面着手提升。[④]

2.基于就业能力职业成长的 CareerEDGE 模型

在另一项使用量较大的 CareerEDGE 模型研究中，同样也针对高职学生进行了就业能力结构上的分析，具有应用性和高层次性、一般技能薄弱、就业质量不高的特征，认为高职学生应该从专业技能、通用技能、职业素养、个人属性这四个方面加强就业能力的培养与提升。[⑤] 而对于理工类的大学生，组织及顶层设计能力、专业知识和整合判别能力三个因素最为重要，因此要从组织文化建设、就业指导平台、产学研结合、激发职场热情和自主创业等方面进行基于职业成长的就业能力提升。[⑥]

（二）基于不同专业的研究

在我国高等教育发展与演化的历史进程中，形成了以专业或者学科的发展基调，尽管现阶段强调学术型、应用型和职业型的分类管理与发展模式，但专业的印记仍在，使得大学生就业的具体内容和职业生涯发展的具体模式拥有各自行业、专业甚至学科特色。例如，针对高职院校商务英语专业的学生，

① 王莉.基于 USEM 的大学生就业能力开发模型的研究[J].中国成人教育，2011(14)：31-34.

② 肖继军.基于 USEM 模型的大学生就业能力实证研究[J].系统工程，2012(6)：122-126.

③ 路平.基于 USEM 模型的高职高专学生就业力结构探析[J].中国职业技术教育，2013(21)：65-69，77.

④ 开芳.基于 USEM 模型的民办本科生就业力提升措施研究[J].教育与职业，2014(3)：91-93.

⑤ 张秀等.基于 CareerEDGE 模型的高职学生就业能力结构分析[J].教育与职业，2012(2)：112-114.

⑥ 李博等.基于 CareerEDGE 模型的理工类大学生就业能力分析与对策[J].教育与职业，2012(2)：115-117.

分别有学者分析了其就业能力不足和提升，[①]也从教育生态的角度以浙江省高职院校为例对其就业能力进行剖析。[②] 在本科层面，更倾向于案例研究分析，从就业能力的结构模型，来对某高校某专业进行实证研究，使得研究结果更具有针对性，并试图以点及面；[③]也有面对新媒体的冲击，探讨我国高校文科大学生的就业能力提升问题，从而将新媒体的迅速发展和文科大学生的就业问题有效结合，有力把握住了政策和舆论的新动向。[④]

（三）基于不同院校类型的研究

将大学生所在院校按照类型进行分类，学者们针对不同类型院校的大学生的就业能力作出了调查与研究。对地方高校大学生就业能力的分析指出，他们的优势在于具备较高的职业技术能力，就业意愿适中、态度端正，且自我定位合理，但同时综合就业能力偏低、缺乏创新能力、学习能力不足，因而需要将人才培养与区域经济社会发展动态对接，贯穿职业规划教育与创业教育，可能的话根据学生就业意愿实行分层次培养，将职业技能训练与情绪智力培养相结合，从而提高学生综合就业能力。[⑤] 独立学院的大学毕业生情况则有所不同，案例研究的结果表明，案例学校大学毕业生更加重视个人的未来发展，有很多学生具有“先就业再择业”的理念，同时对薪酬尤为关注，建议通过就业工作评估机制、毕业生跟踪调查机制、企业调研走访机制的建立试图改善该校大学生就业能力的培养与提升工作。[⑥]

（四）地区性研究

由于我国经济发展的非均衡性，产业在地区之间的差异造就了行业、职业的差异，就业市场的地区色彩也是比较浓厚的。为此，不同地区对大学生就业能力的关注和研究就显得非常有必要。以北京为例，地处我国首都，是社会政治经济文化的核心区域，大学生就业能力的内涵在北京地区更多地考虑到用

① 郭瑞卿.高职商务英语专业学生就业能力提高的策略研究[J].教育理论与实践，2014(3)：22-24.

② 何雪莲.教育生态视角下高职毕业生就业能力提升对策：以商务英语专业毕业生为例[J].职业技术教育，2015(2)：45-49.

③ 郭雪琪.国际经济与贸易专业本科生就业能力研究：基于西南财经大学国际经济与贸易专业的实证分析[J].商贸人才，2015(1)：186-190.

④ 刘芳.新媒体环境下文科大学生就业能力的提升[J].人民论坛，2014(2)：146-148.

⑤ 郭丽.地方高校基于大学生就业能力的特色人才培养模式探析[J].高教探索，2015(8)：41-44.

⑥ 付铁岩.独立学院毕业生就业能力评价指标体系的构建教育理论研究[J].中国教育学刊，2015(4)：93-95.

人单位对大学生就业能力需求的新变化，重点体现岗位需求和就业质量。[①]而从调查得出的结果显示，高校毕业生对所在学校的就业能力评价都不太高，具体因子上差别较大，同时就业能力的培养对大学生就业满意度有显著正向的影响，各项个人就业能力培养也如此。[②] 此外，已发表的针对河南省高校毕业生的论文指出，面对人口大省，河南省的高校毕业生在专业能力、创新能力和就业心态等方面有待加强，以增强该省大学毕业生在就业市场上的不可替代性。[③] 分析区域性的大学生就业能力研究，目的在于厘清以行政区域为单位的研究结果，更好地为本课题研究福建省大学生就业能力的区域性、特殊性和特征性服务。

（五）市场与就业能力结合的研究

大学生就业研究，是高等教育和市场经济紧密结合下的产物，为此，本课题的开展是很有必要梳理市场经济与大学生就业能力的相关研究。那么在这一主题下，目前的研究集中处理了产业升级[④]、校企合作[⑤]、服务性学习[⑥]以及市场资源配置[⑦]的外部条件下对于大学生就业能力的培养和提升该如何应对，并且提出在大学学习的全过程中实施全程化的就业指导，将就业导向放置于大学生学习的全过程，从而能够更有效地强化大学生的就业能力。[⑧] 这些研究为本课题在新常态经济的社会大背景下探讨福建省大学生的就业能力该如何培养与进一步提升，做出了实践操作上的铺垫，带来一定的启示。

四、协同视野下大学生就业能力研究的设计

立足我国现行的经济制度，城乡二元的经济体制在新时代的建设中呈现出融合发展的新常态。我国大学生生源地归属也影响到了其就业能力的获

---

① 汪昕宇.北京地区大学生就业能力内涵与结构思考[J].社会民生，2014(3):143-145.

② 冯虹等.大学生就业能力开发现状及其对就业满意度的影响：基于北京地区高校的调查[J].北京工业大学学报(社会科学版)，2014(6):71-78.

③ 曾秋菊.中原崛起背景下河南省高校毕业生就业能力略论[J].教育与职业，2015(9):68-70.

④ 朱勤.产业升级与大学生就业能力构成要素实证研究：基于浙江省327家企业的问卷调查[J].中国高教研究，2014(5):81-84,92.

⑤ 陈勉.校企合作模式下学生就业能力的培养[J].中国成人教育，2015(12):86-87.

⑥ 崔娟.论服务性学习视域下大学生的就业能力[J].中国成人教育，2014(22):14-16.

⑦ 周晨.发挥市场的资源配置作用提升高职生就业能力：以宁波市高职院校为例[J].中国职业技术教育，2015(6):88-91.

⑧ 岳德军，等.实施全程化就业指导　提升大学生就业能力[J].中国高等教育，2014(24):45-46.

得，前置教育背景及属性对大学生成长的协同力呈现出差异化影响。为此，要提升协同成长循环圈的协同能量，急需在就业能力的提升上下功夫，那么首先需要理清的即是就业能力的城乡差异，不仅是就业能力矛盾的主要方面，社会舆论也常聚焦于此，通过现状、特征和影响因素，来深入挖掘大学生就业能力的生成机制。再有，在理清现状的基础上，打破城乡差异带来的制约，通过人才培养的再设计、再组合，实现大学生群体的协同式、整体性成长。

（一）就业能力概念拟定与讨论

1.就业能力

在不同历史时期，学者和权威机构从多种视角对就业能力的内涵和要素进行了阐释，这些阐释从不同侧面揭示出就业能力的内涵。

就业能力 1909 年提出，这一概念随着社会经济和劳动力市场的发展，其内涵不断丰富。国内外学者对就业能力定义的主要观点大致可以分为以个人特质为核心、以技能为核心和以综合能力为考量的三大类别。

2.就业能力的城乡差异

我国是典型的具有城乡二元结构特征的国家，由于这种城乡二元结构，随着经济的快速发展，无论国民收入分配，还是资源配置、工农业产品价格等方面，城市和农村都存在着差别。高等教育一直以来都是实现社会阶层流动的一大重要途径，寒门学子通过接受高等教育，得到走向社会的能力，进而改变自身命运，是其实现阶层流动的重要途径。但不可否认的是，农村生源的大学生与城市生源的大学生在城乡条件下的先赋性资本有所不同，城市生源和农村生源的大学生存在着城乡差异。因而本次研究所讨论的城乡差异指的是由高校大学生的生源地不同而造成的就业能力的差异。

（二）基于协同的大学生就业能力研究整体思路

本次研究试图厘清我国大学生就业能力的城乡差异，为提高大学生就业能力展开一些有意义的探究。

基于研究思路，本次研究的内容主要包括以下几方面。

第一，对大学生以及就业能力的内涵进行整合梳理和界定。综述已有的关于大学生就业能力的相关研究，为本次研究提供深入开展的研究基石。

第二，厘清我国城市和农村生源的大学生就业能力真实状态。本次研究主要采用问卷调查法，获取第一手数据，采用统计方法，梳理出我国城市和农村生源大学生就业能力的基本特征，试图厘清不同生源地大学生就业能力的特征以及差异。

第三，探究城市和农村生源大学生就业能力的影响因素，剖析不同的因素对二者就业能力各维度的具体贡献以及二者之间的差异。

第四，通过研究所得的结论倒推至对人才培养过程的审视和再认知，从而提出相关建议以便更有效地促进大学生就业能力的提升。

（三）研究设计

基于认知社会心理学角度提出的就业能力 USEM 模型，能够将个人品质、各种技能和学科知识有机结合起来研究就业能力，有效剖析了就业能力的内部结构。2004 年，英国学者奈特和约克（Knight&Yorke）合作形成了就业能力研究领域最著名并被广泛引用的 USEM 模型。就业能力的 USEM 模型由学科理解力（Subject Understanding）、技能（Skills）、自我效能（Efficacy beliefs）和元认知（Metacognition）四大要素构成。[①]

如前述分析可知，USEM 模型所包含的四个要素是大学生在高校学习期间提升就业能力的重要组成部分，四个要素之间各有侧重、相互交叉影响，形成较为复杂的关系。自我效能可以直接影响就业能力的提升，同时直接作用于学科理解力、元认知和技能，而学科理解力也可以直接关系到就业能力；而元认知和技能对就业能力的提升有着影响；同时，学科理解力、技能和元认知之间也形成了较为松散的相互影响关系。

我国已有学者在 USEM 模型四个结构要素的基础上结合我国大学生就业能力的具体情况进行了深入研究，例如史秋衡、文静以大学生就业能力培养的 USEM 模型，通过国家大学生学习情况调查，从实证的视角深入剖析了大学生就业能力的现状，[②]为之后史秋衡、王芳深入研究大学生就业能力在结构上进行要素调适提供了基础。[③] 肖继军对已经毕业的往届生进行了基于 USEM 模型的大学生就业能力的问卷调查，通过 Logistic 回归分析结果表明大学的学科专业建设要考虑社会需求，做好大学生就业能力的培养和开发系统工程必须面对市场经济环境来调整办学理念和学科结构，并通过积极开展大学生的社会实践提高大学生自身社会适应能力和学习能力。[④] 王莉认为全面开发大学生的就业能力主要有两种途径，一是将就业能力隐含在一般的课程教育中进行“整合嵌入式”开发，二是将就业能力培养独立于课程教育之外进行“贴附式”开发。[⑤]

---

① Yorke M, Knight P T. Employability through the curriculum. Tertiary Education and Management，2002(8)：261-276.

② 史秋衡，文静.中国大学生的就业能力：基于国家大学生学情调查的自我评价分析[J].北京大学教育评论，2012(1)：47-60.

③ 史秋衡，王芳.我国大学生就业能力的结构问题及要素调适[J].教育研究，2018，39(4)：51-61.

④ 肖继军.基于 USEM 模型的大学生就业能力实证研究[J].系统工程，2012(6)：122-126.

⑤ 王莉.基于 USEM 的大学生就业能力开发模型的研究[J].中国成人教育，2011(14)：31-34.

1.理论模型的适用性

在对已有文献和就业能力模型进行深度梳理的基础上可知，就业能力的USEM模型为本次研究的顺利开展提供了理论基础，能够从模型内涵、结构和适用性三方面立足人才培养全过程完成研究设计，推动实证研究的进一步开展。

首先，理论模型立足点的适切性。USEM模型聚焦就业能力的内部要素，涉及人的就业能力的生成与发展的关键要素，并且能够与高等教育人才培养的关键要素相契合。本次研究关注高校人才培养过程中对大学生就业能力的培养，旨在从学校教育施以的教育影响切入，以高校大学生在校期间的就业能力的培养和提升为主，因而该理论模型能够为本次研究提供理论依据。

其次，理论模型内涵及结构的适切性。就业能力的USEM模型从结构的角度对就业能力进行了拆解，并梳理了各个构成要素之间的关系。模型所包含的四个要素正是大学生在校学习期间提升就业能力的重要成分。其中，学科理解力是大学生学习与成长的主要活动，是指通过系统的学习所掌握的学科相关知识和技能；综合技能是指学生将理论用于实践所具备的技能；自我效能是指学生对自己的信念及自我的判断；元认知是指学生对认知活动的自我意识和自我控制。① 因而该模型的内涵及结构要素有利于本次研究设计具体的就业能力各维度指标测量大学生的就业能力。

再者，理论模型对实证研究的深度挖掘的助推及反哺。以就业能力的USEM模型为理论基础研究大学生就业能力，抓住了大学生学习及成长的过程和关键要素，能够从就业能力的端口反馈至高校人才培养的过程，大学生就业能力的高低在一定程度上反映了学生在校期间获得的教育质量的高低，而大学生就业能力培养的根本目的是实现学生的全面发展，学生的全面发展是大学生就业能力培养的旨归。② 因此，本次研究借鉴就业能力的USEM模型，将就业能力进行多维度的拆解，并从城乡差异角度出发，重点关注不同生源地大学生就业能力的差异及特征表现，以不同生源地大学生就业能力的分析结果与现实情况相结合，倒推人才培养的关键与过程。

2.就业能力研究的分析框架及路线

通过对已有研究进行梳理和明确了进一步要研究的内容，确定本次研究的分析框架主要为：首先，确定理论基础，依据大学生就业能力的USEM模型将就业能力分为四个要素；其次，进行研究整体设计，明确研究问题，建立研究假设，进行量表的建立和数据的收集整理；在此基础上以研究目的和研究问题为

① 史秋衡，王芳.我国大学生就业能力的结构问题及要素调适[J].教育研究，2018，39(4)：51-61.

② 王爱萍.大学生就业能力培养机制研究[D].厦门：厦门大学，2011.

指导，拟定具体的量化分析思路，得出研究结论和提出相关建议，如图 4-1 所示。

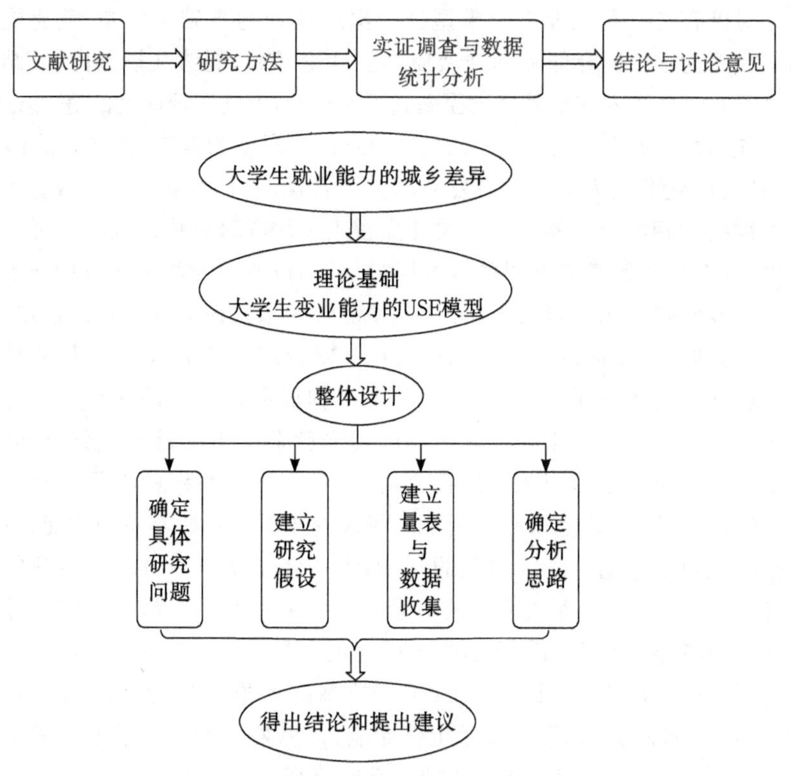

图 4-1 研究分析框架图

3.研究问题

大学生就业能力可研究的内容极其丰富，本次研究在已有研究基础上，从大学生就业能力的 USEM 模型出发，以就业能力的城乡差异作为协同式成长观视角卜就业能力研究的切入点，对我国不同生源地的大学生就业能力现状及差异进行探讨研究。

本书主要围绕以下几个研究问题展开：

第一，不同类型生源地的大学生就业能力基本现状，是否存在差异。

第二，不同类型生源地的大学生就业能力在性别、家庭经济状况、父母受教育程度、高校类型、学科类型、年级等变量影响下的特征，是否存在异同。

第三，不同类别变量对不同类型生源地的大学生就业能力所产生的影响。

五、就业能力的具体研究方案

在明确研究问题和找准理论模型指导的基础上，构建大学生就业能力量表，并分析量表的信效度，使用有效量表对研究对象进行调查，完成数据采集。

（一）大学生就业能力量表的信效度分析

通过理论基础的梳理可知，大学生就业能力的四维度分别是：学科理解力、综合技能、自我效能以及元认知。具体来说，学科理解力指的是大学生在高校学习期间掌握的与工作相关的专业知识和技能的总和；综合技能指的是大学生在高校学习期间获得的对工作有利的各种技能，如团队合作能力、表达能力、沟通交流能力以及信息搜索与处理能力等；而自我效能则是大学生对自我的认识和对他人的态度，如对自我的信心、对他人的理解与尊重等能力；元认知指的是大学生通过高等教育形成价值判断并内化成自我认知的能力，如深入认识自我、批判思维以及价值观和世界观等。

在就业能力的四因子构成要素的基础上，结合国内外已有的研究和我国大学生的就业能力实际状况，编制了我国大学生就业能力量表，经过多次预施测和修改逐渐完善，具备了良好的结构与信效度。就业能力量表包括 14 个题项，测量大学生的就业能力。因子一包括的题项主要体现学科理解力、综合技能、自我效能和元认知。具体题项以及各因子的载荷量见表 4-1。

表 4-1　就业能力量表因素载荷量

大学生就业能力量表内容	因素			
	学科理解力 U	综合技能 S	自我效能 E	元认知 M
系统地掌握了本专业的基本理论	0.762			
掌握了本专业的前沿知识	0.839			
具备了本专业的实践操作技能	0.839			
掌握了与工作相关的知识和技能	0.818			
能更好地与他人沟通		0.767		
能更好地与他人进行团队合作		0.787		
能更清楚有效地表达我的想法		0.781		
具备了信息搜索与处理能力		0.735		
对自己更有信心			0.598	
更懂得尊重他人			0.713	
更好地理解不同背景（文化、民族、家庭、性别、信仰等）的人			0.674	
我的批判性思维得到了发展				0.731
对自己的认识更加深入了				0.706
形成了我的价值观和世界观				0.652

量表的4个因子的总方差解释率为84.013%。为了进一步验证量表的可靠性与有效性，分别对总量表维度和4个因子维度进行信度分析，结果见表4-2。

表4-2 就业能力量表的信度分析

维度	Alpha 系数
总量表	0.966
学科理解力U	0.854
综合技能S	0.864
自我效能E	0.736
元认知M	0.754

由表4-2可知，大学生就业能力量表整体的Cronbach Alpha系数为0.966，且各维度的Cronbach Alpha系数分别0.854、0.864、0.736和0.754。所有Cronbach Alpha系数均大于0.700，说明无论是总量表还是各因子都达到信度要求，因而本次研究所采用的大学生就业能力量表具有良好的信度指标。

为了进一步检验本量表的结构效度，在上述使用SPSS 24.0进行探索性因素分析的基础上，本次研究随机抽取了总体数据的5%($n=3614$)作为样本运用AMOS 21.0对数据进行了验证性因子分析。所得验证性因素分析结果见图4-2。

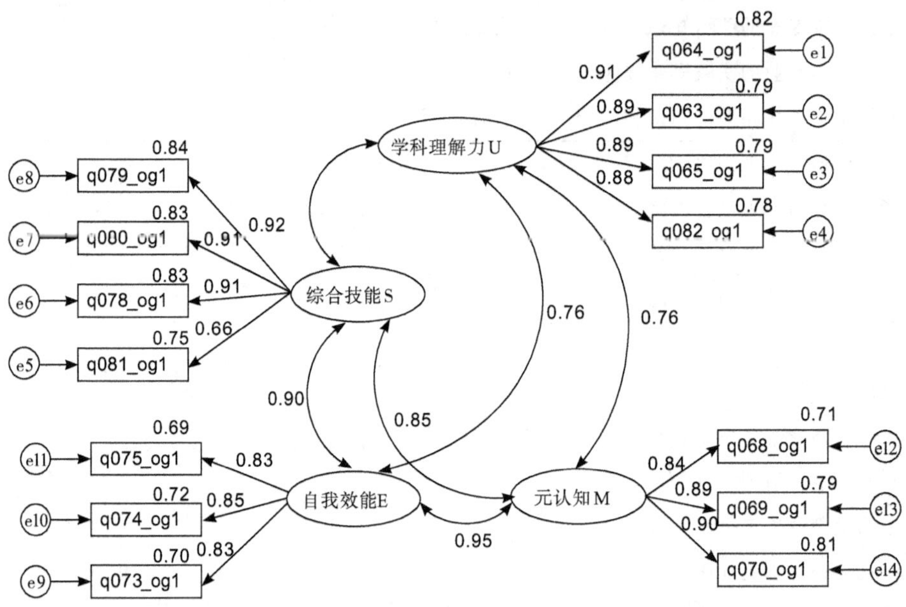

图4-2 大学生就业能力量表的验证性因子分析

注：采用标准化系数估计值。

根据验证性因子分析得到的模型拟合指数可知(见表 4-3):Chi-square=1041.696(df=71, $p<0.001$);GFI=0.958>0.9;AGFI=0.938>0.9;RMSEA=0.062<0.08。从这些拟合指数可以说明,模型具有较好的拟合度,因而本次研究所采用的量表具有良好的效度指标。

表 4-3 大学生就业能力量表验证性因子分析模型适配度检验结果摘要

统计检验量	适配的标准或临界值	检验结果数据	模型适配判断
GFI 值	>0.90	0.958	是
AGFI 值	>0.90	0.938	是
RMSEA 值	<0.05 优良;<0.08 良好	0.062	是

资料来源:吴明隆.结构方程模型:AMOS 的操作与应用[M].重庆:重庆大学出版社,2010.

从上述信度和效度的检验可以看出,本次研究可以运用大学生就业能力量表对大学生的就业能力做出比较合理及科学的分析和评价。

(二)数据收集

本次研究所需数据均来自 NCSS,采用整群分层抽样的方法,利用网上问卷调查的方式收集数据,最终提交上来的问卷没有出现缺失值的情况,全部为有效问卷,本次研究使用的数据是 2017 年的学情数据,样本总量为 72241。样本具体结构详见表 4-4。

表 4-4 样本数据结构表

结构		人数	百分比/%
生源地	城市	28414	39.3
	农村	43827	60.7
性别	男	30700	42.5
	女	41541	57.5
年级	大一	25339	35.1
	大二	20537	28.4
	大三	17735	24.5
	大四及以上	8630	11.9

注:"大四及以上"表示年级为大四或者大五的本科生。

主要的自变量包括性别、家庭经济状况、父母受教育程度、高校类型、学科类型、年级、实习实训经历等(表 4-5)。

表 4-5　主要变量定义

变量	赋值	含义
性别	0	女生
	1	男生
家庭经济状况	0	低收入(父母月总收入＜2000 元)
	1	中等收入(2000 元＜父母月总收入＜10000 元)
	2	高收入(10000 元＜父母月总收入)
父亲受教育程度	0	未接受过高等教育
	1	接受过高等教育
母亲受教育程度	0	未接受过高等教育
	1	接受过高等教育
高校类型	0	985 高校
	1	211 高校
	2	一般本科院校
学科类型	0	文史哲
	1	社会科学
	2	理学
	3	工农医
年级	1	大一
	0	大二
	2	大三
	3	大四及以上
积极参加实习实训	1～6	完全不同意
		不同意
		基本不同意
		基本同意
		同意
		完全同意

(三)思路与执行

本次研究的分析思路与研究目的、问题具有高度的一致性。量化分析首先对全国大学生及城市和农村生源的大学生在大学生就业能力的 4 个维度上进行频数分析和均值分析，了解全国大学生就业能力的基本情况和城乡大学生的就业能力基本现状。其次，进行独立样本 t 检验以及单因素方差分析探索城市和农村生源的大学生在不同类别条件下是否存在差异。最后，利用多元回归分析法探索性别、家庭经济状况、父母受教育程度、高校类型、学科类型、年级、实习实训经历等因素对城市和农村生源的大学生就业能力各维度的影响,并分析这些因素对就业能力四因子的贡献率(图 4-3)。

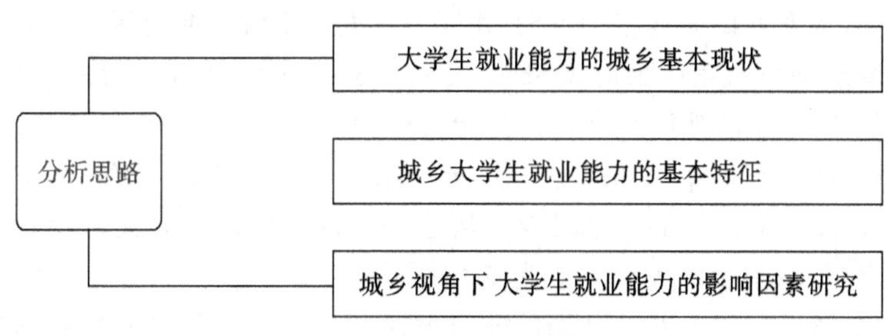

图 4-3 具体分析思路图

六、基于 NCSS 的就业能力系列研究嬗变

NCSS 课题组团队针对大学生的学习、成长及就业进行了长期跟踪与研究,形成了侧重点不同的系列论文,共同基于史秋衡教授 NCSS 数据库提供的数据展开分析研究,着手将“大学生就业能力”这一研究领域推向精深。史秋衡教授团队关于“大学生就业能力”的主要代表作有以下两篇:《中国大学生的就业能力——基于学情调查的自我评价分析》[①]和《我国大学生就业能力的结构问题及要素调适》[②],现将本书中就业能力部分的研究与上述两篇文章中关键研究内容的异同进行说明,同时也对该系列文章的共同研究基础与不同的研究细分方向进行比较分析,让大家更好地了解该系列文章研究脉络与不同的侧重,谨防大家对同一课题研究团队不同研究成果之间有冲突的误读。

(一)该系列文章的共同研究基础

第一,该系列研究数据来源于共同的数据库。2012 年史秋衡、文静发表《中国大学生的就业能力》一文于《北京大学教育评论》杂志,基于 2011 年国家大学生学情调查数据,对中国大学就业能力首次展开科学研究。2018 年史秋衡、王芳发表《我国大学生就业能力的结构问题及要素调适》一文于《教育研究》,基于 2015—2017 年国家大学生学情调查数据(重点以 2015 年数据库作为数据代表对大学生就业能力影响因素进行分析[③]),进一步对我国大学生就

① 史秋衡,文静.中国大学生的就业能力:基于学情调查的自我评价分析[J].北京大学教育评论,2012,10(01):48-60,188.

② 史秋衡,王芳.我国大学生就业能力的结构问题及要素调适[J].教育研究,2018,39(4):51-61.

③ 2016 年、2017 年数据仅用于现状描述。

业能力及其影响因素展开深入研究。2019 年余丹撰写《我国高校大学生就业能力的城乡差异研究》的硕士学位论文，是基于 2017 年国家大学生学情调查数据，对我国大学生就业能力的城乡差异进行重点研究。

第二，该系列研究均基于 USEM 模型对大学生就业能力展开研究。三项研究均以奈特和约克提出的 USEM 模型①(针对大学课程设置的需要，从心理学和能力结构的视角提出的就业能力模型)为基础展开研究，USEM 模型包含学科理解力(Understanding)、技能(Skills)、自我效能(Efficacy beliefs)、元认知(Meta-cognition)四个要素。从这里可以看出该系列文章使用相同核心理论模型，对于我国大学生就业能力的研究一脉相承。

第三，该系列研究基于共同的研究方法。三项研究均对研究数据展开了科学且深入统计分析，特别是《我国大学生就业能力的结构问题及要素调适》和《我国高校大学生就业能力的城乡差异研究》主要使用描述性统计分析与多元线性回归分析对数据进行处理，并且都有从当年国家大学生学情调查数据库本科数据库中随机抽取 5%展开因子信度与收敛效度分析，对问卷结构效度进行检验。因此，从研究方法上看，该系列文章采用共同的数据分析方法，且越来越科学和更加深入。

(二)该系列文章核心内容差异解读

该系列文章核心内容差异主要在于 USEM 模型与对应题项的差异。随着研究的不断深入和精细，在系列研究中，不同研究视角基于 USEM 模型的题项选取更加具体，突出针对性，因此也造就了差异性。《中国大学生的就业能力》中 USEM 模型与对应题项共有 7 项，《我国大学生就业能力的结构问题及要素调适》中 USEM 模型与对应题项共有 16 项，《我国高校大学生就业能力的城乡差异研究》中 USEM 模型与对应题项共有 14 项(详见表 4-6)。

表 4-6　系列研究不同阶段 USEM 模型的对应题项综合表

	状态研究	结构要素研究	差异研究
U学科理解力	(1)掌握适合自己的学习方法 (2)系统地掌握了本专业的基本理论	(1)具备了本专业的实践操作技能 (2)掌握了本专业的前沿知识 (3)系统地掌握了本专业的基本理论 (4)掌握了与工作相关的知识	(1)系统地掌握了本专业的基本理论 (2)掌握了本专业的前沿知识 (3)具备了本专业的实践操作技能 (4)掌握了与工作相关的知识和技能

① Knight P T, Yorke M. Employability Through the Curriculum[J]. Tertiary Education and Management, 2002(4).

续表

	状态研究	结构要素研究	差异研究
S 技能	(1)掌握了本专业的实践操作技能	(1)能更好地适应新的环境 (2)能更好地与他人沟通 (3)能更好地与他人进行团队合作 (4)能更清楚和有效地表达我的想法 (5)具备了信息搜索与处理能力	(1)能更好地与他人沟通 (2)能更好地与他人进行团队合作 (3)能更清楚有效地表达我的想法 (4)具备了信息搜索与处理能力
E 自我效能	(1)具备了很强的社会交往能力 (2)具备了分析问题和解决问题的能力	(1)我的自我反思能力增强了 (2)具备了更强的审美能力 (3)更懂得如何尊重他人	(1)对自己更有信心 (2)更懂得尊重他人 (3)更好地理解不同背景(文化、民族、家庭、性别、信仰等)的人
M 元认知	(1)激发学习兴趣 (2)形成价值观和世界观	(1)形成了自己的价值观 (2)具备了更强的社会责任感 (3)我的批判性思维得到了发展 (4)对自己的认识更加深入了	(1)我的批判性思维得到了发展 (2)对自己的认识更加深入了 (3)形成了我的价值观和世界观

从前述分析中可以看到该系列研究经历的演变与推进,并随着 NCSS 平台的更新和现实基础的变迁来日益深化。分析其原因,首先,三项研究基于的是不同年度的数据。虽然三篇文章均基于同一数据库的数据,但是每篇文章基于数据的年度是不同的,这也就造成了每篇文章的研究具有一定的特殊性。《中国大学生的就业能力》一文基于 2011 年国家大学生学情调查数据,共有本科生样本 74687 份;《我国大学生就业能力的结构问题及要素调适》一文主要基于 2015 年国家大学生学情调查数据,共有本科生样本 120322 份;《我国高校大学生就业能力的城乡差异研究》一文基于 2017 年国家大学生学情调查数据,共有本科生有效样本 72241 份。从数据的角度来说,不同的数据决定了三篇文章的研究具有其特殊性。在这些不同数据的基础上,通过现有的数据进行因子分析,根据分析结果选择了聚合最好的题项归纳为同一个因子。其次,三项研究用不同的题项来代表作者对于 USEM 模型不同的理解,也是从各自的角度窥见大学生的就业能力。虽然三篇文章均采用了 USEM 模型对大学生就业能力展开研究,其核心是基于大学学习的就业能力培养、生成和如何促

进提升，但不同的作者基于不同的研究基础以及不同的侧重点对于USEM模型有着各自的理解，并且不同的研究者对于USEM模型中学科理解力（Understanding）、技能（Skills）、自我效能（Efficacy beliefs）、元认知（Meta-cognition）具体对应哪些题项是基于各自的研究问题而生，这也是对于同一主题不同学者展开各自研究的主要原因之一。最后，三项研究各自侧重点不同，代表了对就业能力认知的三个角度。虽为同一研究团队同一主题系列的文章，但是三项研究各自的侧重点不同，其意义和地位也有所不同。《中国大学生的就业能力》是NCSS平台下研究中国大学生就业能力的首篇文章，呈现出来中国大学生基于学习而形成就业能力的基本形态，开创性意义和地位显著；《我国大学生就业能力的结构问题及要素调适》进一步将我国大学生就业能力研究推向更深层次，从结构性的角度深挖了就业能力的生成和面临的要素变迁与调整；《我国高校大学生就业能力的城乡差异研究》则以城乡差异作为研究视角，更加细致地剖析了我国高校大学生就业能力的城乡差异，有利于研究的精细，更加直接推动人才培养、学生工作的立地与落实。

第二节　就业能力的整体状态及特征分析

大学生就业能力的现状是观测高校人才培养的重要窗口，不同生源地的大学生在高校的培养过程中其就业能力的自我评价，特别是在学科理解力、综合技能、自我效能和元认知四个具体方面的自我评价能够有效地印证高校人才培养各方面的效果如何，不同生源地的大学生在就业能力及四个具体维度上完成了较为充分的自我报告，可用于初步评估，也作为进一步深研的基础。

一、不同生源地大学生就业能力的总体状态

（一）不同生源地大学生在就业能力各维度的自我评价规律存在相似之处

大学生的就业能力在综合技能方面的自我评价均值最高，学科理解力的自我评价最低。推其原因可能与我国高等学校教育中学生所学专业难度较大或专业认可度较低有关，使得学生对学科理解力的得分较低，而综合技能包括团队合作能力、沟通能力、表达能力以及信息处理与搜索能力等。不同于高中应试教育，高校为大学生提供了更加广阔的平台和机会，大学生通过大学的师生互动、同伴互动等相关活动，其综合技能自我评价会明显高于高中时期。

（二）不同生源地大学生在就业能力各维度的自我评价得分存在差异

城市生源大学生在就业能力各维度上的自我评价均值均高于农村生源的大学生（如图 4-4 所示），反映出农村生源的大学生对就业能力的自我评价与城市生源的大学生存在一定的差距，说明农村城市生源的大学生在就业能力各维度上的自我评价还能有更大的进步空间。

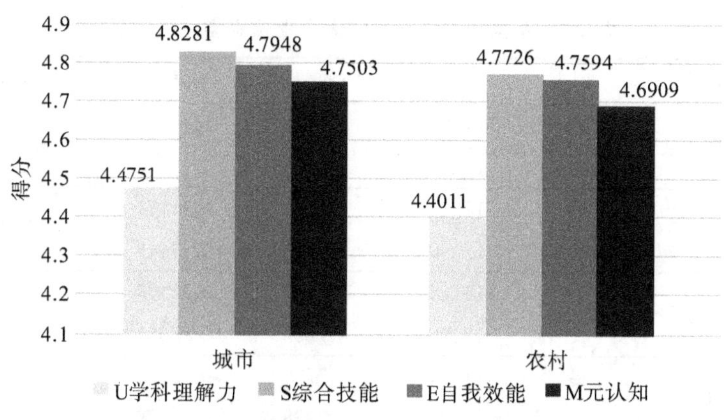

图 4-4　城乡生源大学生就业能力各维度均值比较

（三）不同生源地大学生在就业能力各维度的自我评价趋势存在相同之处

无论是城市生源大学生还是农村生源大学生，其在就业能力各维度的主要集中趋势类似，学科理解力主要集中在“基本同意”，而综合技能、自我效能和元认知方面主要集中在“同意”。且综合技能的偏向“同意”的正向占比高达95％，正向认可最高。

在对城乡大学生就业能力的现状充分了解的基础上，主要关注到不同生源地大学生的就业能力在性别、家庭经济状况、父母受教育程度、高校类型、学科类型、年级等变量条件下的基本特征，旨在厘清城乡大学生就业能力在特征上的差异及具体状况。

二、城市生源大学生就业能力特征分析

基于人口统计学变量和院校变量对城市生源大学生就业能力各维度的特征进行剖析，从而展现城市生源大学生的就业能力基本特征。

（一）基于人口统计学变量的城市生源大学生就业能力的特征

从学生的性别、家庭经济状况、父母受教育程度角度出发，剖析城市生源大学生就业能力的特征。

1.不同性别条件下城市生源大学生就业能力的特征

将性别变量作为分析城市生源大学生就业能力的指标，以独立样本 t 检

验作为分析方法，探究不同性别城市生源大学生在学生收获各维度上的差异。由表4-7所得结果可知，城市生源的男生与女生之间，在学科理解力、元认知上具有统计上的显著差异（$p<0.001$），男性的均值大于女性，可以说明在学科理解力和元认知上男性比女性更有优势。而在综合技能和自我效能方面虽然有均值差异，但是在统计上不呈现显著性。

表4-7　不同性别城市生源大学生就业能力的特征

就业能力	性别	N	均值	标准差	t 值
学科理解力 U	男	11224	4.5140	1.00000	5.468***
	女	17190	4.4496	0.92242	
综合技能 S	男	11224	4.8235	0.91141	−0.716
	女	17190	4.8311	0.81449	
自我效能 E	男	11224	4.7989	0.92463	0.621
	女	17190	4.7922	0.83051	
元认知 M	男	11224	4.7770	0.92184	4.089***
	女	17190	4.7328	0.83879	

注：*** $p<0.001$。

2.不同家庭经济状况条件下城市生源大学生就业能力的特征

将家庭经济状况变量作为分析城市生源大学生就业能力的指标，以单因素方差分析作为分析方法，探究不同家庭经济状况下城市生源大学生在学生收获各维度上的差异。不同家庭经济收入状况的城市生源大学生在学科理解力、综合技能、自我效能及元认知上均具有统计上的显著差异（$p<0.001$），由方差齐性检验可知，就业能力各维度的显著性均小于0.05，即方差不齐性，不满足同质性假定，故而采用Tambane's法进行事后比较。[①] 具体表现为，在综合技能、元认知上，呈现随着家庭经济收入的提高，城市生源大学生的综合技能和元认知都随之提高，低收入家庭的城市生源大学生所得均值显著小于中等收入学生且一同小于高收入家庭学生；而在学科理解力、自我效能方面，低收入家庭的城市生源大学生均值显著小于中等收入家庭和高收入家庭，而中等收入和高收入之间不存在显著性差异（表4-8）。

① 吴明隆.论文写作与量化研究[M].台北：五南图书出版股份有限公司，2014.

表 4-8　不同家庭经济状况的城市生源大学生就业能力的特征

就业能力	组别	N	均值	标准差	F 检测	事后比较
学科理解力 U	(1)低收入(2000 元)	1809	4.3770	1.19835	10.910***	(1)<(2) (1)<(3)
	(2)中等收入(2000 元～10000 元)	19408	4.4775	0.92553		
	(3)高收入(>10000 元)	7197	4.4931	0.96031		
综合技能 S	(1)低收入(2000 元)	1809	4.6508	1.16442	47.180***	(1)<(2)<(3)
	(2)中等收入(2000 元～10000 元)	19408	4.8297	0.81774		
	(3)高收入(>10000 元)	7197	4.8684	0.85242		
自我效能 E	(1)低收入(2000 元)	1809	4.6320	1.15567	36.583***	(1)<(2) (1)<(3)
	(2)中等收入(2000 元～10000 元)	19408	4.7985	0.83477		
	(3)高收入(>10000 元)	7197	4.8258	0.87088		
元认知 M	(1)低收入(2000 元)	1809	4.5992	1.15315	34.268***	(1)<(2)<(3)
	(2)中等收入(2000 元～10000 元)	19408	4.7500	0.84063		
	(3)高收入(>10000 元)	7197	4.7890	0.87216		

注：*** $p<0.001$。

3.不同父母受教育程度条件下城市生源大学生就业能力的特征

将父亲和母亲是否接受过高等教育作为分析城市生源大学生就业能力的指标，以独立样本 t 检验作为分析方法，探究父母是否接受过高等教育对城市生源大学生在学生收获各维度上是否会产生差异。

由表 4-9 所得结果可知，城市生源的大学生的就业能力 4 个维度在父亲受教育程度不同的条件下呈现显著性差异($p<0.001$),具体表现为,父亲接受过高等教育的城市生源大学生在学科理解力、综合技能、自我效能和元认知方面的得分均值都显著高于父亲未接受过高等教育的大学生。

表 4-9　不同父亲受教育程度的城市生源大学生就业能力的特征

就业能力	父亲受教育程度	N	均值	标准差	t 值
学科理解力 U	未接受过高等教育	16954	4.4460	0.94989	-6.233^{***}
	接受过高等教育	11460	4.5180	0.95927	
综合技能 S	未接受过高等教育	16954	4.8024	0.85386	-6.170^{***}
	接受过高等教育	11460	4.8661	0.85304	
自我效能 E	未接受过高等教育	16954	4.7758	0.86812	-4.496^{***}
	接受过高等教育	11460	4.8230	0.86931	
元认知 M	未接受过高等教育	16954	4.7254	0.87290	-5.839^{***}
	接受过高等教育	11460	4.7870	0.87137	

注:$^{***}p<0.001$。

由表 4-10 所得结果可知,城市生源大学生的就业能力 4 个维度在母亲受教育程度不同的条件下呈现显著性差异($p<0.001$),具体表现为,母亲接受过高等教育的城市生源大学生在学科理解力、综合技能、自我效能和元认知方面的得分均值都显著高于母亲未接受过高等教育的大学生。

4-10　不同母亲受教育程度的城市生源大学生就业能力的特征

就业能力	母亲受教育程度	N	均值	标准差	t 值
学科理解力 U	未接受过高等教育	19252	4.4420	0.94776	-8.443^{***}
	接受过高等教育	9162	4.5446	0.96432	
综合技能 S	未接受过高等教育	19252	4.8035	0.84926	-7.034^{***}
	接受过高等教育	9162	4.8797	0.86191	
自我效能 E	未接受过高等教育	19252	4.7729	0.86230	-6.128^{***}
	接受过高等教育	9162	4.8409	0.88085	
元认知 M	未接受过高等教育	19252	4.7232	0.86937	-7.588^{***}
	接受过高等教育	9162	4.8072	0.87726	

注:$^{***}p<0.001$。

由此可见,父母受教育程度的不同对城市生源大学生就业能力的各维度均有显著性影响,且父母接受过高等教育的城市生源大学生的学科理解力、综合技能、自我效能和元认知方面的得分均值都显著高于父母未接受过高等教育的大学生。

（二）基于院校变量的城市生源大学生就业能力的特征

选取学生所属的高校类型、学科类型和年级的为院校变量，从不同院校特征给大学生就业能力的生成形成的不同教育影响力的视角，剖析城市生源大学生就业能力的特征。

1.不同高校类型条件下城市生源大学生就业能力的特征

将高校类型变量作为分析城市生源大学生就业能力的指标，以单因素方差分析作为分析方法，探究不同高校类型城市生源大学生在学生收获各维度上的差异（表 4-11）。不同高校类型城市生源大学生在就业能力各维度上均有统计学上的显著性差异，由方差齐性检验可知，综合技能、自我效能和元认知的显著性小于 0.05，即方差不齐性，不满足同质性假定，故而采用 Tambane's 法进行事后比较；而学科理解力显著性大于 0.05，即方差齐性，本次研究采用 LSD 法进行事后比较。由事后比较结果可知，在综合技能、自我效能和元认知方面，985 高校的大学生得分均值显著大于 211 高校和一般本科院校，211 高校和一般本科院校没有显著性的差异。

表 4-11　不同高校类型城市生源大学生就业能力的特征

就业能力	组别	N	均值	标准差	F 检测	事后比较
学科理解力 U	(1)985 高校	1076	4.5263	0.93121	6.698 *	无
	(2)211 高校	2726	4.4048	0.92829		
	(3)一般本科院校	18599	4.4526	0.94746		
综合技能 S	(1)985 高校	1076	4.9129	0.85414	8.060^{***}	(2)<(1) (3)<(1)
	(2)211 高校	2726	4.7991	0.81009		
	(3)一般本科院校	18599	4.8084	0.85510		
自我效能 E	(1)985 高校	1076	4.8832	0.85936	8.577^{***}	(2)<(1) (3)<(1)
	(2)211 高校	2726	4.7587	0.83806		
	(3)一般本科院校	18599	4.7772	0.86925		
元认知 M	(1)985 高校	1076	4.8693	0.85596	13.807^{***}	(2)<(1) (3)<(1)
	(2)211 高校	2726	4.7296	0.84717		
	(3)一般本科院校	18599	4.7266	0.87054		

注：$^{*}p<0.05$，$^{***}p<0.001$。“无”表示虽然 F 检定有显著性差异，但是事后比较各组别之间无显著性差异。

2.不同学科类型条件下城市生源大学生就业能力的特征

将学科类型变量作为分析城市生源大学生就业能力的指标，以单因素方差分析作为分析方法，探究不同学科类型城市生源大学生在学生收获各维度上的差异(表 4-12)。不同学科类型城市生源大学生在学科理解力、元认知上具有统计学上的显著性差异,且由方差齐性检验可知,二者的显著性大于0.05,即方差齐性,满足同质性假定,可采用 LSD 法进行事后比较。由事后比较的结果显示,文史哲学科大学生的学科理解力显著高于农工医学科大学生;农工医学科学生元认知均值显著高于文史哲学科和社会科学学科的大学生。但各学科类型在综合技能和自我效能上不具有显著性差异。

表 4-12　不同学科类型城市生源大学生就业能力的特征

就业能力	组别	N	均值	标准差	F 检测	事后比较
学科理解力 U	(1)文史哲	3454	4.4347	0.94646	3.409^{*}	(4)<(1)
	(2)社会科学	11580	4.4797	0.94567		
	(3)理学	1943	4.4458	0.96568		
	(4)农工医	11437	4.4875	0.96312		
综合技能 S	(1)文史哲	3454	4.8130	0.87191	1.672	/
	(2)社会科学	11580	4.8189	0.85071		
	(3)理学	1943	4.8426	0.82856		
	(4)农工医	11437	4.8395	0.85625		
自我效能 E	(1)文史哲	3454	4.7927	0.88033	0.990	/
	(2)社会科学	11580	4.7861	0.86629		
	(3)理学	1943	4.7886	0.85894		
	(4)农工医	11437	4.8054	0.86973		
元认知 M	(1)文史哲	3454	4.7330	0.87472	6.584^{***}	(1)<(4) (2)<(4)
	(2)社会科学	11580	4.7275	0.87545		
	(3)理学	1943	4.7660	0.86662		
	(4)农工医	11437	4.7759	0.86991		

注:$^{*}p<0.05$,$^{***}p<0.001$。"/"表示不进行事后比较,下同。

3.不同年级条件下城市生源大学生就业能力的特征

将年级变量作为分析城市生源大学生就业能力的指标,以单因素方差分析作为分析方法,探究不同年级城市生源大学生在学生收获各维度上的差异(表 4-13)。不同年级条件下城市生源大学生在就业能力各维度上均有统计学上的显著性差异,由方差齐性检验可知,综合技能、自我效能和元认知的显著性小于 0.05,即方差不齐性,不满足同质性假定,故而采用 Tambane's 法进行事后比较;而学科理解力显著性大于 0.05,即方差齐性,本次研究采用 LSD 法进行事后比较。由事后比较结果可知,大四及以上的学生对自己的学科理解力、综合技能、自我效能和元认知的自评得分均值显著高于大一、大二和大三，且大一的学科理解力的自评得分显著高于大二和大三。而大一至大三阶段的大学生在综合技能、自我效能和元认知上不存在显著性的差异。

表 4-13　不同年级城市生源大学生就业能力的特征

就业能力	组别	N	均值	标准差	F 检测	事后比较
学科理解力 U	(1)大一	10487	4.5102	0.93540	34.887***	(2)＜(1)＜(4) (3)＜(1)＜(4)
	(2)大二	8072	4.4326	0.96511		
	(3)大三	6859	4.4178	0.96143		
	(4)大四及以上	2996	4.5975	0.95821		
综合技能 S	(1)大一	10487	4.8217	0.84372	24.073***	(1)＜(4) (2)＜(4) (3)＜(4)
	(2)大二	8072	4.7928	0.86362		
	(3)大三	6859	4.8275	0.85429		
	(4)大四及以上	2996	4.9466	0.85398		
自我效能 E	(1)大一	10487	4.7916	0.85601	25.066***	(1)＜(4) (2)＜(4) (3)＜(4)
	(2)大二	8072	4.7636	0.88159		
	(3)大三	6859	4.7816	0.87162		
	(4)大四及以上	2996	4.9207	0.86249		
元认知 M	(1)大一	10487	4.7429	0.86199	25.568***	(1)＜(4) (2)＜(4) (3)＜(4)
	(2)大二	8072	4.7161	0.88986		
	(3)大三	6859	4.7464	0.86452		
	(4)大四及以上	2996	4.8771	0.87211		

注：$^{***}p<0.001$。

三、农村生源大学生就业能力特征分析

根据本次研究的主题和研究思路的设计，分别从人口统计学变量和院校变量对农村生源大学生就业能力各维度的特征进行剖析，展现农村生源大学生的就业能力基本特征，为下一步的比对做好准备。

（一）基于人口统计学变量的农村生源大学生就业能力的特征

同样，从学生的性别、家庭经济状况、父母受教育程度的角度出发，保证分组的一致性，剖析农村生源大学生就业能力的特征。

1.不同性别条件下农村生源大学生就业能力的特征

将性别变量作为分析农村生源大学生就业能力的指标，以独立样本 t 检验作为分析方法，探究不同性别农村生源大学生在学生收获各维度上的差异（表 4-14）。农村生源的男生与女生之间，在学科理解力、元认知上具有统计上的显著差异（$p<0.001$），男性的均值大于女性，可以说明在学科理解力和元

认知上男性比女性更有优势。而在综合技能和自我效能方面虽然有均值差异，但是在统计上不呈现显著性。

表 4-14　不同性别农村生源大学生就业能力的特征

就业能力	性别	N	均值	标准差	t 值
学科理解力 U	男	30700	4.4672	0.96379	9.123***
	女	41541	4.4029	0.89855	
综合技能 S	男	30700	4.7897	0.85993	−1.315
	女	41541	4.7979	0.78992	
自我效能 E	男	30700	4.7722	0.88019	−0.328
	女	41541	4.7743	0.80636	
元认知 M	男	30700	4.7318	0.87790	4.770***
	女	41541	4.7013	0.81093	

注：***$p<0.001$。

2.不同家庭经济状况条件下农村生源大学生就业能力的特征

从现阶段我国所处的社会经济发展状况了解到，城市家庭和农村家庭的收支情况与结构存在差异，导致城乡家庭的经济状况有所不同。本次研究中，将家庭经济状况变量作为分析农村生源大学生就业能力的指标，探讨家庭经济状况对大学生就业能力的影响，或能否以家庭经济状况作为大学生就业能力的分组指标。因此，以单因素方差分析作为分析方法，探究不同家庭经济状况下农村生源大学生在学生收获各维度上的差异(表 4-15)。不同家庭经济收入状况的农村生源大学生在综合技能和元认知上具有统计上的显著差异($p<0.05$)，由方差齐性检验可知，就业能力此二维度的显著性均小于 0.05，即方差不齐性，不满足同质性假定，故而采用 Tambane's 法进行事后比较。由事后比较可知，且无论是综合技能还是元认知都呈现高经济收入的农村生源大学生所得均值显著大于低收入家庭的特点，而中等收入和低收入之间不存在显著性差异。

3.不同父母受教育程度条件下农村生源大学生就业能力的特征

将父亲和母亲是否接受过高等教育作为分析农村生源大学生就业能力的指标，以独立样本 t 检验作为分析方法，探究父母是否接受过高等教育对农村生源大学生在学生收获各维度上是否会产生差异。

表 4-16 中可见，农村生源的大学生就业能力的学科理解力和元认知，在父亲受教育程度不同的条件下呈现显著性差异($p<0.01$)，具体表现为，父亲接受过高等教育的农村生源大学生在学科理解力、元认知方面的得分均值都显著高于父亲未接受过高等教育的大学生。但在综合技能和自我效能方面，

父亲受教育程度不同的农村生源大学生之间不存在显著性差异。

表 4-15　不同家庭经济状况的农村生源大学生就业能力的特征

就业能力	组别	N	均值	标准差	F 检测	事后比较
学科理解力 U	(1)低收入(2000 元)	8766	4.4007	0.96794	2.360	/
	(2)中等收入(2000 元～10000 元)	32054	4.3980	0.88818		
	(3)高收入(>10000 元)	3007	4.4357	0.93988		
综合技能 S	(1)低收入(2000 元)	8766	4.7543	0.86331	4.044 *	(1)<(3)
	(2)中等收入(2000 元～10000 元)	32054	4.7752	0.77444		
	(3)高收入(>10000 元)	3007	4.7982	0.83206		
自我效能 E	(1)低收入(2000 元)	8766	4.7484	0.87531	2.723	/
	(2)中等收入(2000 元～10000 元)	32054	4.7597	0.79835		
	(3)高收入(>10000 元)	3007	4.7887	0.85007		
元认知 M	(1)低收入(2000 元)	8766	4.6766	0.87403	3.417 *	(1)<(3)
	(2)中等收入(2000 元～10000 元)	32054	4.6920	0.79891		
	(3)高收入(>10000 元)	3007	4.7211	0.84170		

注：$^{*}p<0.05$。

表 4-16　不同父亲受教育程度的农村生源大学生就业能力的特征

就业能力	父亲受教育程度	N	均值	标准差	t 值
学科理解力 U	未接受过高等教育	41616	4.3979	0.90487	-3.042^{**}
	接受过高等教育	2211	4.4620	0.96876	
综合技能 S	未接受过高等教育	41616	4.7714	0.79285	−1.269
	接受过高等教育	2211	4.7955	0.87238	
自我效能 E	未接受过高等教育	41616	4.7579	0.81377	−1.560
	接受过高等教育	2211	4.7882	0.89241	
元认知 M	未接受过高等教育	41616	4.6882	0.81330	-2.771^{**}
	接受过高等教育	2211	4.7419	0.89134	

注：$^{**}p<0.01$。

表 4-17 的分析结果显示，在母亲受教育程度不同的条件下，农村生源的大学生的就业能力不呈现显著性差异。综合分析对比上述两表可以看出，对于农村生源的大学生而言，父母受教育程度对其产生显著性影响体现在父亲一方，父亲的受教育程度只对其学科理解力和元认知产生显著性影响，且父亲接受过高等教育的农村生源大学生在学科理解力、自我效能方面的得分均值都显著高于父亲未接受过高等教育的大学生。

表 4-17　不同母亲受教育程度的农村生源大学生就业能力的特征

就业能力	母亲受教育程度	N	均值	标准差	t 值
学科理解力 U	未接受过高等教育	42552	4.3989	0.90449	−2.665
	接受过高等教育	1275	4.4763	1.02509	
综合技能 S	未接受过高等教育	42552	4.7728	0.79296	0.296
	接受过高等教育	1275	4.7651	0.92376	
自我效能 E	未接受过高等教育	42552	4.7594	0.81439	−0.124
	接受过高等教育	1275	4.7626	0.92899	
元认知 M	未接受过高等教育	42552	4.6901	0.81402	−1.059
	接受过高等教育	1275	4.7179	0.92563	

注：$^{**}p<0.01$。

（二）基于院校变量的农村生源大学生就业能力的特征

从学生所属的高校类型、学科类型和年级的角度出发，剖析农村生源大学生就业能力的特征。

1.不同高校类型条件下农村生源大学生就业能力的特征

将高校类型变量作为分析农村生源大学生就业能力的指标，以单因素方差分析作为分析方法，探究不同高校类型农村生源大学生在学生收获各维度上的差异(表 4-18)。不同高校类型农村生源大学生在就业能力各维度上均有统计学上的显著性差异，由方差齐性检验可知，学科理解力、综合技能和自我效能的显著性小于 0.05，即方差不齐性。不满足同质性假定，故而采用 Tambane's 法进行事后比较；而元认知显著性大于 0.05，即方差齐性。本次研究采用 LSD 法进行事后比较。具体表现为，在综合技能、自我效能和元认知方面，985 高校的大学生得分均值显著大于 211 高校和一般本科院校，211 高校和一般本科院校没有显著性的差异。

表 4-18　不同高校类型农村生源大学生就业能力的特征

就业能力	组别	*N*	均值	标准差	*F* 检测	事后比较
学科理解力 U	(1)985 高校	610	4.4816	0.94076	11.445 *	无
	(2)211 高校	3185	4.3315	0.86139		
	(3)一般本科院校	34651	4.4015	0.90810		
综合技能 S	(1)985 高校	610	4.8787	0.80894	7.516 **	(2)<(1) (3)<(1)
	(2)211 高校	3185	4.7434	0.75758		
	(3)一般本科院校	34651	4.7706	0.79682		
自我效能 E	(1)985 高校	610	4.8514	0.86053	5.349 **	(2)<(1) (3)<(1)
	(2)211 高校	3185	4.7339	0.78197		
	(3)一般本科院校	34651	4.7561	0.81727		
元认知 M	(1)985 高校	610	4.8393	0.83879	12.754 ***	(2)<(1) (3)<(1)
	(2)211 高校	3185	4.6577	0.78764		
	(3)一般本科院校	34651	4.6860	0.81590		

注：* $p<0.05$，** $p<0.01$，*** $p<0.001$。"无"表示虽然 F 检定有显著性差异，但是事后比较各组别之间无显著性差异。

2.不同学科类型条件下农村生源大学生就业能力的特征

将学科类型变量作为分析农村生源大学生就业能力的指标，以单因素方差分析作为分析方法，探究不同学科类型农村生源大学生在学生收获各维度上的差异(表 4-19)。不同学科类型农村生源大学生在学科理解力、综合技能、元认知上存在显著性差异，但在自我效能上不存在显著性差异。由方差齐性检验可知，学科理解力、综合技能和元认知的显著性小于 0.05，即方差不齐性，不满足同质性假定，故而采用 Tambane's 法进行事后比较。由事后比较结果可知，在学科理解力上，文史哲学科大学生的得分均值显著高于工农医学科大学生；在综合技能上，各组别相互之间的差异不显著；在元认知方面，农工医学科的大学生得分均值显著高于社会科学学科的学生。

表 4-19　不同学科类型农村生源大学生就业能力的特征

就业能力	组别	*N*	均值	标准差	*F* 检测	事后比较
学科理解力 U	(1)文史哲	4182	4.3612	0.90870	3.447*	(4)<(1)
	(2)社会科学	16044	4.4048	0.89689		
	(3)理学	3067	4.3877	0.87524		
	(4)农工医	20534	4.4084	0.92167		
综合技能 S	(1)文史哲	4182	4.7473	0.80255	2.609*	无
	(2)社会科学	16044	4.7667	0.79307		
	(3)理学	3067	4.7832	0.75597		
	(4)农工医	20534	4.7808	0.80489		
自我效能 E	(1)文史哲	4182	4.7480	0.82304	0.840	/
	(2)社会科学	16044	4.7545	0.81558		
	(3)理学	3067	4.7609	0.77575		
	(4)农工医	20534	4.7654	0.82486		
元认知 M	(1)文史哲	4182	4.6703	0.82610	3.991**	(2)<(4)
	(2)社会科学	16044	4.6782	0.81761		
	(3)理学	3067	4.6985	0.77769		
	(4)农工医	20534	4.7039	0.82124		

注：* $p<0.05$，** $p<0.01$。“无”表示虽然 F 检定有显著性差异，但是事后比较各组别之间无显著性差异。

3.不同年级条件下农村生源大学生就业能力的特征

将年级变量作为分析城市生源大学生就业能力的指标，以单因素方差分析作为分析方法，探究不同年级城市生源大学生在学生收获各维度上的差异（表 4-20）。不同年级条件下农村生源大学生在就业能力各维度上均有统计学上的显著性差异，由方差齐性检验可知，学科理解力、综合技能、自我效能和元认知的显著性均小于 0.05，即方差不齐性，不满足同质性假定，故而采用 Tambane's 法进行事后比较。由事后比较结果可知，在学科理解力上，大四及以上学生的得分显著高于大一、大二及大三学生，而大一学生的学科理解力高于大二和大三学生，大二大三的学生之间没有显著性差异；在综合技能、自我效能和元认知上，大二的学生得分均值最低，大四及以上的学生得分均值最高，大一和大三的学生之间没有显著性差异。

表 4-20　不同年级农村生源大学生就业能力的特征

就业能力	组别	N	均值	标准差	F 检测	事后比较
学科理解力 U	(1)大一	14852	4.4208	0.87677	65.843***	(2)<(1)<(4) (3)<(1)<(4)
	(2)大二	12465	4.3451	0.92187		
	(3)大三	10876	4.3677	0.92879		
	(4)大四及以上	5634	4.5379	0.90413		
综合技能 S	(1)大一	14852	4.7601	0.77600	54.350***	(2)<(1)<(4) (2)<(3)<(4)
	(2)大二	12465	4.7269	0.81852		
	(3)大三	10876	4.7829	0.80583		
	(4)大四及以上	5634	4.8869	0.77512		
自我效能 E	(1)大一	14852	4.7464	0.79751	56.633***	(2)<(1)<(4) (2)<(3)<(4)
	(2)大二	12465	4.7139	0.83522		
	(3)大三	10876	4.7661	0.82795		
	(4)大四及以上	5634	4.8818	0.80081		
元认知 M	(1)大一	14852	4.6760	0.79696	49.326***	(2)<(1)<(4) (2)<(3)<(4)
	(2)大二	12465	4.6499	0.83419		
	(3)大三	10876	4.6992	0.82631		
	(4)大四及以上	5634	4.8052	0.80590		

注：***$p<0.001$。

四、整体状态与特征总结

通过人口统计学各变量及院校各变量进行特征分析之后，发现生源地为城市、农村的大学生的就业能力在不同类别下存在差异，生源地的差异在一定程度上给大学生的就业能力生成带来了影响。

(一)研究的基本结论

在不同性别、家庭经济状况、父母受教育程度、高校类型、学科类型、年级的条件下，城市生源和农村生源大学生就业能力的异同点各不相同。

1.以人口统计学变量为背景的分析结果

性别差异性一致。城市和农村生源大学生的就业能力在性别上呈现一致的规律。即不同性别的大学生在学科理解力和元认知上具有显著性差异，且男生的均值大于女生。

不同家庭经济状况条件各有差异。城市和农村大学生的就业能力在家庭经济状况条件下表现出来的规律不一致。城市生源大学生受家庭经济状况影响较大，无论是学科理解力、综合技能，还是自我效能和元认知，都呈现显著性差异，且家庭经济收入低的城市生源大学生的自我评价显著低于中等收入家庭和高收入家庭；而农村生源大学生受家庭经济状况影响较小，只有综合技能和元认知呈现显著性差异，且表现为家庭经济收入高的农村生源大学生的自我评价显著高于低收入家庭。

父母受教育程度条件各有差异。城市和农村生源大学生的就业能力在不同父母的受教育程度条件下表现出来的规律不一致。对于城市生源大学生而言，父母受教育程度的不同对城市生源大学生就业能力的各维度均有显著性影响，父母接受过高等教育的城市生源大学生各维度得分均值都显著高于父母未接受过高等教育的大学生；对于农村生源大学生而言，父母受教育程度对其产生显著性影响体现在父亲一方，父亲的受教育程度只对其学科理解力和元认知产生显著性影响，父亲接受过高等教育的农村生源大学生在学科理解力、元认知方面的得分均值都显著高于父亲未接受过高等教育的大学生。

2.以院校特征变量为背景的分析结果

高校类型体现出的差异。城市和农村生源大学生的就业能力在高校类型条件下表现出来的规律一致。即不同高校类型的大学生在就业能力上存在显著性差异，具体表现为在综合技能、自我效能和元认知方面，985 高校的大学生得分均值显著大于 211 高校和一般本科院校，211 高校和一般本科院校没有显著性的差异。

不同学科呈现差异。城市和农村生源大学生的就业能力在学科类型条件下表现出来的规律基本一致。在学科理解力、元认知上具有统计学上的显著性差异，虽然农村学生在综合技能上也表现出显著性差异，但具体到各组别之间的差异时却不显著。具体来说，无论是城市生源还是农村生源大学生，对于文史哲学科的大学生来说，学科理解力自我评价得分都显著高于农工医学科的大学生，且农工医学科的大学生在元认知上的自我评价得分显著高于社会科学学科的大学生。

不同年级表现出的异同。城市和农村生源大学生的就业能力在不同年级条件下表现出来的规律不一致。具体来说：年级在学科理解力上的规律一致，都是大四及以上最高，大一高于大二和大三的学生，大二大三的学生间没有差异；但在综合技能、自我效能和元认知上的规律不一致：城市生源大学生在这三个维度上，是大四及以上的学生的得分均值最高，大一与大二、大三的学生这三者之间没有显著性差异，而农村生源的大学生在这三个维度上的表现是，大四及以上的大学生得分均值最高，大二学生的得分均值最低，大一和大三的学生之间不存在显著性差异。

综上所述，对于城市生源和农村生源的大学生在不同因素条件下的特征表现如表 4-21 所示：

表 4-21　不同因素条件下城乡大学生就业能力的特征异同点对比

因素条件	特征表现对比	城市	农村
性别	一致	(1)性别条件下城市和农村生源大学生在学科理解力和元认知上具有显著性差异； (2)男生的均值显著高于女生。	
家庭经济情况	不一致	(1)各维度均呈现显著性差异； (2)家庭经济收入低的城市生源大学生的自我评价显著低于中等收入和高收入家庭。	(1)在综合技能和元认知呈现显著性差异； (2)家庭经济收入高的农村生源大学生的自我评价显著高于低收入家庭。
父母受教育程度	不一致	(1)各维度均呈现显著性差异； (2)父母接受过高等教育的城市生源大学生的自我评价显著高于父母未接受过高等教育的大学生。	(1)父亲的受教育程度只对其学科理解力和元认知产生显著性影响； (2)父亲接受过高等教育的农村生源大学生在学科理解力、元认知的自我评价显著高于父亲未接受过高等教育的大学生 。
高校类型	一致	(1)高校类型条件下城市和农村生源大学生在综合技能、自我效能、元认知上均具有显著性差异； (2)在综合技能、自我效能和元认知上，985 高校的大学生得分均值显著大于 211 高校和一般本科院校，211 高校和一般本科院校没有显著性的差异。	
学科类型	一致	(1)学科类型条件下城市和农村生源大学生在学科理解力、元认知上具有显著性差异； (2)对于文史哲学科的大学生来说，学科理解力自我评价显著高于农工医学科的大学生； (3)农工医学科的大学生在学科理解力和元认知上的得分显著高于社会科学学科的大学生。	
年级	不一致	(1)在就业能力各维度上均有显著性差异； (2)在学科理解力上，大四及以上最高，大一高于大二和大三； (3)在综合技能、自我效能、元认知上，大四及以上的大学生的得分最高。	(1)在就业能力各维度上均有显著性差异； (2)在学科理解力上，大四及以上最高，大一高于大二和大三； (3)在综合技能、自我效能、元认知上，大四及以上大学生得分最高，大二最低。

(二)研究基本发现

通过上述具体的研究，可以发现不同生源地大学生的就业能力及四个具体维度所表现出的特征既有相似之处，又有各自特征，城市与农村生源大学生的就业能力在不同变量条件下的异同点主要表现在：城市与农村生源的学生的就业能力在性别、高校类型、学科类型上呈现一致的规律，在家庭经济状况、父母受教育程度、年级上呈现不一致的规律。

值得注意的是，在不同的变量条件下，城市与农村生源大学生的就业能力有着很大不同。

1.家庭经济状况对于城市和农村生源的大学生所产生的影响不同

城市生源大学生的就业能力的各个维度受家庭经济状况的影响都较大，特别是家庭经济收入低的城市生源大学生群体得分均值显著低于中等和高经济收入的家庭；而农村生源大学生的就业能力只在综合技能和元认知上存在差异，且表现为家庭经济收入高的农村大学生群体得分均值显著高于低收入家庭的大学生。从中可以看出无论是对于城市生源的大学生来说，还是对于农村生源的大学生而言，家庭经济收入对他们自我评价起到了相当关键的作用，表现出显著性差异的家庭经济收入低的城市生源大学生和家庭经济收入高的农村生源大学生群体，需要重点关注。

2.父母受教育程度对于城市和农村生源的大学生所产生的影响不同

对于城市生源大学生来说，父母的受教育程度对于其就业能力各个方面的影响都具有显著性差异，而对于农村生源的大学生群体，无论是父亲的受教育程度还是母亲的受教育程度都对其影响较小或无影响。由此看来，城市和农村生源大学生的就业能力由于父母受教育程度所引起的差异有较大的不同。

3.年级对于城市和农村生源的大学生所产生的影响不同

城市生源大学生的就业能力主要呈现为到了最高年级，学生的学科理解力、综合技能、自我效能、元认知等各个方面都达到顶峰，但低年级之间却不存在较大差异；而农村生源大学生的就业能力不仅呈现最高年级的得分最高，还表现出大二年级存在一个明显的低谷，需要引起关注。

第三节　就业能力城乡差异的影响因素

城市和农村生源的大学生在不同的家庭背景、性别、院校背景等变量下就业能力各维度存在不同差异。综合已有的研究理论，大学生就业能力作为高校培养“输出”的一个重要变量，而城市和农村生源的大学生在不同的“输入”变量的影响下，展示出什么样的影响因素，有何种差异，是本章研究的重点。因此，本次研究利用多元线性回归分析探究各个就业能力各个维度的影响因素，并在此基础上结合相关已有研究结论，对大学生就业能力的影响因素的城乡差异进行分析并加以合理的解释。

以大学生的性别、家庭经济状况、父母受教育程度、高校类型、学科类型、年级以及大学生在高校中参与实习实训的积极程度作为自变量，分别分析各因素对城市和农村生源大学生的就业能力四维度——学科理解力、综合技能、自我效能以及元认知上的影响，旨在厘清城乡大学生就业能力的影响因素有何差异，以及具体的表现形式。

因多元线性回归分析需要使用连续变量，在输入变量中，只有参加实习实训积极程度为连续变量，而性别、家庭经济状况、父母受教育程度、高校类型、学科类型、年级均为类别变量，因此要进行类别变量的虚拟化变量操作，选定对照组(表 4-22)。

表 4-22　虚拟化变量对照组情况

变量	类别	对照组
性别	女生 男生	是
家庭经济收入	低收入(父母月总收入<2000 元) 中等收入(2000 元<父母月总收入<10000 元) 高收入(10000 元<父母月总收入)	是
父亲受教育程度	接受过高等教育 未接受高等教育	是
母亲受教育程度	接受过高等教育 未接受高等教育	是
高校类型	985 高校 211 高校 一般本科院校	是
学科类型	文史哲 社会科学 理学 工农医	是
年级	大一 大二 大三 大四及以上	是

一、城市生源大学生就业能力影响因素分析

在这部分开始的分析中，本次研究通过建立各因素对城市生源大学生就业能力各维度的回归分析模型，从而探究不同因素对城市生源大学生就业能力各维度的影响如何。

(一)各因素对城市生源大学生学科理解力的影响

以就业能力的学科理解力为因变量，性别、家庭经济状况、父母受教育程度、高校类型、学科类型、年级和参加实习实训积极程度作为自变量，并以步进(stepwise)的方式将各变量引入回归方程，得到的城市生源大学生学科理解力的回归分析模型如表 4-23 所示。

表 4-23 城市生源大学生学科理解力的回归分析模型

进入变量的顺序	调整后的 R^2	ΔR^2	标准化系数 beta	t 值	共线性诊断(VIF 值)
常数				91.922***	
1.参加学校实习实训的积极程度	0.3236	0.3236	0.571	103.649***	1.013
2.工农医对照文史哲	0.3252	0.0016	−0.060	−10.032***	1.181
3.母亲接受对照未接受高等教育	0.3266	0.0014	0.028	4.252***	1.446
4.男生对照女生	0.3276	0.0010	0.035	5.998***	1.119
5.大三对照大二	0.3284	0.0008	−0.014	−2.189**	1.397
6.理学对照文史哲	0.3290	0.0006	−0.024	−4.317***	1.056
7.大一对照大二	0.3293	0.0003	0.028	4.338***	1.441
8.大四对照大二	0.3295	0.0002	0.020	3.217**	1.243
9.父亲接受对照未接受高等教育	0.3297	0.0002	0.017	2.555**	1.445
模型信息					
样本数			22401		
调整后的 R^2			0.3297		
模型估计的标准误			0.013		

注：(1) $^{**}p<0.01$，$^{***}p<0.001$；

(2) VIF<5，表示模型不存在共线性问题。

(3)通过步进将变量引入回归方程，被排除的变量未列入表中；

(4)样本数为模型中实际样本数量。

从表 4-23 中可以看出，共计参加学校实习实训的积极程度、工农医对照

文史哲、母亲接受对照未接受高等教育、男生对照女生、大三对照大二、理学对照文史哲、大一对照大二、大四对照大二、父亲接受对照未接受高等教育九个变量进入回归方程模型中，模型调整后的 R^2 为 0.3297，表示九个变量一共解释了学科理解力的 32.97%的变异量。其中参加实习实训的积极程度对城市生源大学生的学科理解力的个别解释量最大，达到了 32.36%。表明积极参加实习实训对城市生源大学生学科理解力的影响较大。在进入回归方程的九个变量中，参加学校实习实训的积极程度、母亲接受对照未接受高等教育、男生对照女生、大一对照大二、大四对照大二、父亲接受对照未接受高等教育的标准化回归系数为正值，表明参加实习实训的积极程度越高，学科理解力越强；相比于对照组，比较组的学科理解力更强。而工农医对照文史哲、大三对照大二、理学对照文史哲的标准化系数为负值，表明相比于文史哲学科专业的城市生源大学生而言，工农医学科专业背景的大学生学科理解力更弱，相比于大二学生，大三学生的学科理解力更弱，相比于文史哲学科专业的城市生源大学生而言，理学学科专业背景的大学生学科理解力更弱。

(二)各因素对城市生源大学生综合技能的影响

以就业能力的综合技能为因变量，性别、家庭经济状况、父母受教育程度、高校类型、学科类型、年级和参加实习实训积极程度作为自变量，并以步进(stepwise)的方式将各变量引入回归方程，得到的城市生源大学生综合技能的回归分析模型(表 4-24)。

表 4-24　城市生源大学生综合技能的回归分析模型

进入变量的顺序	调整后的 R^2	ΔR^2	标准化系数 beta	t 值	共线性诊断(VIF 值)
常数				81.296***	
1.参加学校实习实训的积极程度	0.2890	0.2890	0.539	95.441***	1.012
2.工农医对照文史哲	0.2904	0.0015	−0.044	−7.746***	1.037
3.父亲接受对照未接受高等教育	0.2917	0.0013	0.017	2.500 *	1.471
4.高收入对照低收入	0.2924	0.0008	0.096	8.559***	4.013
5.中等收入对照低收入	0.2941	0.0017	0.081	7.306***	3.892
6.大四对照大二	0.2945	0.0004	0.022	3.947***	1.015
7.一般本科院校对照 985 高校	0.2948	0.0003	−0.048	−4.759***	3.217
8.211 高校对照 985 高校	0.2952	0.0004	−0.037	−3.666***	3.204
9.母亲接受对照未接受高等教育	0.2953	0.0001	0.014	1.994 *	1.465

续表

模型信息	
样本数	22401
调整后的 R^2	0.2953
模型估计的标准误	0.013

注：(1) $^*p<0.05$，$^{***}p<0.001$；

(2) VIF<5，表示模型不存在共线性问题；

(3)通过步进将变量引入回归方程，被排除的变量未列入表中；

(4)样本数为模型中实际样本数量。

从表4-24中可以看出，共计参加学校实习实训的积极程度、工农医对照文史哲、父亲接受对照未接受高等教育、高收入对照低收入、中等收入对照低收入、大四对照大二、一般本科院校对照985、211对照985、母亲接受对照未接受高等教育九个变量进入回归方程模型中，模型调整后的 R^2 为0.2953，表示九个变量一共解释了综合技能的29.53%的变异量。其中参加实习实训的积极程度对城市生源大学生的综合技能的个别解释量最大，达到了28.90%。表明积极参加实习实训对城市生源大学生综合技能的影响较大。在进入回归方程的九个变量中，参加学校实习实训的积极程度、父亲接受对照未接受高等教育、高收入对照低收入、中等收入对照低收入、大四对照大二、一般本科院校对照985、211对照985、母亲接受对照未接受高等教育的标准化回归系数为正值，表明参加实习实训的积极程度越高，综合技能越强；相比于对照组，比较组的综合技能更强。而工农医对照文史哲、一般本科院校对照985高校、211高校对照985高校的标准化系数为负值，表明相比于文史哲学科专业的城市生源大学生而言，工农医学科专业背景的大学生综合技能更弱，相比于985高校，一般本科院校和211高校的大学生的综合技能都较弱。

(三)各因素对城市生源大学生自我效能的影响

以就业能力的自我效能为因变量，性别、家庭经济状况、父母受教育程度、高校类型、学科类型、年级和参加实习实训积极程度作为自变量，并以步进(stepwise)的方式将各变量引入回归方程，得到的城市生源大学生自我效能的回归分析模型(表4-25)。

表 4-25　城市生源大学生自我效能的回归分析模型

进入变量的顺序	调整后的 R^2	ΔR^2	标准化系数 beta	t 值	共线性诊断（VIF 值）
常数				78.959***	
1.参加学校实习实训的积极程度	0.2876	0.2876	0.537	95.047***	1.012
2.高收入对照低收入	0.2891	0.0016	0.087	7.788***	3.964
3.中等收入对照低收入	0.2898	0.0007	0.075	6.808***	3.876
4.工农医对照文史哲	0.2914	0.0016	−0.045	−7.948***	1.036
5.大四对照大二	0.2919	0.0006	0.026	4.635***	1.015
6.母亲接受对照未接受高等教育	0.2922	0.0003	0.016	2.790**	1.054
7.一般本科院校对照 985 高校	0.2924	0.0002	−0.051	−5.071***	3.211
8.211 高校对照 985 高校	0.2930	0.0006	−0.043	−4.229***	3.200
模型信息					
样本数	22401				
调整后的 R^2	0.2930				
模型估计的标准误	0.027				

注：(1) *$p<0.05$，***$p<0.001$；

(2) VIF<5，表示模型不存在共线性问题；

(3) 通过步进将变量引入回归方程，被排除的变量未列入表中；

(4) 样本数为模型中实际样本数量。

根据表 4-25 分析显示，共计参加学校实习实训的积极程度、高收入对照低收入、中等收入对照低收入、工农医对照文史哲、大四对照大二、母亲接受对照未接受高等教育、一般本科院校对照 985 高校、211 高校对照 985 高校八个变量进入回归方程模型中，模型调整后的 R^2 为 0.2930，表示九个变量一共解释了自我效能的 29.30%的变异量。其中参加实习实训的积极程度对城市生源大学生的自我效能的个别解释量最大，达到了 28.76%。表明积极参加实习实训对城市生源大学生自我效能的影响较大。在进入回归方程的八个变量中，参加学校实习实训的积极程度、高收入对照低收入、中等收入对照低收入、大四对照大二、母亲接受对照未接受高等教育的标准化回归系数为正值，表明参加实习实训的积极程度越高，自我效能越强；相比于对照组，比较组的自我效能更强。而工农医对照文史哲、一般本科院校对照 985 高校、211 高校对照 985 高校的标准化系数为负值，表明相比于文史哲学科专业的城市生源大学生而言，工农医学科专业背景的大学生自我效能更弱，相比于 985 高校，一般本科院校和 211 高校的大学生的自我效能都较弱。

（四）各因素对城市生源大学生元认知的影响

以就业能力的元认知为因变量，性别、家庭经济状况、父母受教育程度、高校类型、学科类型、年级和参加实习实训积极程度作为自变量，并以步进(stepwise)的方式将各变量引入回归方程，得到的城市生源大学生元认知的回归分析模型(表 4-26)。

表 4-26　城市生源大学生元认知的回归分析模型

进入变量的顺序	调整后的 R^2	ΔR^2	标准化系数 beta	t 值	共线性诊断(VIF 值)
常数				77.480***	
1.参加学校实习实训的积极程度	0.2818	0.2818	0.531	0.531***	1.012
2.高收入对照低收入	0.2831	0.0013	0.083	0.083***	3.967
3.中等收入对照低收入	0.2842	0.0011	0.063	0.063***	3.885
4.工农医对照文史哲	0.2850	0.0008	−0.040	−0.040***	1.139
5.一般本科院校对照 985 高校	0.2855	0.0006	−0.061	−0.061***	3.219
6.211 高校对照 985 高校	0.2862	0.0007	−0.042	−0.042***	3.212
7.大四对照大二	0.2869	0.0007	0.026	0.026***	1.016
8.母亲接受对照未接受高等教育	0.2874	0.0005	0.023	0.023***	1.054
9.男生对照女生	0.2877	0.0003	0.020	0.020 *	1.120
模型信息					
样本数			22401		
调整后的 R^2			0.2877		
模型估计的标准误			0.011		

注：(1) $*p<0.05$，$^{***}p<0.001$；
(2) VIF<5，表示模型不存在共线性问题；
(3) 通过步进将变量引入回归方程，被排除的变量未列入表中；
(4) 样本数为模型中实际样本数量。

本次研究共计参加学校实习实训的积极程度、高收入对照低收入、中等收入对照低收入、大四对照大二、母亲接受对照未接受高等教育、男生对照女生九个变量进入回归方程模型中，模型调整后的 R^2 为 0.2877，表示九个变量一共解释了元认知的 28.77%的变异量。其中参加实习实训的积极程度对城市生源大学生的元认知的个别解释量最大，达到了 28.76%。表明积极参加实习实训对城市生源大学生元认知的影响较大。在进入回归方程的九个变量中，参加学校实习实训的积极程度、高收入对照低收入、中等收入对照低收入、大四对照大二、母亲接受对照未接受高等教育的标准化回归系数为正值，表明参加实习实训的积极程度越高，元认知越强；相比于对照组，比较组的元认知更强。而工农医对照文史哲、一般本科院校对照985高校、211高校对照985高校的标准化系数为负值，表明相比于文史哲学科专业的城市生源大学生而言，工农医学科专业背景的大学生元认知更弱，相比于985高校，一般本科院校和211高校的大学生的元认知都较弱。

二、农村生源大学生就业能力影响因素分析

根据研究的一致性，通过建立各因素对农村生源大学生就业能力各维度的回归分析模型，从而探究各因素对农村生源大学生就业能力各维度的影响如何，便于形成异同点的比对分析。

（一）各因素对农村生源大学生学科理解力的影响

以就业能力的学科理解力为因变量，性别、家庭经济状况、父母受教育程度、高校类型、学科类型、年级和参加实习实训积极程度作为自变量，并以步进(stepwise)的方式将各变量引入回归方程，得到的农村生源大学生学科理解力的回归分析模型（表4-27）。

表4-27　农村生源大学生学科理解力的回归分析模型

进入变量的顺序	调整后的 R^2	ΔR^2	标准化系数beta	t 值	共线性诊断（VIF值）
常数				121.112	
1.参加学校实习实训的积极程度	0.2820	0.2820	0.533	122.979***	1.015
2.工农医对照文史哲	0.2833	0.0013	−0.060	−12.277***	1.272
3.男生对照女生	0.2849	0.0016	0.043	9.174***	1.184
4.大四对照大二	0.2856	0.0008	0.037	8.246***	1.096
5.大一对照大二	0.2866	0.0011	0.034	7.477***	1.087
6.理学对照文史哲	0.2871	0.0005	−0.023	−5.065***	1.078
7.高收入对照低收入	0.2872	0.0001	0.011	2.616**	1.011
8.父亲接受对照未接受高等教育	0.2873	0.0001	0.009	2.115*	1.009
模型信息					
样本数	38446				
调整后的 R^2	0.2873				
模型估计的标准误	0.018				

注：(1) $^{*}p<0.05$，$^{**}p<0.01$，$^{***}p<0.001$；

(2) VIF<5，表示模型不存在共线性问题；

(3)通过步进将变量引入回归方程，被排除的变量未列入表中；

(4)样本数为模型中实际样本数量。

如表 4-27 显示，共计参加学校实习实训的积极程度、工农医对照文史哲、男生对照女生、大四对照大二、大一对照大二、理学对照文史哲、高收入对照低收入、父亲接受对照未接受高等教育八个变量进入回归方程模型中，模型调整后的 R^2 为 0.2873，表示八个变量一共解释了学科理解力的 28.73%的变异量。其中参加实习实训的积极程度对农村生源大学生的学科理解力的个别解释量最大，达到了 28.20%。表明积极参加实习实训对农村生源大学生学科理解力的影响较大。在进入回归方程的八个变量中，参加学校实习实训的积极程度、男生对照女生、大四对照大二、大一对照大二、高收入对照低收入、父亲接受对照未接受高等教育的标准化回归系数为正值，表明参加实习实训的积极程度越高，学科理解力越强；相比于对照组，比较组的学科理解力更强。而工农医对照文史哲、理学对照文史哲的标准化系数为负值，表明相比于文史哲学科专业的农村生源大学生，工农医学科专业背景的大学生学科理解力更弱，相比于文史哲学科专业的农村生源大学生，理学学科专业背景的大学生学科理解力更弱。

（二）各因素对农村生源大学生综合技能的影响

以就业能力的综合技能为因变量，性别、家庭经济状况、父母受教育程度、高校类型、学科类型、年级和参加实习实训积极程度作为自变量，并以步进的方式将各变量引入回归方程，得到的农村生源大学生综合技能的回归分析模型（表 4-28）。

表 4-28　农村生源大学生综合技能的回归分析模型

进入变量的顺序	调整后的 R^2	ΔR^2	标准化系数 beta	t 值	共线性诊断（VIF 值）
常数				90.416***	
1.参加学校实习实训的积极程度	0.2841	0.2841	0.535	123.230***	1.016
2.工农医对照文史哲	0.2853	0.0012	−0.040	−8.818***	1.088
3.大四对照大二	0.2860	0.0006	0.034	6.868***	1.288
4.高收入对照低收入	0.2861	0.0002	0.019	3.943***	1.266
5.中等收入对照低收入	0.2863	0.0002	0.015	3.200**	1.264
6.一般本科院校对照 985 高校	0.2864	0.0001	−0.039	−3.784***	5.746
7.211 高校对照 985 高校	0.2865	0.0002	−0.031	−3.029**	5.762
8.理学对照文史哲	0.2866	0.0001	−0.010	−2.337*	1.075
9.大三对照大二	0.2867	0.0001	0.017	3.340**	1.404
10.大一对照大二	0.2868	0.0001	0.015	2.811**	1.445

续表

模型信息	
样本数	38446
调整后的 R^2	0.2868
模型估计的标准误	0.009

注：(1) $^{*}p<0.05$，$^{**}p<0.01$，$^{***}p<0.001$；

(2) VIF<5，表示模型不存在共线性问题；

(3) 通过步进将变量引入回归方程，被排除的变量未列入表中；

(4) 样本数为模型中实际样本数量。

如表 4-28 分析显示，共计参加学校实习实训的积极程度、工农医对照文史哲、大四对照大二、高收入对照低收入、中等收入对照低收入、一般本科院校对照 985 高校、211 高校对照 985 高校、理学对照文史哲、大三对照大二、大一对照大二此十个变量进入回归方程模型中，模型调整后的 R^2 为 0.2868，表示十个变量一共解释了综合技能的 28.68% 的变异量。其中参加实习实训的积极程度对农村生源大学生的综合技能的个别解释量最大，达到了 28.41%。表明积极参加实习实训对农村生源大学生综合技能的影响较大。在进入回归方程的十个变量中，参加学校实习实训的积极程度、大四对照大二、高收入对照低收入、中等收入对照低收入、一般本科院校对照 985 高校、211 高校对照 985 高校、大三对照大二、大一对照大二的标准化回归系数为正值，表明参加实习实训的积极程度越高，综合技能越强；相比于对照组，比较组的综合技能更强。而工农医对照文史哲、一般本科院校对照 985 高校、211 高校对照 985 高校、理学对照文史哲的标准化系数为负值，表明相比于文史哲学科专业的农村生源大学生，工农医学科专业背景的大学生综合技能更弱，相比于 985 高校，一般本科院校和 211 高校的大学生的综合技能都较弱，表明相比于文史哲学科专业的农村生源大学生，理学学科专业背景的大学生综合技能更弱。

（三）各因素对农村生源大学生自我效能的影响

以就业能力的自我效能为因变量，性别、家庭经济状况、父母受教育程度、高校类型、学科类型、年级和参加实习实训积极程度作为自变量，并以步进的方式将各变量引入回归方程，得到的农村生源大学生自我效能的回归分析模型（表 4-29）。

表 4-29　农村生源大学生自我效能的回归分析模型

进入变量的顺序	调整后的 R^2	ΔR^2	标准化系数 beta	t 值	共线性诊断（VIF 值）
常数				87.810^{***}	
1.参加学校实习实训的积极程度	0.2835	0.2835	0.535	123.260^{***}	1.016
2.大四对照大二	0.2850	0.0015	0.027	6.239^{***}	1.015
3.理学对照文史哲	0.2857	0.0007	−0.024	-4.398^{***}	1.625
4.高收入对照低收入	0.2859	0.0002	0.013	2.961^{***}	1.002
5.一般本科院校对照 985 高校	0.2861	0.0002	−0.034	-3.289^{**}	4.745
6.社会科学对照文史哲	0.2862	0.0002	−0.021	-2.807^{**}	3.102
7.工农医对照文史哲	0.2864	0.0002	−0.062	-8.110^{**}	3.167
8. 211 高校对照 985 高校	0.2865	0.0001	−0.024	-2.275^{*}	4.764
模型信息					
样本数			38446		
调整后的 R^2			0.2865		
模型估计的标准误			0.031		

注：(1) $^{*}p<0.05$，$^{**}p<0.01$，$^{***}p<0.001$；

(2) VIF<5，表示模型不存在共线性问题；

(3)通过步进将变量引入回归方程，被排除的变量未列入表中；

(4)样本数为模型中实际样本数量。

如表 4-29 分析显示，共计参加学校实习实训的积极程度、大四对照大二、高收入对照低收入八个变量进入回归方程模型中，模型调整后的 R^2 为 0.2865，表示八个变量一共解释了自我效能的 28.65％的变异量。其中参加实习实训的积极程度对农村生源大学生的自我效能的个别解释量最大，达到了 28.35％。表明积极参加实习实训对农村生源大学生自我效能的影响较大。在进入回归方程的八个变量中，参加学校实习实训的积极程度、高收入对照低收入、中等收入对照低收入、大四对照大二、母亲接受对照未接受高等教育的标准化回归系数为正值，表明参加实习实训的积极程度越高，自我效能越强；相比于对照组，比较组的自我效能更强。而理学对照文史哲、一般本科院校对照 985 高校、社会科学对照文史哲、工农医对照文史哲、211 高校对照 985 高校的标准化系数为负值，表明相比于对照组，比较组的自我效能更弱。

（四）各因素对农村生源大学生元认知的影响

以就业能力的元认知为因变量，性别、家庭经济状况、父母受教育程度、高校类型、学科类型、年级和参加实习实训积极程度作为自变量，并以步进的方式将各变量引入回归方程，得到的农村生源大学生元认知的回归分析模型

（表 4-30）。

表 4-30　农村生源大学生元认知的回归分析模型

进入变量的顺序	调整后的 R^2	ΔR^2	标准化系数 beta	t 值	共线性诊断（VIF 值）
常数				84.392***	
1.参加学校实习实训的积极程度	0.2785	0.2785	0.530	121.558***	1.017
2.工农医对照文史哲	0.2794	0.0009	−0.057	−7.089***	3.474
3.大四对照大二	0.2799	0.0005	0.022	5.105***	1.016
4.高收入对照低收入	0.2801	0.0002	0.018	3.677***	1.268
5.一般本科院校对照 985 高校	0.2803	0.0002	−0.052	−5.038***	4.754
6.211 高校对照 985 高校	0.2806	0.0004	−0.042	−4.083***	4.781
7.男生对照女生	0.2807	0.0001	0.013	2.738***	1.195
8.理学对照文史哲	0.2809	0.0001	−0.020	−3.594***	1.652
9.社会科学对照文史哲	0.2810	0.0001	−0.021	−2.692*	3.123
10.中等收入对照低收入	0.2811	0.0001	0.011	2.200*	1.264
模型信息					
样本数				38446	
调整后的 R^2				0.2811	
模型估计的标准误				0.009	

注：(1) * $p<0.05$，** $p<0.01$，*** $p<0.001$；

(2) VIF<5，表示模型不存在共线性问题；

(3)通过步进将变量引入回归方程，被排除的变量未列入表中；

(4)样本数为模型中实际样本数量。

如表 4-30 分析显示，共计参加学校实习实训的积极程度、工农医对照文史、大四对照大二、高收入对照低收入、一般本科院校对照 985 高校、211 高校对照 985 高校、男生对照女生、理学对照文史哲、社会科学对照文史哲、中等收入对照低收入十个变量进入回归方程模型中，模型调整后的 R^2 为 0.2811，表示十个变量一共解释了元认知的 28.11%的变异量。其中参加实习实训的积极程度对农村生源大学生的元认知的个别解释量最大，达到了 27.85%。表明积极参加实习实训对农村生源大学生元认知的影响较大。在进入回归方程的十个变量中，参加学校实习实训的积极程度、大四对照大二、高收入对照低收入、男生对照女生、中等收入对照低收入的标准化回归系数为正值，表明参加实习实训的积极程度越高，元认知越强；相比于对照组，比较组的元认知更强。而工农医对照文史哲、理学对照文史哲、社会科学对照文史哲、一般本科院校对照 985 高校、211 高校对照 985 高校的标准化系数为负值，相比于对照组，比较组的元认知更弱。

三、影响因素总结与讨论

运用多元线性回归分析法，分别探究城市生源大学生和农村生源大学生在学科理解力、综合技能、自我效能和元认知这四个维度的影响因素，得到各自的回归模型，分析出城乡大学生就业能力各维度影响因素的异同点。

（一）主要研究结论

通过比较城市、农村生源大学生的就业能力四维度影响因素模型，本次研究发现，城市、农村生源大学生在学科理解力、综合技能、自我效能和元认知这四个维度的影响因素既有相同之处，又存在差异。

1.城市和农村生源大学生学科理解力的影响因素比较

城市与农村学生在学科理解力的回归模型上存在相同点和差异性。二者相同之处体现在进入回归模型的影响因素中，城市和农村生源的大学生学科理解力受实习实训的参与积极性的影响最大，且在影响程度上男生均高于女生、大一均高于大二、大四均高于大二，而工农医学科背景的大学生学科理解力均小于文史哲的学科背景、理学学科背景均小于文史哲，父亲接受高等教育的大学生的学科理解力均大于父亲未接受高等教育的大学生。而差异性首先在于，共有 9 个虚拟变量进入城市生源大学生学科理解力回归模型，而进入农村生源大学生学科理解力回归模型的虚拟变量共有 8 个；其次，进入回归模型的影响因素中存在单独的因素，对于城市生源大学生而言，母亲接受高等教育的大学生其学科理解力高于母亲未接受高等教育的大学生，而母亲的受教育程度未进入到农村生源回归模型中。换言之，对于农村生源大学生而言，高经济收入家庭的大学生的学科理解力高于低经济收入的大学生，而家庭经济状况未进入到城市生源的回归模型中，即母亲受教育程度影响城市生源大学生的学科理解力，家庭经济状况影响农村生源大学生的学科理解力。

2.城市和农村生源大学生综合技能的影响因素比较

城市与农村学生在综合技能的回归模型上存在相同点和差异性。二者相同之处体现在进入回归模型的影响因素中，城市和农村生源的大学生综合技能受实习实训的参与积极性的影响最大，且在影响程度上大一均高于大二；高经济收入家庭和中等经济收入家庭的大学生的综合技能高于低经济收入家庭的大学生；一般本科院校和 211 高校的大学生的综合技能低于 985 高校大学生。差异首先表现在共有 9 个虚拟变量进入城市生源大学生综合技能回归模型，而进入农村生源大学生综合技能回归模型的虚拟变量共有 10 个；其次，进入回归模型的影响因素中存在单独的因素，对于城市生源大学生而言，父亲、母亲接受高等教育的大学生其综合技能高于父母亲未接受高等教育的大学生,而父母的受教育程度未进入到农村生源回归模型中。

3.城市和农村生源大学生自我效能的影响因素比较

城市与农村学生在自我效能的回归模型上存在相同点和差异性。二者相同之处体现在进入回归模型的影响因素中,城市和农村生源的大学生自我效能受实习实训的参与积极性的影响最大,且在影响程度上高家庭经济收入的大学生的自我效能高于低家庭经济收入的大学生;一般本科院校和 211 高校的大学生的自我效能低于 985 高校大学生。论其差异性,其一在于对于城市生源大学生而言,母亲接受高等教育的大学生其自我效能高于母亲未接受高等教育的大学生,而母亲的受教育程度未进入到农村生源回归模型中。其二,对于农村生源大学生而言,文史哲学科背景的大学生自我效能均高于理学、社会科学和工农医背景的大学生。

4.城市和农村生源大学生元认知的影响因素比较

城市与农村学生在元认知的回归模型上存在相同点和差异性。二者相同之处体现在进入回归模型的影响因素中,城市和农村生源的大学生元认知受实习实训的参与积极性的影响最大,且在影响程度上高经济收入家庭的大学生的元认知高于低经济收入家庭的大学生;一般本科院校和 211 高校的大学生的元认知低于 985 高校大学生。差异性的突出表现之一为对于城市生源大学生而言,母亲接受高等教育的大学生其元认知高于母亲未接受高等教育的大学生,而母亲的受教育程度未进入到农村生源回归模型中;第二,对于农村生源大学生而言,文史哲学科背景的大学生元认知均高于理学、社会科学和工农医学科背景的大学生。

(二)研究发现

通过上述由回归模型表征的研究结论,可以发现城乡大学生就业能力在受到不同的影响因素时,其差异产生新的特征;并且不同群组的大学生,由于受到的影响因素不同,在就业能力的各个要素的差异性也会产生新的特征。

1.参加实习实训的积极程度对城乡大学生就业能力的影响较大

当代入实习实训因素后可以发现,无论是城市生源或是农村生源大学生,从就业能力的各个维度的回归模型可以看出,参加实习实训的积极程度对就业能力的个体解释变异量最大,且产生正向积极的作用,表明对于大学生而言,实习实训经历是培养就业能力的重要活动,在人才培养方案的整体设计中可以加大其力度,或者更新活动方式来使其发挥更大的作用。

2.性别对就业能力的影响主要体现在学科理解力和元认知上

从各个回归分析模型可以看出,只有学科理解力和元认知的回归模型存在性别的差异,且男性高于女性,城市和农村生源的大学生在这个因素下表现出一致性。由此可见,生源无论城乡,但会由于性别因素在知识的获取和自我认知方面产生差异。

3.985 高校大学生的就业能力大体高于 211 高校和一般本科院校

从各个回归方程可以看出，不同高校类型的大学生，无论是城市生源还是农村生源，其学科理解力没有显著性的差别，而在综合技能、自我效能以及元认知上，985 高校的大学生高于 211 院校和一般本科院校的大学生。这在肯定 985 高校的投入获得了成效的同时，给予另两类院校更多的思考，在知识和技能、认知的培养上做出适当调整。

4.母亲受教育程度对城市生源大学生的就业能力影响较大

分析可知，母亲受教育程度都进入了城市生源大学生学科理解力、综合技能、自我效能以及元认知的回归模型中。且由回归模型可知，相比母亲未接受高等教育的城市生源大学生，母亲接受高等教育对于城市生源大学生具有正向影响，其就业能力的四个维度均更强。而对于农村生源的大学生而言，母亲受教育程度对其就业能力的各个维度都无显著影响。

第四节　就业能力与人才培养的互融互促

大学生在参与和体验高等教育的过程中形成知识、技能和情感方面的提升，其培养结果也契合这三方面的教育目的。从应然的高等教育人才培养设计和实然的大学生学习与发展过程来看，大学生实现充分的、高质量的就业既是理想也是目标。在协同化质量观的构建和评价视野下，大学生就业能力的培养与提升，和人才培养的整体设计与实施表现为相互融合、相互促进。

一、就业能力在大学生群体成长中的培育与提升

本次研究主要内容集中在全面展现我国高校城市和农村生源大学生就业能力的基本现状，并且基于人口统计学变量及院校变量分别就城市和农村生源大学生就业能力的学科理解力、综合技能、自我效能以及元认知的特征和差异进行深入的比较分析，最后运用多元线性回归分析，将实习实训变量纳入回归分析中，从而构建城市和农村生源大学生就业能力四维度的影响因素模型。基于此，本次研究在深度数据分析的基础上形成结论，从而就研究结论展开进一步解读和讨论，为有针对性地为城市和农村生源的大学生进一步提高其就业能力提出对策建议。

（一）城乡生源大学生就业能力基本现状

总体而言，城市生源大学生就业能力的整体现状偏向于正向，城市生源大学生在综合技能的均值最高，学科理解力的均值最低，且各维度均值均高于全

国大学生的均值。农村生源大学生就业能力的整体现状偏向于正向，与城市生源大学生的情况相似，农村生源大学生在综合技能的均值最高，学科理解力的均值最低，但各维度均值均低于全国大学生的均值和城市生源大学生的均值。虽然城乡生源大学生就业能力总体情况偏向于正向，但还存在一定的进步空间，特别是在学科理解力方面还有待提高。

（二）城乡生源大学生就业能力特征

总体而言，城市和农村生源的大学生就业能力在不同变量类别上表现出同质性与差异性，即城市与农村生源的大学生的就业能力在性别、高校类型、学科类型上呈现一致的规律，在家庭经济状况、父母受教育程度、年级上呈现不一致的规律。

1.家庭经济状况对城市和农村生源的大学生就业能力产生不同影响

家庭经济收入低的城市生源大学生群体得分均值显著低于中等和高经济收入的家庭；家庭经济收入高的农村大学生群体得分均值显著高于低收入家庭的大学生。从中可以看出，无论是对于城市生源的大学生来说还是对于农村生源的大学生而言，家庭经济收入对他们自我评价起到了相当关键的作用，而且表现出显著性差异的家庭经济收入低的城市生源大学生和家庭经济收入高的农村生源大学生群体，需要重点关注。

2.父母受教育程度对城市和农村生源的大学生就业能力产生不同影响

对于城市生源大学生，父母的受教育程度对于他们就业能力各个方面的影响都具有显著性差异，而对于农村生源的大学生群体，无论是父亲的受教育程度还是母亲的受教育程度都对他们影响较小或无影响。由此看来，城市和农村生源大学生的就业能力所受的影响由于父母受教育程度所引起的差异有极大的不同。

3.年级对城市和农村生源的大学生就业能力产生不同影响

城市生源大学生的就业能力主要呈现出到了最高年级，学生的学科理解力、综合技能、自我效能、元认知等各个方面都达到顶峰，但低年级之间却不存在较大差异；而农村生源大学生的就业能力不仅呈现出最高年级得分最高的特征，还表现出大二年级存在一个明显的低谷，需要尤为注意。

（三）城乡生源大学生就业能力的影响因素

总体而言，城乡生源大学生各维度的影响因素表征既有同质性，也存在差异，各个因素的各自贡献也不相同，特别是参加实习实训的积极程度是极为重要的影响变量。

1.实习实训的参与及其积极程度对城乡大学生就业能力的正向影响

从就业能力的各个维度的回归模型可以看出，不论其生源背景，参加实习实训的积极程度对就业能力的个体解释变异量最大，且产生正向积极的作用。

这表明对大学生而言，实习实训的经历能够使他们真正融入专业、行业的实践训练中，将理论知识和具体实践结合起来，达到知识、技能的迁移，并产生新一轮的学习需要，从自身成就感中推动就业能力的提升。

2.性别对就业能力的影响主要在学科理解力和元认知方面产生差异

从各个回归分析模型可以看出，只有学科理解力和元认知的回归模型存在性别的差异，且男性高于女性。这也能解释在就业市场上存在的性别差异，研究界一直对女大学生的就业问题有着持续的研究和关注。而在我们较为关注的生源范畴内，城市和农村生源的大学生均表现出了一致性，这表明在就业能力的培养方面，无论来自哪个生源地的大学生，都面临就业问题，都有着就业能力培养和提升的需求。

3.不同类型学校的大学生就业能力表现出了差异

从各个回归方程可以看出，不同高校类型的大学生，无论是城市生源，还是农村生源，其学科理解力没有显著性的差别，而在综合技能、自我效能以及元认知上，985 高校的大学生高于 211 和一般本科院校。由此可见，不同类型高校的大学生培养方式和目标上理应有所不同，985 院校表现出来了明显优势，而 211 和一般本科院校则需要在人才培养的特色性方面下更多功夫。

4.母亲受教育程度对城市生源大学生的就业能力影响较大

母亲受教育程度都进入城市生源大学生学科理解力、综合技能、自我效能以及元认知的回归模型中，母亲接受高等教育对于城市生源大学生具有正向影响，其就业能力的四个维度均更强，母亲受教育程度对农村生源的大学生的就业能力的各个维度都无显著影响。母亲的受教育程度在城乡大学生的就业能力养成上体现出了不同的作用，但母亲作为原生家庭的重要影响力凸显，这也给女性高等教育提供了温暖的土壤。

二、以协同性思维统筹大学生就业能力的培养与提升

在 2018 年召开的全国教育大会上，习近平总书记强调，要培养德智体美劳全面发展的社会主义建设者和接班人，加快推进教育现代化、建设教育强国、办好人民满意的教育。由此可见，依托高校的人才培养职责来培养学生德智体美劳全面发展已成为我国教育的总体要求，也是新时代新形势下评价青年成长成才的重要衡量标准，更是凸显我国现代教育“立德树人”的根本任务，满足党和国家对高等教育事业的迫切需要和人民的殷切期待。从根本上来说，高校培养人的主要目的是党和国家的发展，是为了中国特色社会建设发展，关注高校为国家的发展、社会的进步培养了什么样的人也成为重点。因而为了契合国家的需要、社会的需要，特别是在我国高等教育大众化不断推进、市场经济不断深化转型的情况下，关注大学生的就业能力，以就业能力为落脚

点以促进大学生全面发展就显得尤为重要。

大学生就业能力的培养与提升，应该建立起多样化的更具针对性的机制。① 通过实证研究得到的量化数据和分析结论，本次研究着重强调大学生就业能力与高校人才培养方案调整、不同特征学生群体的自身自我价值的实现以及与劳动力市场的对接相结合，并针对大学生就业能力的城乡差异提出促进不同群体就业能力提升的三种途径，这三种路径既深度融合了高等教育的育人本质，又将高等教育置于社会大系统中统筹考虑大学生就业能力的培养与提升。

(一)协同视角下人才培养方案的进一步调整

大学生就业能力的培养和提升应该基于学习体验，贯穿大学生学习的全过程，通过进入高校后各个阶段的学习，培养或者提升他们的就业能力。为此，各个高校在设计人才培养方案时，可以重点考虑将以“学习”为核心的就业能力的培养与提升作为重要的培养目标之一。值得注意的是，不能要求所有高校只针对就业来进行人才培养，这违背了高等教育的原意，高等院校是要抓住人才培养和教育教学这条主线，使得学生通过学习获得成长、通过探索体验成功，形成内生性学习、思维与能力提升的模式，来促进就业能力的提升。

因而本次研究提出逐步建立以“学习”为核心的就业能力培养机制为大学生就业能力提升的关键路径。这里所指的学习，是广义的，是以学习体验的优化和学习生涯的持续为要旨，是契合“学会学习”的核心理念。并且，本次研究认为建立以“学习”为核心的就业能力培养机制需要明确不同类型高校的人才培养目标并优化不同学科类别的专业人才培养方案。

1.明确不同类型高校的人才培养目标

以学习为核心的就业能力培养机制需要完成理念上的转型和重塑，明确人才培养的目标。尤其要重视不同类型的人才需要不同的学习方式和相对应的培养模式，即从各个高校的实际情况出发，根据各个高校的层次、类别、定位来做出具体规划。

从研究结论可以发现，无论是城市生源大学生还是农村生源大学生，不同类型高校的大学生其学科理解力没有显著性的差别，而在综合技能、自我效能以及元认知上，985 高校的大学生高于 211 高校和一般本科院校。由此可以得知，一方面，985 高校培养出的人才有较为全方位的发展，就业能力较为突出，值得肯定，但是作为培养理论研究型人才的 985 高校，其学生的学科理解力和 211 高校以及一般本科院校没有显著性的差别，值得引起重视；另一方面，作为培养应用型人才的一般本科院校，其大学生的综合技能自我评价却低

① 文静.用就业能力提升来缓解就业难题[N].上海社会科学，2014-02-27(4).

于985高校，同样值得关注。因而本次研究认为，985高校还应保持在理论型、创新型人才培养的角色与地位，不能太过依赖市场而下移，同时要重视培养大学生的学科理解力、创造力；211高校需要提升大学生对学校、专业的认同感，解决大学生由于定位不明而产生的“迷茫”；地方本科院校则需要接地气，紧密结合所在地区的社会经济实际情况，妥善规划设计大学生的学习过程，以地方认同感的强化来带动就业能力的获得与提升。

2.优化不同学科的专业人才培养方案

优化专业人才培养方案与以“学习”为核心的就业能力培养机制的关系密不可分，高校学科的专业人才培养方案是人才培养的核心，是高校教学管理、教学质量的关键。而课程是专业人才培养方案的重中之重，对于大学生就业能力的培养，不能单纯依靠“职业规划”课，需要将就业能力培养理念融入各类课程之中，成为课程目标和内容的组成部分，尤其是重视在实践教学中对大学生就业能力的培养与引导。

针对研究发现的文史哲学科学生的学科理解力的自我评价得分高于工农医学科的情况，本次研究建议不同学科专业人才培养方案应该从“培养什么样的学生”和“怎样培养学生”的角度出发，特别是针对目前工农医学科学生的学科理解力自我评价得分较低的情况，需要从最基础也是最关键的课程考虑，关注专业课程培养出了什么样的学科素质的学生，在培养学生的过程中是否重视实践教学给学生带来的学科理解力上的直观体验。

(二)不同特征的学生群体的全面协同与分类引导

引导学生成长成才是高校人才培养的坚实落脚点，不同特征群体的大学生需要不同引导策略和培养方法。因而，本次研究提出建立特征群体就业能力针对机制为大学生就业能力提升的关键路径。

首先，高校应重视全体学生的学科理解力、综合技能、自我效能及元认知等各个方面。从课程与教学的角度强化学科专业知识，增强各类学生群体的专业认同，给予学生充足且新颖的知识，引导学生进行反思和自我建构。其次，高校重点关注表现出差异的不同特征的大学生群体，激发学生的自信心。特别是对大学生的批判性思维、创新思维多加鼓励与栽培，激发大学生在自我内部元认知、自我效能方面深层次的进步，带动外化的技能提高，从而提升就业能力。

1.不同性别学生群体的引导

从研究发现可知，无论是城市生源大学生还是农村生源大学生，不同性别的学生群体的就业能力的差异只体现在学科理解力和元认知上，在综合技能和自我效能方面没有显著性差异。特别是，在学科理解力和元认知上的自我评价得分男生显著高于女生。这样的差异折射出在当今时代，男性对自我的评价、信心以及对未来的期许都高于女性,而女性的自我评价往往处于较为劣势的状态。因而高校要引导大学生正确“认识自己”,正确看待两性就业能力的优势与不足,形成自我观及形成相对稳定而明晰的自我认识,完善自我意识。

2.不同家庭经济收入的学生群体的引导

从研究发现可知,家庭经济收入低的城市生源大学生群体在就业能力各个维度上的得分均值显著低于中等和高经济收入的家庭;而家庭经济收入高的农村大学生群体得分均值显著高于低收入家庭的大学生。因而针对城市生源的大学生要关注其家庭经济收入较低的学生群体,引导这部分学生不妄自菲薄,正视自身与其他城市生源的大学生的差距与不足,同时看到自身的优势,争取在就业能力的各方面得到提高,缩小与他人的差距;而针对农村生源大学生,要重点关注家庭收入较高的学生群体,引导这部分学生不好高骛远,珍惜自己的优势,同时也要看到自身的短板,努力做到百尺竿头更进一步。

3.不同父母受教育程度的学生群体的引导

从研究发现还可知,对于城市生源大学生,父母的受教育程度对于他们就业能力各个方面的影响较大,父母接受过高等教育的城市生源大学生的自我评价显著高于父母未接受过高等教育的大学生。特别是母亲的受教育程度会对城市生源大学生产生显著性的影响,母亲接受过高等教育的城市生源大学生无论是在学科理解力、综合技能,还是自我效能和元认知上的自我评价均高于母亲未接受过高等教育的大学生群体。因而可以郑重地指出,原生家庭中母亲在大学生的成长成才中起到了巨大的作用,产生了深刻的影响,要重视大学生与母亲之间的良好互动,帮助大学生在成长成才的道路上走得更远。

4.不同年级学生群体的引导

由研究结论可知,年级对于城市和农村生源的大学生所产生的影响不同。城市生源大学生的就业能力各个方面都在大四达到顶峰,但低年级之间却不存在较大差异;而农村生源大学生的就业能力不仅呈现出最高年级得分最高的特征,还表现出大二年级存在一个明显的低谷。针对研究所发现的农村生源大学生在大二年级出现就业能力低谷的现象,可以分阶段采取不同的措施。鼓励就业能力较高的高年级大学生走向社会生产的实际部门进行见习、实习与实训,鼓励就业能力处于低谷的中年级大学生走出宿舍、图书馆、网络,积极与社会进行互动,增强其自我效能感。

(三)培养大学生的就业能力需构建高校、社会与劳动力市场对接的桥梁

就业本身是一个经济、社会的问题,大学生就业作为高等学校与社会联系最紧密的接口,就业能力的培养,必然要将高等教育与社会经济结合起来,高校和社会之间形成合力,共同促进大学生就业能力的提升。因而本次研究提

出建立高校和社会、劳动力市场协同机制为大学生就业能力提升的关键路径。

高校与社会、劳动力市场的紧密协同，共振向前，培养学生紧跟时代的"以不变应万变"的就业能力。因此，高校要着重引导大学生在校期间提升就业能力，做到有备而战；学生更要增强正确的角色意识，清醒认识到"身无本领，毕业等于失业"的问题，充分意识到只有练就过硬的就业能力，才能在实现对接劳动力市场时寻找到自己理想的生存环境。

值得注意的是，基于本次研究结果，参加实习实训的积极程度对城乡大学生就业能力的影响较大，因而重点关注实习实训经历及积极参与程度就显得尤为重要。为此高校要特别重视实习实训的推动，加强校企合作，营造实习实训的良好氛围；加大学生实习工作的投入力度，完善实习实训制度，引导和帮助学生更好地在实习中学习，提高实习质量。

另一方面，就业教育与创业教育的结合是高等学校在探寻满足不同社会发展需要的途径与方法过程中的产物。当今时代，从就业教育向创业教育的转变已经成为一种新的发展趋势，[①]特别是在当今"学位≠工作"的时代，社会希望高等教育的毕业生不仅是求职者，而且也能是工作岗位的胜任者，甚至是工作岗位的创造者。因而在"大众创业，万众创新"的新时代浪潮下，构建劳动力市场需求为导向，借助高校与市场的联系，培养学生的创新能力，推行创新创业教育也成为培养大学生就业能力的重要途径。具体来说，可通过把创业实践课程引入传统的课程设置方案中，通过以学分制创业课程设置灵活地赋予学生选修的权利；再者，可通过丰富多彩的创业教育活动吸引学生的主动性，如开办"校园创业计划""互联网+创新创业大赛""创业俱乐部"等实践活动。

① 武毅英.转型期的大学生就业问题与对策[M].广州：广东高等教育出版社，2009.

第五章

大学生协同式成长促进机制的建设与完善

第一节　耦合协同观下大学生成长的基本成效剖析

一、基于行动的大学生同伴互动

理论和实践已经表明，同伴互动都被验证过是影响大学生发展的一个重要因素。本书在同伴研究的部分，以帕斯卡雷拉的“整体变化评定模型”作为指导，依托 NCSS 数据库 2017 年的调查数据，通过探索性和验证性分析将同伴互动细分为课堂同伴互动和课外同伴互动，从这两方面出发试图理清我国不同群体大学生的同伴互动现状，并对大学生课内外的同伴互动影响因素进行探讨，分析学生个体因素和院校教育培养因素对大学生同伴互动的影响。

（一）同伴互动的整体特征

通过分析，可以从整体上得出目前在校大学生的同伴互动呈现出下列特征：第一，从我国大学生总体同伴互动特征来看，全国大学生课堂同伴互动状态良好，倾向小组讨论的互动形式；全国大学生参与课外同伴互动活动的人均次数为 2 次左右，以校内社团活动为主。第二，从不同群体大学生的同伴互动特征来看，恋爱的大学生、担任学生干部的大学生课堂同伴互动表现更佳，课外同伴互动活动的参与次数更多；城市大学生课堂同伴互动表现更佳，农村大学生课外同伴互动活动的参与度更高；孤儿课外同伴互动活动参与次数最多，双亲家庭最少；兄弟姐妹人数与课堂同伴互动表现成反比，与课外同伴互动活动的参与次数成正比；学生课堂同伴互动的表现和课外同伴互动活动的参与度与学生年级成正比；211 院校的学生课堂同伴互动表现不佳，不同院校的学生课外同伴互动表现各异；偏文学科的学生课堂同伴互动表现更佳，农工医类学生课外同伴互动活动参与度低。第三，从我国大学生同伴互动的影响因素来看，院校教育培养有助于提升学生课堂同伴互动的表现，尤其是翻转课堂的教学形式影响最大；个体特征是学生课外同伴互动的重要影响因素，其中学生是否担任学生干部影响最大。

（二）以课堂内外为分水岭的同伴互动协同力提升

在提升我国大学生课堂同伴互动表现上，高校发展中需要引导教育资源来提升学生课堂体验、课程教学中需要提倡小组合作与讨论的教学策略、学生管理上需要鼓励不同背景的同伴互相交流与分享。在提升我国大学生课外同伴互动水平上，高校可以基于课外同伴互动现状来构建不同类别学科的实践育人机制，同时不同类型高校要找准课外同伴互动中的薄弱环节，进而采取针对性措施改善课外同伴互动水平，在课程教学中可以调动工科类学生参与科创竞赛的积极性，补足我国大学生课外同伴互动活动的短板。

二、基于体验的大学生学习满意度

（一）大学生学习的 U 型特征与前移

根据 NCSS 十年研究结果，从我国大学生学习各要素的基本情况和发展趋势来看，2012—2016 年连续五年数据显示，除了个别要素以外，总体呈现出逐年递增向好的趋势，我国大学生学习各要素在整体年级差异上的 U 形特征明显，大二的“拐点”现象表现在多个要素中，而大三基本与大二持平或持续恶化，到了大四年级才出现较大幅度的上升；在院校类型方面，虽然不同类型院校学生的年级特征在一些学习要素上呈现出与整体年级差异相似，呈现出较为明显的 U 形特征，但普通本科院校学生的“低迷期”要显得更长一些，大二、大三所呈现出来的问题更为突出；在学科方面，对于不同学科学生在学习各要素上的年级差异也呈现出与整体年级差异相似的 U 形特征，大二的“拐点期”依然是每个学科值得特别关注的时期；学习质量方面，文史哲类学生整体的学习质量体验要高于其他学科学生，而工农医学类学生体验则要差一些，且社会科学、理学和工农医学类学生的“低迷期”比文史哲类学生要更长。[①]

针对学习满意度，可以清楚地看到，大二“拐点”依然存在，使得大学生在大二开始进入学习的变动期，并且蔓延到了学习满意度，整体上依然呈现出来 U 型特征。而从近年频发的大学生各类负面事件和心理变动情况来看，“拐点”甚至还出现了前移现象。由此可见，学习满意度从学习体验中产生，要提升满意度，很有必要从学习要素、资源的协同协作上入手，形成多方推进。

（二）学习满意度提升的路径与方略

提升大学生学习满意度是“立德树人”整体目标和“办人民满意教育”指导

① 史秋衡.高等学校分类体系及其设置标准研究[M].北京：经济科学出版社，2019：2.

思想下引导学生成长成才的重点工作，大学生的有效参与和体验构建了学习质量和满意度。在有效梳理理论与现实的基础上，基于大学生学习的本质进行了学习满意度提升的研究设计。从NCSS平台采集的调查研究数据已经表明，学习满意度大学生学习满意度既有内部结构，又必然和学习过程紧密结合。为此，全面提升大学生学习满意度可以归结为结构式路径和过程式路径两方面的路径选择，在学习体验的不断优化中，加强引导来完善大学生的学习过程来得到具体推进，并重视起学习满意度所表征学习质量，通过理论研究、制度设计和社会接轨来落实多方共建共推共促卓越。

从理论研究到实践推行，学习满意度的提升既有过程性也有阶段性，是大学生自主学习的产物，也是高等教育影响力的产物。紧抓大学生学习的本质，注意对各项学习资源的调配，使得大学生将更多的注意力放在学习上，在教学引导、同伴互动的协同作用下，提升学习满意度，也为大学生协同式成长循环输入更多的正能量。

三、基于结果的大学生就业能力培养与提升

通过对本实证研究得到的量化数据和质性访谈资料的分析，大学生就业能力基本特征、分组特征、就业信心、与学习结果的关联等方面的讨论结果，在深度融合了高等教育的协同育人精神实质，又将高等教育置于社会大系统中统筹考虑大学生就业能力的培养与提升的过程中，逐渐深刻认识到就业能力的重要性，为大学生的协同成长循环注入更多就业能力方面的能量。

(一)逐步建立以学习为核心的就业能力培养机制

根据本次研究所得，目前在校大学生对就业能力已有感知，但体验并不是很强烈，而内心深处对就业能力的提升是非常渴求的。从就业能力的四项结构要素上来看，学科理解力是基础，元认知和自我效能是推手，技能是最外化的方式，四者之间相互影响。同时，就业能力与学习收获、学习满意度之间具有一定的关联性，尽管并不是高度相关，但仍然不妨碍他们之间建立联系，甚至从“学习”的角度来培养、提升就业能力。在这里本课题所指的学习，是广义的，是以学习体验的优化和学习生涯的持续为要旨，是契合“学会学习”的核心理念。

首先，以学习为核心的就业能力培养机制需要明确人才培养的目标，完成理念上的转型和重塑，不同类型的人才需要不同的学习方式和相对应的培养模式。其次，明确大学生学习并不是全盘追求高深知识，或者全力学习某类技术，而且给予大学生良好的学习体验，通过自我感知达成内化，实现大学生在学习方面的自我提升，强调与社会发展相吻合的学科专业知识、技术、认知和持续进步的能力。再次，所有的大学生都需要学习不同程度的学科专业知识，

这符合高等教育的思想精髓,亦体现高等学校的办学宗旨,同时实现高等教育的使命。

（二）建立就业能力与职业生涯成长的辅导机制

从方差分析的结果可以看到,将大学生按照一定的标准分组,不同群组的大学生在就业能力的各个方面显示出了差异,这就给生涯辅导机制的建立健全提供了很好的参考,因此我们可以根据大学生的群体性特征来实现各个击破、整体协同。

首先,要注意大学生的特点,据此建立个体化程度略高的生涯辅导机制。就业能力的培养与提高同大学生的个人特质、群体特征紧密相关,那么就业能力需紧紧围绕这些特点来得到提升。目前 90 后、00 后的大学生在学业与就业方面都面临着诸多选择,这些选择之间并没有太多的优劣之分,而是需要根据不同大学生的特征做出决策,因材施教。

其次,要掌握大学生在不同阶段的成长变化,强调职业生涯成长的持续性和可追踪性。面对严峻的就业形势,大学生就业能力的准备、培养与提升不是在快要毕业、快要找工作的时候才进行,而是越早准备越有利,一蹴而就并不可取。因此,对于就业的辅导不能只是着眼于快到就业季之时的临阵磨枪,而更应该从进校开始有意识地培养学生对职业生涯有利有益的就业能力,针对学生不同阶段的学习状态和心理状态做出相应的辅导,帮助他们更快获得通用能力,实现他们在自我效能和元认知方面的突破,当面临就业之时,才能够有更多储备,更快提升具体的操作技能。

（三）就业能力与信心的互促机制

研究显示,大学生在就业的信心方面显示出略不充足的状态。然而就业能力与就业信心之间却呈现中度相关,说明了就业信心会影响到就业能力。如何更好地树立就业信心,并促使这二者之间形成互促机制,本课题研究结果显示可以从三个方面进行。

首先,从课程与教学的角度强化学科专业知识,增强专业认同,尽管不同特色的院校对于各自学科知识的水平、深度以及传授方式有所区别,但给予学生足够多、尽量新的知识,引导学生进行反思和自我建构是高校教与学的根本职责。其次,从同辈引导的角度提供给大学生相互学习与促进的机会与活动,重视朋辈影响力,尤其是发挥毕业校友、学长前辈的带动作用,给大学生传递正能量。再次,围绕就业能力的提升来营造适切的校园文化,使得大学生在实习实训、技能比赛、学术论坛、创业大赛等一系列活动中实现自我价值,提升自我认可,达到提升就业信心和就业能力的目的。

（四）高校与社会的内外协同与共促

就业本身是一个经济、社会的问题,大学生就业作为高等学校与社会联系最紧密的接口，就业能力的培养，必然要将高等教育与社会经济结合起来，高校和社会之间形成合力，共同促进我国大学生就业能力的提升。

首先，大学生就业能力培养的“走出去”。这里不仅仅鼓励大学生走向社会生产的实际部门进行见习、实习与实训，鼓励大学生走出宿舍、图书馆、网络，积极与社会进行互动，增强大学生的自我效能感；更重要的是提倡高校在培养目标、课程设置、课堂教学及实习就业等人才培养的各个环节，都要密切联系社会实际，将理论与实践深度融合，真正敞开校门办大学，将大学生就业能力的培养提升贯穿学生人才培养的全过程。

其次，抓住我国经济转型的契机和战略地位的要领，培养就业能力的“中国特色”。面对“一带一路”的建设，大学生应该成为我国战略部署的重要后备力量，因此把握我省办学的传统优势与经济、产业结构，利用政策提供的支持和倾斜，使得人才培养在高校和产业部门的共同作用下进行，一方面提高人才培养质量，另一方面满足我省经济社会建设之所需。

再次，加强高校与社会各部门的合作，利用中国先进文化提升大学生的就业能力和保留率。我国各地区在地方特色、民俗文化方面一直保持着自己的传统与特色，高校可以抓准该项优势，与社会各个部门加强合作，从文化的视角建立和强调对各省各区域的认同感，从而对大学生主动、持续地学习和保持地方特色提供一定的动力，激发大学生深入学习的兴趣，强化认同感，最终提升就业能力和保留率。

第二节　大学生协同式成长的研究推进与制度创设

一、同伴互动从陌生走向熟悉

同伴互动作为大学生协同式成长的重要循环点，其重要作用逐渐为理论界所熟识。为提升我国大学生在课堂同伴互动上的表现，高校可将教育资源投放在学生课堂体验的引导，课程教学策略要提倡小组的合作与讨论，学生管理工作则需鼓励不同背景的大学生进行深度交流与分享。为提升我国大学生课外同伴互动的水平，高校可以根据课外同伴互动的现状来构建不同类别学科、专业的实践育人机制，找准各校同伴互动中的薄弱环节，进而采取有针对性的改革措施，发挥优势、补齐短板。

（一）提升我国大学生课堂同伴互动表现的主要途径

国内重点发展院校的学生在课堂同伴互动上的表现欠佳，需要引导教育资源来提升学生课堂同伴互动表现。在课程教学中，教师可以使用小组合作与讨论的教学策略，来提升学生的课堂体验，在学生管理上，学院应该让不同背景的学生加强互动，鼓励他们进行学习上的交流和分享。

1.高校发展：引导教育资源提升学生课堂体验

相较于一般本科院校的课堂同伴互动表现，211 院校的学生在课堂同伴互动上表现欠差，作为国内重点发展高校更应该将丰富的教育资源用来改善学生的课堂体验。从大学生课堂的同伴互动影响因素来看，高校可以通过开设新生研讨课，构建本科生导师制，开展翻转课堂教学模式并提供创新创业项目来进一步改善大学生课堂同伴互动。其中结合教育信息技术的翻转课堂教学模式对大学生同伴互动有较大的影响。因此，在互联网时代，高校可以积极融入教育信息化浪潮中，构建基于信息技术的新型教育教学模式、促进信息技术与教育教学深度融合，国内重点发展院校更应将利用自身优厚的教育资源，充分利用信息技术开展人才培养模式和教学方法改革，切实改善学生课堂体验和提高课堂教学质量，进而提高人才的培养质量。

2.课程教学：提倡小组合作与讨论的教学策略

课堂同伴互动中，"参加小组讨论"均值最高，有 87.6％的大学生认同自己在课堂上积极"参加小组讨论"，说明小组讨论与合作形式是大学生更倾向的课堂同伴互动形式。以小组讨论和合作为特征的合作学习也是目前世界上许多国家都普遍采用的一种富有创意和实效的教学理论与策略体系，[①]合作学习能够激发学生在学习中的积极性和主动性，进而提高学生的学习成绩。因此，高校教师在教学中可以将小组讨论、小组合作完成作业作为一种教学策略，更好地挖掘同伴互动的潜在价值，进而构建良好的课堂互动环境，提升教学效果。但同时也要注重不同专业的适用性，文科类学生的课堂多注重发散性思维的发展，所以教师可以在课程教学中多采用小组合作与讨论的教学策略。而理工科类学生的专业多是严谨的逻辑推导，课堂教学可能更需要教师的一步步引导，但在实验课中，可以让学生分组讨论合作，共同合作解决和分析问题，加强对知识的理解和应用。

3.学生管理：鼓励不同背景的同伴互相交流与分享

在课堂同伴互动行为中，学生与同伴之间学习经验的交流与分享的均值较低。从课堂同伴互动的影响因素来看，要提升课上同伴间的交流和分享，除了考虑影响大学生课堂同伴互动表现的院校因素外，学生个体性因素也不容忽视。研究显示，随着年级的增加，学生更愿意进行学习交流与分享，因此，学院辅导员或者班级管理者可以组织开展学长学姐学业帮扶活动等，分享他们大学期间的学习经历和经验，帮助低年级学生更好地融入大学生学习生活中。

---

① 王坦.论合作学习的基本理念[J].教育研究，2002(2)：68-72.

同时，校辅导员等行政管理部门人员可以依据学生家庭背景信息，合理安排宿舍成员。独生子女和城市大学生在课堂同伴互动上表现更佳，而有兄弟姐妹的大学生以及农村大学生在课堂同伴互动上的表现较差，可以利用大学宿舍的育人功能，让不同背景的同伴进行互动，以此促进他们之间学习经验的交流与分享。

（二）提升我国大学生课外同伴互动水平的主要途径

我国有 80％以上的学生会参与到课外同伴互动活动中，高校可以依据各学科学生课外同伴互动情况，结合各自学科特点来推动构建学科教学和校园文化相融合的实践育人机制。针对我国大学生课外同伴互动活动参与度最低的科创竞赛项目，教学中可以鼓励工科类学生参加各种科创竞赛。同时，各院校在提升学生课外同伴互动参与度时，可以根据自身的学校类型找准课外互动活动的薄弱环节。

1.人才培养：构建不同类别学科的实践育人机制

文史哲类学生更具有人文情怀，对能够服务社会，了解社会的志愿活动和社会实践活动的参与度最高，所以，志愿服务和社会实践活动可以多鼓励这类学科的学生参与，找到合适的人做合适的事，能够更好地提升大学生的学习体验，同时保障实践活动的质量。理科类学生的学业多是艰深晦涩的理论推演，课堂学习的枯燥可能让他们更需要活跃的社团活动来调剂，因此，社团活动是理科生参与最多的课外同伴互动活动。因此，高校团委在社团活动类型上可以多引导人文类社团活动的发展，让喜欢社团活动的理科类学生充分利用人文社团这一第二课堂活动平台，来不断提高自身人文精神，也在践行各种自主策划的社团活动中加强与文科学生的互动，促进不同学科间的理解。在科创竞赛类活动中，社会科学类学生参与度最高。社会科学类学生大多参与的科创竞赛是挑战杯大赛中社会调查的项目，通过调研了解和分析社会现象，进而提出解决方案，也是发挥其学科优势，将学科理论知识学以致用。但同时院校层面的科创竞赛管理部门也要在项目评选中严格把关，避免学生的功利性目的而随意申报最终潦草结题。

2.课程教学：调动工科类学生参与科创竞赛的积极性

在各类课外同伴互动活动中值得关注的是，仅有 45.9％的大学生参与过科创竞赛，如挑战杯或专业技能比赛等。可见，科创竞赛的参与性远低于其他活动。从学科性质来说，偏工科的专业更注重实用性和操作性，科创竞赛也更注重研究成果的转化，而且工科学生能参与的科创竞赛类型相较文科专业也更多，例如数学建模大赛，机器人大赛等。但农工医专业的学生科创竞赛的参与度还不及社会科学。因此，针对我国大学生课外同伴互动活动参与度最低的科创竞赛项目，高校可以鼓励参与度最低的工科类学生参与到这些项目中。

从大学生课外同伴互动的影响因素来看，学校可以通过提供创新创业项目来影响大学生课外同伴互动活动的参与度。教师教学中可以让学生将优秀的课程作业或课程项目等参与到各类学科竞赛中，进一步强化工科专业教育与“双创”教育的融合，在利用项目制的竞赛活动来提升专业实操技能的同时，也能解决我国大学生课外同伴互动活动中科创竞赛参与度低的问题。

3.高校发展：要找准薄弱环节采取针对性措施

中共中央、国务院印发《中国教育现代化2035》文件中指出，要“大力推进校园文化建设”。在高校内，志愿者活动、社会实践活动、校内社团活动以及各种科创竞赛等这些课外同伴互动活动也是高校文化活动的重要构成部分。根据研究结果显示，不同院校有自身课外同伴互动活动的薄弱点，例如985院校的学生在社团活动和社会实践活动中的参与度都是最低，211院校的学生在各类科创竞赛中的参与度最低，一般本科院校的大学生在志愿服务上的参与度最低。不同院校可以采取针对性措施弥补各自院校课外同伴互动活动的不足，鼓励学生参与到该项活动中，进而提升学生课外同伴互动活动的整体参与度，推进校园文化建设发展。

二、学习满意度日益受到多方关注

（一）学习满意度的变迁、修订与推进

对大学生学习满意度的研究始于对高等教育属性的辨析，在研究推进中经历了从顾客满意度到高等教育服务质量，从大学生学习投入与体验到高等教育影响力，从高校学生的增值评估到大学生学习质量的演变。而在中国高等教育情境下，研究范围从具体的某专业、某学科的好感度，到对大学生学习情况的全面普查诊断，再到大学生学习质量的精细分析与全面推进。学习满意度对大学生的学习力、学习质量均产生了重要影响，也是监测高等教育质量的窗口性指标。

通过本书的研究，修订后的大学生学习满意度模型指出，最具影响力的因素是教师教学，其次是人际关系，学习支持制度与设施、学习支持条件的影响力不相上下，各有千秋。这就意味着人与人之间的影响力，始终大于物质、制度等条件设备对大学生学习的影响力。而从连读的数据来看，NCSS调查平台研究显示2011—2017年大学生最满意也是最重要的满意度指标是“室友关系”。[①] 这不仅深度印证了人的影响力，形成了学习满意度的中国特色指标，是值得研究和推广的学习满意度的“中国经验”。

---

① 史秋衡.高等学校分类体系及其设置标准研究[M].北京：经济科学出版社，2019：347.

(二)融入人才培养过程的生涯设计与支持

在学习满意度的研究中,一方面可以看到大学生在学习资源使用效率上的诉求,另一方面也可以知晓大学生群体在学习过程中体验感的变化,呈现出"马尔可夫"链式反应。[①] 进一步深度分析可知,在大学生的求学生涯中,不时会产生迷茫,在学习心态、学习资源、学习效果方面都需要不同程度的帮扶。为此本书提出建立基于人才培养过程与质量的学业生涯支持机制,以制度化、规范化的形式来解决大学生学习过程中出现的各种状况,实现精准帮扶。

学业生涯支持机制主要包括以学业生涯为中心的设计制度、以学业过程问题解决为中心的辅导制度、以学业心态调整为中心的咨询与梳理制度,以面向全校学生服务的实体化机构来运营,并进行相应的制度设计和人员安排。这样做的好处在于给学生提供处理学习需求的专设机构,并且调动全校各专业对口的专业教师为引导学生成长而服务,让行政事务和学科专业指导相结合,解决个性化需求和针对性引导的问题,加大学习资源与制度的支持力度,从而达到"听君一席话、胜读十年书"的心灵效应。

(三)学习满意度的协同力

学习满意度的协同价值,在我国高等教育后大众化时期的多样化质量观上面得到了充分的体现,在要素、生成机制、贡献力和相关性方面的表现比较突出,成为大学生协同成长循环中不可或缺的重要一角。因此,无论从学习过程质量的建构,还是从学习结果质量的表征,都渗透着大学生主体对学习满意度的感知和评价,也正是其协同力的体现。而对于协同循环的整体力量的构建与效用发挥,学习满意度从心理状态的不断调适、学习内驱力的持续增强上更是无可替代,保持着协同循环的稳定性,并时刻注意着循环能量的增强。

三、就业能力培养融入人才培养整体设计

在培养和提升大学生就业能力方面,除了要围绕学生的学习体验、职业生涯成长辅导、就业信心与学生就业能力的相互促进机制的建立,及高校与社会的内外协作与共促机制的设计,以达到从微观具体层面提升大学生就业能力的目的,更要结合我国高等教育现状,从不同角度考虑设计促进大学生就业能力提升的整体推进方略。从 SWOT 战略分析矩阵的角度,我们可以充分发挥目前已有策略的比较优势与机会并规避其弱点与威胁,运用该矩阵梳理已有做法的优势与不足,为我国高等教育的改进提供参考;从高等教育本质与内涵

① 史秋衡,林秀莲.中国大学本科生学习过程规律研究:以厦门大学为个案[J].清华大学教育研究,2007(2):62-67.

的角度来讲，高等院校要抓住人才培养和教育教学这条主线，重视学生学习体验，促进就业能力的提升；同时，大学生就业能力的培养与提升还应有不同类型高校在人才培养目标定位方面的差异，真正做到为社会经济发展的实际服务，提升符合教育规律、时代与社会需求的大学生就业能力。

（一）基于SWOT战略分析矩阵的推进

从SWOT战略分析矩阵的基本框架可知，目前已有的策略比较强调优势与机会的组合、弱点与威胁的规避。在“发挥优势、利用机会”的部分主要从创业引导层面进行，鼓励大学生走向社会而锻炼自己各方面的能力；在“利用机会、克服弱点”的部分，注意到了对就业的指导工作，并从校园文化的熏陶来锻炼学生的就业能力；在“利用优势、回避威胁”的部分，引入竞争机制激励学生；在“减小弱点、回避威胁”的部分，提供学生更多的实习实训锻炼机会，由此来养成他们的就业意识。将现有做法梳理归类，建立起了SWOT战略矩阵（图5-1），从而为我国未来大学生学习与发展、学生事务管理工作提供了参考。

	优势S 战略地位优势明显 经济建设势头强劲 相关政策支持、引导 大学生自身所需 高校发展所需	劣势W 经济转型动荡期 受市场影响大 大学生自身存在问题 高校培养还不够到位
机会O 大众创业、全民创新 产业转型、升级换代 学校教育对就业问题的重视 大学生危机感来袭	SO战略 发挥优势、利用机会 加强创业教育、推动创业引导 提升就业能力、鼓励大学生就业“走出去”	WO战略 利用机会、克服弱点 建立大学生职业生涯辅导机制 打造贯穿培养全过程的就业能力培养 丰富校园文化、锻炼学生能力
威胁T 某些地区、行业吸引力不足 资源相对稀缺 学生自身因素 学校培养不完善	ST战略 利用优势、回避威胁 加强各方的交流与合作 增加就业技能、创新创业比赛	WT战略 减小弱点、回避威胁 强化大学生就业意识与能力的培养 增加实习实训、勤工助学等锻炼机会

图5-1　基于SWOT战略分析矩阵的大学生就业能力提升策略矩阵图

现有的做法无疑是想给予学生更多的锻炼，以求得更好的提升。那么在未来也没有必要完全摒除这些，原因之一在于已有的部分做法确实起到了作用，分别从生涯辅导、政策指引、能力锻炼和文化熏陶的角度对大学生应对就业难题进行引导。

(二)基于在学习体验中培养就业能力的逻辑设计与调整人才培养方案

通过研究发现，尽管现有的方式在促进大学生就业、提升大学生就业信心和营造氛围方面起到了积极的作用，但是并没有从学习体验这个角度来考虑大学生就业能力的提升，也就是说并未太涉入大学生接受高等教育的核心。因而在调查研究的基础上，提出大学生就业能力的培养和提升应该基于学习体验，贯穿大学生学习的全过程，通过进入高校后各个阶段的学习，培养或者提升他们的就业能力。

为此，各个高校在设计人才培养方案时，可以将就业能力的培养与提升作为重要的培养目标之一，有意识地调整课程设置，重新设计教学；放弃过去不太合时宜的内容，纳入学科专业的前沿信息，并注意开辟更加活泼生动的教学组织方式，从内部引发学生学习知识、探求未知、提高能力的兴趣。

(三)整体协同视角下大学生就业能力分类培养与整体提升

以学习为核心的就业能力培养与提升推进方略，也并非意味着把高校全部改造，而是需要从实际情况出发，根据各个高校的层次、类别、定位来作出具体规划，况且各校在人才培养目标定位方面也是有区别的。根据我国高校的分类与定位，985 院校还应保持在理论型、创新型人才培养的角色与地位，不能太过依赖市场而下移；211 院校需要提升大学生对学校、专业的认同感，解决大学生由于定位不明而产生的“迷茫”；应用型本科院校则需要接地气，紧密结合所在地区的社会经济实际情况，妥善规划设计大学生的学习过程，以地方认同感的强化来带动就业能力的获得与提升；最后，高职高专院校尽管就业结果、大学生就业能力的自我体验都不算太差，但在全国范围内并没有排前，因此需要在加强学校建设的同时，加强校企合作，为培养能够胜任转型经济、智能经济的各项专业技术的技能型人才多做努力。所以，各级各类高校从不同层面着手进行分类培养，致力于大学生就业能力的整体提升。

第三节　协同视野下大学生自主学习的意识强化与有效组织

一、大学生学习与成长的理性逻辑

现代社会对多样化的认可度有所提高，教育对学生的个性培养已经得到充分的论证。这也使得大学本科教育的目标受到严峻考验。高等教育理念在更新，高等教育机构分层分类和多样化发展，高等教育办学模式也在不断创新……这些高等教育系统内的自我更新和高等教育系统外的有效刺激共同催生对大学生学习与成长的反思，并从各种争论和探讨之中提炼出根本的、普适性的重要目标内涵。

（一）大学本科教育的目标建构

高等教育这个概念拥有十分明确且丰富的内涵，大学本科教育作为高等教育的重要组成部分，也应该有与之相应的明确目标做支撑。因此，目标之于大学本科教育的重要性首先在于导向。强烈的目标意识能够正确引导教学内容的选定、教学过程的实施。其次，明确且适当的目标对大学本科教育的各个环节起到了规范的作用，对行为构成了约束。再次，从评价的角度出发，大学的教育目标是检验大学本科教育的标准，对教育成果形成了参照。目标对高等教育质量的重要性可见一斑，是高等教育完成其个体功能所必须面对的问题。

然而对大学教育目标的陈述可谓仁者见仁智者见智，而且在不同历史条件和事件背景下也造就了对大学教育目标的不同阐述，从而形成了一些争论。这些争论的核心议题是大学教育的目标是多样的还是唯一的？大学教育的目标究竟应该包含哪些内容？在众多争论中寻找共同点，不难发现学者对大学教育的目标表述主要聚焦在智力发展和能力形成这两方面，其中对大学本科生智力培育、道德发展、价值观形成这几项争议较小。而随着社会的发展，知识经济、网络时代对大学教育产生了不小的影响，人们对大学本科教育也产生了新的期待，因此大学本科教育目标的具体内容也随之而产生变化。毫无疑问，单一的、统领式的、局限型的目标越来越无法涵盖本科教学生活的全貌，大学的责任也变得越来越重大，大学培养目标的多方位性和全面性愈发受到肯定。①

1.作为“社会人”的能力

教育的本质是培养人的活动，而大学本科教育阶段的智力培养目标是毫无争议性的。随着高等教育走出“象牙塔”，当今的大学本科教育再也不仅仅是“满足闲逸的好奇”或者对国家有着深远影响，更愿意将学生的未来放在社会中来确定大学教育的目标以及目标下的具体操作。由此带来的结果则是大学本科教育对培养学生能力方面有了更加深刻的认识，也愿意将能力的培养融入大学生活的各个环节，因而也在努力寻找更多的方式为能力的培养搭桥。所以，表达能力、批判性思维能力、道德推理能力成为众多能力的精华和典型

① 德里克·博克.回归大学之道[M].上海：华东师范大学出版社，2008：39-40.

代表。[①] 这些在大学本科教育目标中所培养的能力，将使学生走入社会后获益终生。

2.作为“世界人”的意识

学生是大学本科教育的对象，是学生消费时代的消费主体。更重要的是，学生是国家的公民，是世界的公民。作为国家的公民，需要履行责任。大学本科教育以公民意识的培养作为一项很重要且很有必要的目标，培养大学生强烈的责任感和明智的决断力，以便学生能够更加行之有效地履行公民的责任，不仅对自己、家庭负有责任，对整个社会也敢于担当。当然，在全球化的浪潮下，学生也需要意识到自己属于整个世界。面对挑战，将全球化视野和素质培养作为大学本科教育的目标，更能抓住机遇激发本国高等教育的比较优势。

3.作为“职业人”的素养

人们曾把高等教育看作是使个人为生活极为某种职业或专业做好准备的一种机会，也将高校视作促使社会向前发展的重要机构。[②] 从职业的角度，高等教育的纵深发展，职业性质量观的异军突起，大学本科教育越来越多地承担起为职业做准备的培养任务。对学生职业生涯和永久人生的关注有增无减，而全球性的就业问题将大学教育的职业目标讨论推向了高峰，同时培养大学生广泛的兴趣更是将素质教育之风开进了大学校园。职业、兴趣与现时的大学教育并不冲突，而且以此为目标也符合当今大学本科教育发展的现实需要。

(二)稳步提升本科教育质量

“大学之道，在明明德，在亲民，在止于至善”。这是中国传统士大夫精神指引下对大学之道的最经典的诠释，也影响了我国大学的发展演变历程中对大学精神孜孜不倦的追求。我国传统思想对大学教育之精神期望不仅在于完善个人，也在于促进社会进步，同时发挥教育的主体功能和社会功能，而这也是个无穷尽的螺旋式上升的过程。面对未来，大学之道的回归不仅在于精神层面，更重要的是要在提升大学教育质量上有所作为。在一系列的实证研究数据面前，德里克·博克批判和反思了美国大学本科教育的表现，最后将本科教育质量的提升作为未来回归大学之道的着眼点。因此，未来本科教育质量的提升将从质量观、评价标准和学生参与度三个层面具有借鉴意义。

1.继续加强对多样化质量观的强调

多样化质量观已不再是新鲜事物，但是放眼未来，仍然有必要对此进行强调。这种质量观之于我国大学本科教育的未来不能只是空谈，将其转化于教学、课程的诸多具体环节上，才能真正体现出大众化时期高等教育的成果。大

① 德里克·博克.回归大学之道[M].上海：华东师范大学出版社，2008：40-43.

② 布鲁贝克.高等教育哲学[M].杭州：浙江教育出版社，2002：75.

学“产出”的衡量往往集结在学生知识、技能、态度和价值观上的改变，以及由此而形成的综合素质。[①] 再有，为职业准备进入大学本科教育的目标视野，职业型人才培养的呼声与现实需求增加，职业型质量观与学术型质量观共同构成了多样化的质量观，在未来理应继续得到加强。

2.更新评价标准和注重持续评价

在多样化质量观的理念下，对于大学本科教育“产出结果”的评价标准也应该随之而多样化。从微观而言，学术型人才的评价标准不应适用在应用型人才的评价上；从宏观来看，研究型大学的评价标准同样也不适用于应用型大学的评价。由此带来的评价标准的更新势在必行，评估指标体系的设计路径在遵循基本原理的基础上也不能千篇一律。无可否认，对教学质量的评估并非考察是否达到最为严格的学术标准，而是通过评估给予教师更多的信息反馈。[②] 评价的目的是在于质量保障和改进，因而持续评价能够带来持续的改进，帮助大学教育不断在对比、反思和改进的良性循环圈中成长。因此，评价标准的更新和评估手段的持续性在大学本科教育质量评估中，属于值得改革和充满期待的内容。

3.重视学生参与度和大学生学习过程

在反思过去的大学本科教育历史和研究现状时，往往以高等教育系统的改革和高等学校的发展为重心，自上而下的改变占据主导地位。作为大学教育最主要组成部分和消费群体的学生受到了忽略，或者说处于一个不应有的位置。那么，由学生出发的改革具有可能性吗？答案是肯定的。教师教学形式和学生学习的参与情况是两个重要的突破口。美国佩尤基金会资助的“全国学生参与度调查”(NSSE)便是改善本科教育质量的一项举措，调研结果意在敦促教师进行教学改革。[③] 无独有偶，英国的“国家学生调查”(NSS)作为一项对高校学生的普查，主要目标则是调查高校学生满意度，以及用调查结果来帮助改善人学生学习过程体验。[④] 近年来，面对社会日益增强的对大学人才培养质量的期待，国内高教界也开始关注大学生学习与发展研究，并形成一些有代表性的研究团队和成果。如北京师范大学的“中国大学生就读经验调查(CCSEQ)”，清华大学“中国大学生学习与发展追踪研究(CCSS)”，北京大

① E.格威狄·博格，金伯利·宾汉·霍尔.高等教育中的质量与问责[M].毛亚庆，刘冷馨，译.北京：北京师范大学出版社，2008：125-130.

② 德里克·博克.回归大学之道[M].上海：华东师范大学出版社，2008：193-194.

③ National Survey of Student Engagement[EB/OL]. [2020-06-12].http://nsse.iub.edu/html/about.cfm.

④ The National Student Survey[EB/OL].[2020-06-12]. http://www.thestudentsurvey.com/.

学“首都高校质量检测项目”，厦门大学“国家大学生学情调查”(NCSS)，南京大学、西安交通大学、湖南大学等参加美国加州伯克利大学主持的“国际研究型大学学生就读经验调查(SERU)”，华中科技大学、中山大学也使用自编问卷，针对本校学生进行了学情调查。总体上，国内学情调查项目既有改进学校教育教学质量的目标定位，又有丰富和推进高等教育研究学科领域的功能考量，符合中国高等教育事业发展和研究拓展的需要。[①] 通过学生视角的引入，将学生学习过程作为提高质量的重要研究对象，那么大学本科教育质量的提升则不在话下。

二、自主学习意识强化与推进的路径

大学生的协同式成长离不开思想引领。坚持以“立德树人”统领高等教育，是党的十九大对高等教育新部署、新要求的重要组成。当前，我国社会主要矛盾已经转化为人民日益增长的美好生活需要和不平衡不充分的发展之间的矛盾，在高等教育领域则突出地表现为大学生及其利益相关主体对优质高等教育资源多样化的需求，与现阶段优质资源配置不平衡性之间的矛盾，其间的张力外化在大学生成长的思想建设理念上。因而促进新时代大学生的成长，则需从思想建设来统领，在其路径上得以协同，进一步增强大学生自主学习的意识。党的十八大提出了“富强、民主、文明、和谐、自由、平等、公正、法治、爱国、敬业、诚信、友善”的社会主义核心价值观，倡导全社会积极培育和践行，大学校园亦是主阵地。

毫无疑问，社会主义核心价值观是社会主义核心价值体系的内核，体现社会主义核心价值体系的根本性质和基本特征，反映社会主义核心价值体系的丰富内涵和实践要求，是社会主义核心价值体系的高度凝练和集中表达。由此可见，社会主义核心价值观存在于我国社会的各个子系统和环节中。在十九届四中全会胜利召开之后，有必要强调教育系统承担着为社会主义事业培养接班人的艰巨任务，在高等教育中全力贯穿社会主义的核心价值观。

(一)融入大学生成长教育的社会主义核心价值观

大学教育作为我国教育事业的重要组成，毫无余力地将社会主义核心价值观融入大学教育，更好地培养既有中国特色，又能进行全球对话，还能承载未来的创新型、复合型、应用型人才，从思想意识层面对人才培养质量和高等教育质量的全面提升做出贡献。

1.社会主义核心价值观在大学生成长引导过程中的基本表征

---

① 史静寰.走向质量治理：中国大学生学情调查的现状与发展[J].中国高教研究，2016(2):37-41.

从概念内涵辨析的角度可见，社会主义的核心价值观分层演绎，各有丰富的内涵；各个层次的内容，在大学教育和大学生群体的不同层面得到具体表征，高校应当肩负起在思想建设中对大学生进行核心价值观培育的责任。①

富强、民主、文明、和谐是国家层面的价值目标，是我国社会主义现代化国家的建设目标，也是从价值目标层面对社会主义核心价值观基本理念的凝练，在社会主义核心价值观中居于最高层次，对其他层次的价值理念具有统领作用。因此我国大学教育最终的目的也是实现国家层面的价值目标而努力，无论是培养人才、发展科学，还是直接为社会服务，其终极目标直指国家的富强、民主、文明和和谐。

自由、平等、公正、法治是社会层面的价值取向，是对美好社会的生动表述，也是从社会层面对社会主义核心价值观基本理念的凝练。它反映了中国特色社会主义的基本属性，是我们党矢志不渝、长期实践的核心价值理念。那么大学教育为社会各部门培养的各类人才，既是围绕着社会层面的价值取向进行通识教育，也希望由此为社会培养出具有这类品质的合格公民。

爱国、敬业、诚信、友善是公民个人层面的价值准则，是从个人行为层面对社会主义核心价值观基本理念的凝练。它覆盖社会道德生活的各个领域，是公民必须恪守的基本道德准则，也是评价公民道德行为选择的基本价值标准。作为社会主义价值体系下培养的高级专门人才，应该在人生发展中具备这样的价值准则。当然，三个层面并非割裂存在，而是从不同角度统一渗透于大学教育的各个环节，从而实现人的全面发展。

2.社会主义核心价值观在大学生发展中的“塑形”作用

社会主义核心价值观，并不是空洞的、口号式的存在，能够给大学生的学习输入强大的正能量，也是大学生发展重要的参照系，能够敦促大学生更好地适应国内国际大局的深刻变化，推进大学生满足国家治理体系和治理能力现代化的要求，提升大学生的民族自豪感和精神境界，从而成为实现民族复兴中国梦的宏伟目标的重要储备力量。②

(1)坚守大学生群体在成长中的思想底线

随着时代的变迁和社会的发展，当代大学生面临着更加纷繁复杂的社会现实，也在媒体的渲染下被贴上了各种标签。以年龄为阶段被封“后”，比如90后、00后，他们代表的是不同年龄层面的思想意识和行为举止；以生活方式的不同被划为“族”，啃老族、蚁族还有低头族。那么无论是年龄上的区分，还

① 韩喜平.社会主义核心价值观培育与高校的责任[J].中国高等教育,2014(7):4-7.

② 杨业华,湛利华.大学生核心价值观的内涵及研究意义探析[J].思想教育研究,2013(4):31-35.

是生活习惯的差异，同处我国大学校园内，其思想必须是要有底线的，必须以社会主义核心价值观为核心，坚决抵挡其他势力渗透。

(2)构建大学生群体在成长中的身份认同

全球化的潮流，使得信息、数据、资讯的更新换代速度越来越快，不少大学生在变幻中感到有所不解，怅然若失甚至迷茫，无法从内心深处坚定自己对人生的信念，也无法鉴别自己对社会的认知。为此，引导新时代大学生成长的重要举措之一便是要积极把握大学生的思想动向，通过类型多样的具体措施来对大学生进行身心的引导，从而构建起该群体对于大学生身份特征的有效认同，并围绕我国的传统文化精髓、社会主义的核心价值观、中国特色的社会发展与建设、大学教育与学习来构建起大学生的身份认同。

(3)塑造大学生个体在成长中协同共进的学习行为

从实证调查研究的结果来看，我国大学生在学习和职业生涯准备的过程中，既体现出全球大学生的共性，也表现出我国大学生的特性。总的来说，大学生群体对我国大学学习的现实性满意度能够达到“过关”水平，而他们理想中的程度会更高。这就说明了在核心价值观的思想统领下，大学教育有责任、有义务，更有机会、有空间来推动大学生的学习行为，使之产生更高的满意度，以提升学习质量。

3.核心价值观在大学生协同式成长与生涯建构中的深远影响

综合前述分析，我国倡导的社会主义核心价值观是分层分类的有机整体，在大学教育的不同层面发挥着各自应有的作用，实现各层各类对大学教育、大学生学习的有效推进。当然，社会主义核心价值观不是一蹴而就的，对大学生的影响也不仅仅局限于大学教育这有限的几年，而更多是产生长期的、终生的影响，对大学生踏入社会之后的职业生涯更是意义深远。

首先，社会主义核心价值观影响了大学生对职业的忠诚度。通过大学阶段的学习进行有效择业、就业，维持必要的职业满意度并产生足够的忠诚度。其次，社会主义核心价值观影响了大学生的职业道德和从业操守。一个能够恪守、践行核心价值观的从业人员，能够在职业生涯中恪尽职守，在职业道德的规范之下以良好的职业态度和职业行为工作，必定能够保证起职业的稳健发展和水准维持，甚至影响到其所在行业。

三、强调思想建设与学习行为、管理工作的协同共促

社会主义核心价值观在大学校园内的培育和强化，必须依靠大学教师来进行督导，不同身份的教师在此过程中扮演着不同角色，通过各自的教学、行政甚至辅导岗位与职责，为着同一目标各司其职，给大学生思想建设创造更好的平台和空间，使得大学生思想建设既能坚持社会主义基本原则、又能体现中

国特色，还能凸显时代精神。

(一)在党建及思政工作中树立大学生的理想信念

从管理特征来看，党建和思想政治工作是我国大学校园内的重要部门，也是大学教师队伍的重要组成，承担着对大学生进行思想政治教育、形势政策教育的任务。因此，党建和思政工作在大学生思想建设中起着堡垒作用，引导大学生在社会主义核心价值观的基本框架下树立他们的理想信念。

从教育特征来看，党建和思政教师是对大学生进行思想建设的中坚力量。尽管目前党建和思政教师在教育教学过程中面临着尴尬和亟待解决的层出不穷的问题，但只要他们能够与时俱进，把稳社会主义核心价值观的同时，根据当代大学生的思想动向和时代特征而因材施教，更新教学理念，通过更多的教学方法完成大学生的思想建设。

(二)在大学教学行为中为大学生输入学习与成长的正能量

如果说党建和思政教师是塑造大学生思想建设的基本，那么专业课教师则是在教学行为中为大学生输入更多的正能量。从高等教育教学特征来看，大学生是社会发展的未来力量，其心智处于尚未完全成熟、具有相当的可塑性，渴求知识也渴求与社会更多接触，求知欲和创造力都处于上升阶段。因此，专业课教师需要给予大学生积极上进的正能量，给予大学生更多的关注和鼓励，促进大学生在社会主义核心价值观的导向下努力学习、积极进行职业规划，在实现人生梦想的同时为社会主义核心价值观所提倡的目标而有所贡献。

(三)在协同式成长中加强大学生的心理建设与辅导

调查研究的结果表明，我国大学生在成长过程中各自面临着不同的问题，也因为社会发展所带来的压力，对心理成长有所影响，让全社会不禁为大学生的心理健康感到担忧。但事实上，大学生并不一定是心理疾病，而是在成长过程中有所虑、有所惑。因此，大学辅导员和心理教师扮演着为大学生排忧解难的角色，最起码能够成为大学生倾吐的对象，并能提供正面的引导，使得大学生能够更好更坚定地进行思想建设。与此同时，大学生对于心理辅导与咨询也呈现出诉求，从机构建设、制度安排和人员专业性的角度推进对大学生心理压力、适应性等方面的建构，从而给大学生提供缓解心理压力的有效途径，从心理学落地的角度来协同大学生成长。

(四)在大学生对社会发展的认同感中提升学习质量

社会发展的多样性和我国发展的高速性、特色性对大学生的学习和成长提供了时代背景，也对大学生思想建设提出了挑战，但机遇也存在其中。如果能通过大学校园内不同角色、职务的教师共同努力，从校园文化的全面覆盖角度为大学生提供思想建设的引导，从而能够有效地推进大学生对社会主义、对大学教育、对专业职业的身份认同，并从中提升学习质量，提高创新型人才的培养质量。[①]

十九届四中全会的胜利召开，给高等教育提出了新的要求和新的使命，当然也面临新的机遇与挑战。从现在到 2035 年是教育现代化建设与实现的攻坚时期，要以习近平新时代中国特色社会主义思想为根本指导，深入落实党的十九届四中全会精神，将教育系统使命任务落到实处，因此在大学生思想建设和学习体验中，必须坚持立德树人的统领作用，把握住高等教育质量主线，以促进教育公平为重点，让深化综合改革成为动力，同时以依法治教作为保障，才能把稳高等教育治理现代化的方向。

第四节　协同式成长理念下的相关评估及促进机制建构

从评估的角度审视大学生协同式成长，评估指标体系的构建以及在构建过程中所经历的路径选择，需要从整体上把握指标体系设计中的理论基础。在指标体系引领下对高等教育进行的评估，是把对评估的理论探讨应用于实践领域中，并逐渐生成了对各个具体环节的评估思想和方法。在考虑高等教育的各个分类指标的具体设计路径之前，有必要厘清指标体系设计的指导思想、原则和基本结构，以便于在理论的架构上展开分析陈述，使后续研究能够得到充分的理论支持。

无论在哪一种高等教育制度下设计评估指标，都需要参照某些共同的指导思想，在相通的原则下设计，并有一些共性很大的基本结构，再融入现实情况加以具体铺陈，从而求同存异，发挥出各自的特色作用。

一、指标体系设计的基本指导思想

拥有科学、正确的指导思想有利于行动的顺利开展，使其事半功倍。大学生协同式成长的评估指标体系在设计和实施过程中都需要有科学性强、合理性高的思想作为指导。指标体系由于其多样性和复杂性的特点，指导思想需要遵循其特征，才能做到针对性强。指导思想让指标体系的构建与实施过程能够有据可依，充分发挥其指标体系在评估中的重大作用。

（一）立足于高等教育现状，符合新时代大学生成长趋势是指标体系设计的前提

高等教育评估过程中的指标体系是要为高等教育的现实、高等教育的改

① 黄琴.高校核心价值观建设的校园文化视角[J].高校教育管理，2011(7)：17-20.

革与发展服务的，因此评估指标设计要做到立足于实际，而最大的实际就是高等教育的现状。一方面，高等教育的评估指标要充分体现高等教育的准公共产品性，它是有别于其他社会行业或者组织的，既不能将其他部门、行业的评估与之相等同或者混淆，也不能将政府或者社会意识形态的意识强加于此。另一方面，高等教育在教育这个大范畴之内是具有特殊性和代表性的，所以指标体系就要体现出高等教育不同于基础教育、特殊教育等其他一些教育的特点，使其能够充分评价各类高校。

评估大学生协同式成长的也是遵循高等教育现实的过程。高等教育评估定义的内涵包括了四项主题：有效性，评估需要主体与客体有效参与，并非一味地将评估过程单纯地简化；有用性，评估不仅是一个涉及价值判断的过程，还是一个信息采集的过程，有效的评估需要将采集到的数据充分利用；可靠性，通过评估能够作出相应的预测，可靠性强的评估要求无论是形成性目的还是终结性目的都需要可靠，首要的就是要讲求诚实与细心；可负担性，评估活动是有成本发生的，不可以将此忽略，要将高等教育评估的成本考虑在可以接受的范围内。[①] 那么，高等教育评估指标体系的设计也应该在不脱离实际的情况下，参照这四大主题。

除此之外，高等教育的发展趋势也是在大学生协同式成长设计指标体系中值得认真审视的。具有前瞻性的指标体系不仅要满足于现实的需求，而且能够符合高等教育的发展趋势。符合发展趋势的指标体系能够促进评估活动的有效开展，不符合发展趋势的指标体系会起到阻碍作用。而且，在科学发展和可持续发展思想的引导下，用长远的眼光设计指标，不仅使得指标体系能够科学化、合理化，也可以起到积极引导大学生成长成才之效，还有助于帮助缓解高等教育评估与创新的对立。

（二）遵循高等教育运行规律是指标体系设计的核心

规律，其本质是法则，是自然界和社会诸现象之间的必然、本质、稳定和反复出现的关系。事物之间出现的这种必然联系，决定着事物发展的必然趋向。规律可以被认识和利用，为改造自然和社会服务。高等教育评估需要考虑到方方面面的因素，因此在大学生协同式发展及其要素的各项指标体系设计路径之中，必然要考虑到高等教育的各类规律，从而使得高等教育系统能够稳定发展、高等教育和社会能够和谐共生。

首先，遵循教育的内外部关系规律。根据潘懋元教授提出的观点，“教育要受经济、政治、文化等的制约，并对社会的经济、政治、文化的发展起作用”，

---

① Peter T. Knight，Mantz Yorke. Assessment，Learning and Employability[M]. Berkshire：SRHE and Open University Press，2003:46

这就表述为教育的外部关系规律；同时，在培养人的复杂过程中，各种因素之间的必然联系与关系纠结在一起，以教育的内部关系规律呈现。① 所以评估指标体系的设计需要遵从评价对象的内部进化性和外部发展性，才能够真正把握住其中的关系，有效利用规律。

其次，遵循大学生学习与发展的规律。高等教育体系下的学生学习过程和基础教育有着明显的区别，教师教课内容和方式均比较灵活，学生的主观能动性大大提高，专业学习所占比例明显加大。因此，牢牢把握住高校教师教学与学生学习成长的规律，对指标体系设计是莫大的帮助。只有让学习过程规律贯穿于指标体系之中，才是真正掌握了高等教育最基本、最本质的内容，才能体现其丰富的内涵。学习过程规律能够使指标得到充实，使得评估指标不再是外部强加于高校的任务，而是进行内部改进强化的目标。评估也不仅仅局限于质量保障的方式，更加强调它促进质量提高的效用。外因需要通过内因起到作用，内生型改革与调整往往比外发型更加奏效。因此，指标体系做到尊重高校的学习过程规律，也就是从内部、从本质设计指标体系的方式。

再次，遵循高等学校管理规律。对高等教育进行评估的场所大都设在高等学校，大学生的协同式发展离不开高等教育环境与资源。根据现行的各种指标体系不难发现，相当多的指标内容已经涉及了对高等学校这种实体组织。研究组织特点、掌握组织规律是进行指标体系设计的必然选择。

(三)根据评价理论，科学构建评估指标是指标体系设计的必要条件

高等教育评估蓬勃发展到今天，在不同的社会制度、风俗文化、时间空间背后，或许有理论指导，或许是经验表达，都进行着不同的教育评估实践。因此，人们对评估也形成了众多观点，大致可以分为有代表性的三大类别：评估是对效果进行关注、评估是对信息进行采集、评估是对价值进行判断，它们共同形成了定义评估的三要素。② 因而，设计评估指标的活动不可与此三要素相剥离，而要集中体现出其精髓。

指标要能够衡量高等教育的效果。指标也可以视作一种标尺，是理想状态下的目标，设计各种指标就是为了将现状与此相比对，查看现状与之离散或者集中的态势。通过指标对照进行评估，就是在把目前的状态和应该达到的目标进行审视。不过，科学、合理的指标不仅能够简单地勘测出现象，更是要能够挖掘出指标背后所反映出来的实质性内容，或者暴露出来的问题。

指标要能够充分采集信息。高等教育是一个复杂的过程，高校也是一个庞杂的组织。对学生学习的微观评估，指标都应该抱着尽可能充分掌握信息

① 王伟廉.高等教育学[M].福州：福建教育出版社，2001：33.

② 史秋衡.高等教育评估[M].贵阳：贵州教育出版社，2004：4-6.

的态度进行设计。尤其在信息时代，最大限度地掌握丰富的信息，让评估更充分地发挥作用，对高校的管理也是不小的促进，当然更加能够为完善高等教育系统有所贡献。

指标要能够合理判断价值。从规范意义上讲，价值判断是评估的重要环节和必然意义。对事物的评估，是根据他们作为手段或方式的适宜性和有用性而做出的，涉及内涵包括支撑彼此手段与目的关系的东西，这就是评估的价值出发点。[①] 评估实际上就是做出判断，而评估的过程就是为不失偏颇的判断提供经验证据。高等教育中评估指标的设计都需要考虑到教育价值，这样，通过指标就不难判断出该项活动是否符合教育的目的、是否具有教育价值。在此基础上，让评估能够满足最大化利用的准则，在高等教育评估的过程中，使评估者能够了解决策者的认知风格，并最好能够达成共识，致使评估的结果能够做到适时和有效；高等教育评估从理想状态下考察，也属于一种委托代理行为，因此评估要尊重项目方的委托，设计时要注重应用性和普及性，当然也得将对实用性的评价放入设计理念中，使之能够得到推广。[②] 评价理论及哲学思考给科学设计指标，形成体系奠定了良好的基础。

（四）通过评估过程引导结果是指标体系设计的关键影响因素

对于大学生学习与发展的评估来说，过程的合理化和做出评估结论孰轻孰重，不同的视角下有不同的判断方式和观点。然而，就指标体系而言，是需要在评估过程中发挥效用的内容，是评估过程的载体，尤其是对协同式成长的评估。那么在评估指标的设计上，需要考虑到指标所牵扯到的评估资源、条件、手段的特点。形成性评估更加有利于改进，有利于教育目标的实现，但是评估设计和评价工具比较特别，缺乏理论基础，给指标设计出了不小的难题；而终结性评估则更加有利于得出结论，但是做出判断的可靠性受到考验，仅仅依靠数字来说话对于衡量精神产品来说，信号较弱。指标则需要综合这两方面的特点，扬长避短，发挥其各自的优势。

培养人才是复杂的活动，如何以协同视角评估好大学生成长的质量，贡献于高等教育的质量评估，则更为复杂。在这里，评估指标不只是要告知公众评估对象的状态；更重要的是，评估指标需要在合理的评估过程中帮助评估对象进行改善，帮助巩固和提高质量。在考量高等教育评估指标设计路径时，仅限于得到评估结果优劣的指标缺乏科学性，也不符合评估的目的。通过评估过程，引导出评估结论并促进改良是高等教育评估指标设计中的关键影响因素。

① 约翰·杜威.评价理论[M].上海：上海译文出版社，2007：59-62.

② 彼得·罗希，马克·李普希，霍华德·弗里曼.评估：方法与技术[M].邱泽奇，王旭辉，刘月，等译.重庆：重庆大学出版社，2007：288.

二、指标体系设计的基本原则

指导思想为评估指标体系的设计路径明确了方向，奠定了理论基础。高等教育评估的复杂性和高等教育评估指标体系的综合性自然需要在一定原则下运行，才能够做到有的放矢。这些原则给指标设计和综合各种指标使之成为体系提供了保障，确保能将理论恰如其分地运用于实践。

(一)稳定性和动态性相结合

大学生成长不是一个短期行为，需要连续性，杜绝间断性。在绵延不断的发展过程中，要注意保持高等教育评估指标的稳定性，同时要结合时代发展，具有动态性。概括起来，就是指标体系是将保持稳定和不断更新与保持动态对立统一的系统。指标体系的稳定性是指其内容和形式相对持久，在某一时间流量内能够保持不变或基本不变，或者基本不做大的改动。这种稳定性也显示出与高等教育之间关系：如果高等教育在一定阶段的发展相对稳定，那么评估大学生学习与成长指标体系也必然是相对稳定的。另外，如果高等教育的发展即使是稳定的，但由于评估指标体系本身缺少灵活性和前瞻性，没有给大学生的发展与变化预留出必要的空间，在实践中也容易发生评估指标体系与高等教育客观实际相脱节的现象，这也是评估指标体系不得不频繁变动，造成指标规范缺乏稳定性的原因。[①] 由此看来，保持评估指标体系的稳定性意义凸显：指标的稳定性取决于高等教育发展的相对稳定，反之，指标体系的稳定也有利于高等教育发展的稳定，二者相辅相成。

同时，动态性亦成为在考虑稳定性之时需要遵守的一个原则。动态性在这里也表现为适应性或者变动性，大学生成长成才的评估指标体系不仅要反映高等教育的客观事实，而且还要反映出高等教育的发展趋势，在总结经验、确认成果的同时，指导高等教育科学地向前发展，因此高等教育评估指标体系随着教育目的、教育理论、教育实践的变化，学生生源质量的变化等这些内部发展，和社会对高等教育的期望、对人才要求的变化等这类外部变化，而其评估指标、权重系数、评分标准也应做出调整。这些变化既表现在指标体系中，又明显地表现在指标体系运用后对其结构进行完善的过程中，也表现在对不同类型、层次的高等学校教育质量评估之中有所差异，这就构成了指标体系的动态性。指标与高等教育之间也存在如生产力与生产关系之间的关系，也有适应与不适应的变化趋势，只有将二者都考虑进去，使其相结合才对科学设计指标有所裨益。

① 汪明霞.高等教育评估指标体系的稳定性与动态性[J].理工高教研究，2006(10).

（二）目的与手段相统一

“凡事预则立，不预则废”。如前所述，评估指标是高等教育目的的一种外化形式，也体现着高等教育系统中各类评估的目的。协同视域下大学生学习与发展的评估指标体系必须以其成长成功为出发点和归宿，使指标体系为实现评估目的服务。设计、制定评估指标体系的关键是要把评估的目的转化为评估指标，把评估的指导思想渗透到评估指标体系之中，这也是评估指标体系是否科学的基础。[①] 目的是一种导向，带有目的性的设计指标体系能够对高等教育活动起到方向指导的作用，也正好能够发挥高等教育评估的导向作用。

在强调目的性的同时，对于如何达到目的的问题，也就是手段性问题也应得到相应的重视。指标如何在实践中为评估者所使用、如何应用到评估对象上，以及其使用效果究竟如何，都是在设计之初需要加以考虑的问题。评估指标中要体现评估过程使用手段的适切性，将评估手段融入评估指标的设计之中。如果不考虑手段性，那么设计出来的指标很可能就是空谈，无法进行实际操作。当然，目的性与手段性应该是相统一的，而不是相互割裂的。缺乏目的性的指标没有方向感，不能带领评估达到预期效果；缺乏手段性的指标没有操作性，不能在实践过程中印证理论。目的为手段领航，而手段为目的服务，二者应该在设计指标体系之时得到统一。

（三）定性与定量相搭配

指标体系由一系列相互作用、相互关联的指标有效组织而成。各个具体指标，乃至具体观测点都有各自的代表意义。在高等教育评估中，指标大致可以划分为数量型指标和质量型指标，分别从数量和质量两个方面表征评估的内容，也就分别从定量和定性两个角度进行分析探讨。然而，定性和定量的方法各自具有鲜明的优势和不可克服的劣势：定性指标能够很好地描述出评估对象的状态，内涵丰富，能够分门别类呈现状态，但是客观性不够强，缺乏说服力；定量指标能够很直观地反映出现实，并且很容易进行对比分析，但是缺乏生动性。正因如此，二者在设计中值得考量。

在指标体系设计中，要注意把握定性和定量的搭配性。如果一味地强调定量指标，忽视定性指标，容易使评估指标体系显得单一，单凭数字无法深入说明解释一些问题和情况，造成评估过程机械化和结论数字化的局面；如果一味地关注定性指标，忽视定量指标，容易使评估指标体系的科学性大打折扣，大量的文字描述显得笼统，不能很好地体现具体的特征值，不能做出有效的判断，造成评估过程客观性不足和结论缺乏有力支持的尴尬。因此，科学、合理的设计需要兼顾这二者的特点，发挥其优势，而尽量避免劣势，做到定性和定

---

① 陈克东.设计高等教育评估指标体系的几个原则[J].广西高教研究,2002(6).

量搭配使用于指标体系，二者相互补充，共同完成评估。

（四）理论与实践相联系

毋庸置疑，评估过程是一个理论与实践相互交错的过程。已有的评价理论已经为评估的开展做足了准备，也为评估提供了指导思想，在理论框架下设计指标体系不是很难办到。但是，实践不容忽视。实践给理论提供了反馈，让理论有进一步上升的空间。离开实践，光靠理论指导指标体系设计，只能是纸上谈兵式的空谈，如空中楼阁般与现实严重脱节，最后的结果会是缺乏对事实的认可、无法在实践中操作运用，同时对理论本身也是一种伤害，因为无法继续促使理论的前行。反之，要是只重视实践，认为理论难以把握而将其摒弃的做法，则会缺乏必要的指导，设计的指标会变得生硬，指标之间也缺少有机联系与相互作用，难以将各类指标综合形成系统，从而使得评估的信度和效度大大降低，给大学生学习与发展相关方面的研究和指导工作带来严重的负面影响，评估工作更是无所适从。

事实证明，理论与实践无法处于对立的状态，将此二者联系起来则是正确的做法。从哲学意义上来讲，理论来自实践，理论与实践是相互影响的关系，而且在此体现出良性循环的态势。理论是在对实践的分析、提炼基础上形成的，理论化的成果能够指导实践，实践在进行中不断产生新的状况，反馈上升至理论高度时，又推动了理论的进步。长此以往，这二者形成了交互式前进的形式。所以，指标体系设计既要注意理论的引导，也要注意吸收实践中带来的新变化，两方面紧密联系，做到既符合理论描述的要求，又不至于完全脱离实践，这样才能让大学生协同式成长的评估指标体系的设计符合高等教育评估定义的四大主题。

（五）科学性与客观性并进

作为一项意义重大的活动，高等教育评估必须科学、合理地进行，而指标体系是否科学则成为基础。所谓指标体系的科学性，是指教育评估的方案、活动以及评估结论、建议既要符合评估对象的实际，同时又要符合教育活动的客观规律，不能主观臆断。科学性也可以理解为大学生学习与成长研究是基于学科发展，需要实事求是地反映被评对象的情况和特征，准确地做出价值判断。[①] 科学性不仅要求要有科学的指导思想，这一点诸多评价理论与高等教育理论已经做出了指引。高等教育评估在效果、信息与价值三大领域均有涉及，那就意味着评估指标在设计路径上，有效效果、真实信息、正确判断这三方面的科学性必须慎重考虑。然而，科学性又是建立在真实客观的基础上的。对问题实事求是地诊断、分析、结论，是评估过程非常必要的要素。客观，能够

① 程金霞.高等教育评估指标体系设计分析[J].邯郸职业技术学院学报，2004(12).

让评估过程的有效性大大提高；事实，能够让评估效用充分发挥。所以，科学性和客观性相互成为彼此的充分必要条件。以大学生协同式成长为核心，站在大学生学习与发展研究基础上设计评估指标要在科学和客观上下足功夫，尽可能使指标体系得到完善，尽量避免产生疑难问题。

三、协同式成长对高教评估的冲击与促进

学生是高等院校的主要组成部分，也是关系到高等教育发展的重要评估对象。在对学生评估的指标中，从学生入学信息开始，设计路径的重点是要把握高等院校大学生的群体特征，关键则在于掌握好高校教学规律和大学生学习、发展规律，将学生相关的评估指标有机统合，使之形成一定的延续性。

（一）大学生主体在高等教育评估中的地位

学生，乃高等教育的重要主体，在高等院校中扮演重要角色，在高等教育评估中地位举足轻重。一方面，学生接受高等教育，是高等教育服务的享有者；另一方面，学生也是高等教育的教育对象，是高等教育“生产”的“产品”。根据高等教育促进人的全面发展的规律，高校教师、管理者以及相关决策者必须最大限度地了解学生的动态，体现“以生为本”的思想，从人的全面发展的各方面深入剖析，对学生在高校中的学习和成长做出全面而不失偏颇的评估，才能尽可能多地搜集到信息，帮助完善教学、提高质量，深化高等教育的改革与发展，进而最大限度地发挥高等教育的功效。重要的是，对高校学生的学习和发展评估，其指标需要涵盖学生进入高等教育以来的重要活动与行为，在时间序列上需要经历从最初入学到最后毕业，在内容组合上需要包括学生的信息采集、知识学习、能力提升、思想发展层面，在评估对象的范围上则应该包括对学生的个体的微观评估和学生群体的宏观评估。

学生是高等教育的教育对象。当高等教育进入学生消费主义时代之后，学生既是高等教育的受益者，又是高等教育的消费者，他们将高等教育的准公共产品性完全释放。因而在高等教育进行评估体系中，对学生相关内容的评估则是相当重要的环节，构成了评估高等学校的框架。

面对协同式成长，评估指标的设计原理强调应该尊重高校学生学习和高等教育的规律，所以设计与学生相关的各项指标，需要考虑到教育、心理的依据。设计对学生的评估指标通常是一件既费力又不讨好的活动。说它费力，是由于需要做大量的准备工作，包括对学生和老师的摸底调查和数据采集，但这其实也是一个很有价值的学习过程；说它不讨好，是由于设计指标可能会带来一些负面影响，例如为迎合评估指标的填鸭式教学、肤浅的学习和从众学习现象。不过最终说来，设计与学生相关的评估指标是相当必需的。因为如果没有设计对学生的评估指标，高校就无法维持其高标准的运作，也缺乏对学生

学习的促进作用。

（二）协同式成长对高等教育评估指标的更新换代

高校的协同创新绩效评价中强调的人才培养质量评价，为协同式成长理念下的高等教育评估指标重构进行了有益尝试；大学生学习质量及提升路径的研究，为协同成长理念下的大学生学习与发展提供了坚实基础。追溯高等教育评估的发展演变可知，第四代评估强调对评估主体的人文关怀，关注到了大学生成长的各项要素及基本规律，使得学生在高等教育评估中不仅仅是“学生评教”的作用，更加强调大学生的学习与成长对其主体进步、对高等教育质量提升、对高等教育系统发展的地位与作用。

学生成长与成功研究的进展推动。学生成功研究是美国高等教育研究中最为重要的核心概念和研究领域之一，起源于《不让任何一个孩子掉队（NCLB）》法案，在奥巴马政府颁布的《让每一个学生都成功（ESS）》法案中使其得到了进一步的巩固和加强。学生成功的研究主要通过实证的方式进行，分别从心理学、社会学的视角切入，得出学校影响学生变化的若干模式。美国在学生成功的研究中形成了以院校目标、学生学业的投入与体验、学习与实践相结合、学习的合作与交流的基本诉求，并出于对多样化的尊重，关注到不同类别大学生在学生成功方面的诉求，在对全体在校大学生的学生成功进行面上研究之外，大一新生、少数族裔学生和社区学院学生成功的研究颇具专业化。在持续的研究过程中，研究者聚焦于大学生在学业方面的参与方式与程度、价值观增长与行为外化的发展、学业的保持和学校保留率，从学习者、学习环境两方面形成重点突破，并将院校研究与之结合。美国的学生成功研究增加了高等教育研究对学生的主体性、自主学习的广泛关注，给予政策制定者正向的压力，从而提升了教学改革方面的执行力，并且从学生的角度推动了人才培养、教育教学过程的重新思考与设计。

大学生协同式成长的要素解构及规律深研。将协同创新的理念推行至大学生的学习与成长，集中表现在如何抓住大学生成长的基本规律，如何从基本规律中找到协同生成的要素和关节点，构建协同循环圈。在剥离出大学生学习的主干要素的基础上，找到了同伴互动、学习满意度体验和就业能力培养与提升作为协同大学生成长的关键要素。从深度挖掘的结果可知，在课堂内外同伴互动的差异性、学习满意度提升的路径、就业能力城乡差异和整体培养与提升方面，均可在现阶段特征提炼的基础上，形成以协同共进为核心的评估指标，作用于学生发展评估、学习质量评估，甚至高等教育质量保障、管理效率等多方面的评估促建工作。

四、评估指标体系设计路径的合理化策略探析

当前，世界各国都以不同的形式进行高等教育评估，以各种方式开展高等教育质量保障活动。高等教育评估能够帮助政府依法行政和转变职能，同时加强对高等教育的宏观管理。实行高等教育评估制度是全面提高教育质量的举措，能够从根本上着眼于高等教育教学质量的提高。高等教育改革与发展的道路上机遇与挑战共存，问题与展望在全球化的浪潮中并行。开展高等教育评估是国际高等教育界普遍之举，是促进高等教育国际化、提升高等教育国际竞争力的需要。同时，高等教育评估能够帮助高校认清现状，厘清办学思路，明确办学定位。通过高等教育各项评估工作的开展，高校教学工作的中心地位得以强化，教学投入有所促进，高校办学条件有了显著的改善。当然，高校教学和管理的规范性、科学性也在评估的过程中得以加强。

（一）树立正确的意识和观念是合理设计评估指标体系的首要策略

意识和观念都属于哲学层面的概念，因而哲学在设计评估指标体系中起着统领性的作用。高等教育评估要以评估指标体系为工具，对现状进行评判，以提高高等教育的质量和促进高等学校组织的优化。设计指标体系评估的结果并不是为了限制，而是为了提升。所以良好的意识和正确的观念，可以使评估指标体系走在科学、合理并符合目标的设计路径上。

高等教育不同主体会按照自身所处位置采取相应的路径设计评估指标，而评估对象的分层分类又使指标体系依照不同对象而设，再加上评价标准的多样化发展，无疑给指标体系的设计路径选取增加了难度。但是，所有的不同之间也存在着共性，无论何种主体在什么样的背景下对哪类高等教育的对象进行评估，其指标体系设计路径都需要将哲学理念融入，才能够使整个指标体系具有逻辑性。另外，哲学是将高等教育评估理论与实践进行结合的纽带，评估指标作为结合点更应该在设计路径选取中以哲学意识和观念来指导设计。

（二）严格把握规律是指标体系设计路径的关键策略

规律，是自然界和社会诸现象之间必然、本质、稳定和反复出现的关系，是事物之间的内在的必然联系，决定着事物发展的必然趋势。认识和利用规律办事往往能够起到事半功倍的效果，反之则容易陷入桎梏。大学生协同式成长评估也需要在对高等教育系统的每一环节有着充分认识的基础上，按照其所呈现出来的规律，有针对性地选取合理的路径设计评估指标体系，由评估者实施评估过程、作出评估结论，评估对象接收评估并将结论用作改进与优化。即便是评估主体、评估对象和评估标准均具有多元化的特征，也必须遵循高等教育的规律。因此，无论在哪种状况下的评估，指标体系都必须遵守规律进行设计。

从主体的视角分析，大学生是学习的主体，高校自身也作为评估主体需要

把握好高等教育内部评估规律，指标中透射出对自身的状况有清楚的认识；政府作为评估主体则需要考虑到政府对于高等教育的作用，政府评估所设计的指标对高等教育干预力度是否会发生变化以及带来的影响；而第三部门作为主体进行评估，则要摆正自己的位置，从真实、透明、公正、客观的角度设计评估指标体系。

从评估对象的视角分析，设计评估指标首先需要强调的是高校学生的学习规律和教学规律，这在评估学生成就和高等教育产出的指标中起到关键的作用。高校作为一种实体性组织，其组织结构、运营机制具有一定的特点，各类资源对于协同大学生成长也呈现出规律性，这就要求指标体系能够把握这些规律，使其在选择指标体系设计路径上充分发挥，避免因对规律认识不清产生“走弯路”的现象。

从评估标准的视角分析，不同时期、不同背景下的评估标准不尽相同，这就要求设计者认清评估活动的大环境。精英型高等教育和大众化高等教育所呈现出来的规律迥异，尽管对一部分仍应坚持精英教育的培养目标与规格，保持高学术水平的教育质量。[①] 后大众化时期的高等教育质量观多样化特征明显，学生成长的外化形式多样，评估指标设计路径要尊重现象、理清规律，使用不同的质量观在不同类型的评估对象上，以体现大众化时期的特征值。

（三）强调目标导向与绩效的结合是指标体系设计路径的重要策略

目标都是评估指标体系在设计过程中的“指挥棒”，目标引导设计过程选择最佳路径进行。无论面对什么情况下的评估，高等教育目标是首先考虑的要素，清晰呈现目标对设计指标体系大有益处。而对于高等教育的实体来说，外部要求和内部改进共同促使了评估的明朗化，这也成为进行质量保障的前提。为契合大学生的协同式成长的实质，评估指标需要展现高等教育机构自身改进的目标。上述三类目标都对设计评估指标起到了导向作用，同时也促使指标体系在目标导向下与绩效结合。因此，要科学设计大学生成长评估的指标体系，首先需要明晰呈现目标，确定出指标体系将会在什么样的评估机制下运行，将其使用于一套行之有效的评估系统，预测这套指标会在哪些方面取得成功，并制定出检测这些领域绩效性的指标。随后，将这套设计出来的指标付诸评估过程的实施，同时注意建立记录是否达标的文档，包括目标数据、调查过程和同行评议的材料，最后需要做的则是作出评估结论并提供给决策制定。[②] 目标与绩效的结合使得指标体系设计的路径能够处于一个良性路线

① 潘懋元.高等教育大众化的教育质量观[J].江苏高教，2000(1)：6-10.

② Trudy W Banta，Jon P. Lund，Karen E. Black，et al. Assessment in Practice [M]. Jossey-Bass Publishers，1996：325-328.

下,将目标、指标体系、评估过程和绩效相统一。

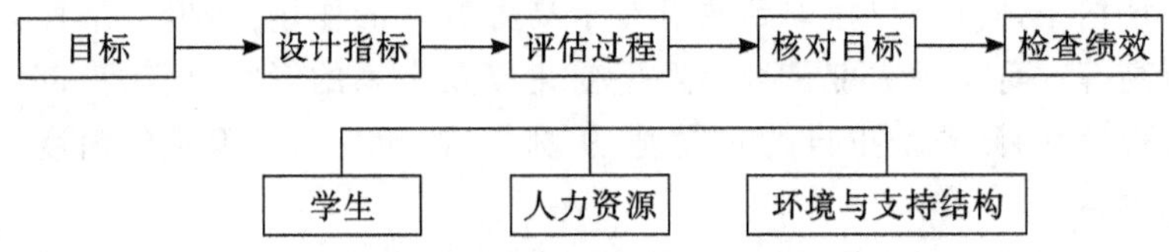

图 5-2 评估指标体系的目标与绩效结合路线图

通过图 5-2 的路线图,可以看到评估指标设计处于目标之后绩效检查之前,而且可以通过评估过程将其相连,形成一个流程。这种策略的成功之处就在于使得目标更加明晰,促使资源充分利用,易于鉴别学生成长成果的有效性并改进绩效,有助于高等教育绩效的改善。

(四)注意创新性是指标体系设计路径的有效策略

创新,是使评估指标充满活力与时代感的手段,是处理不断变化的应对方式。这里提到的创新并不意味着对传统的彻底颠覆,也不意味着所有新设计的指标体系就是对过去的否定。指标体系设计路径上的创新,讲的是在高等教育评估理论的指导下,抛弃陈旧腐朽的设计理念、墨守成规的设计方法、千篇一律的设计过程,将高等教育的新趋势、新动向、新成果融进设计路径,使得指标体系能够有针对性和创新性。从必要性的角度看待,指标体系设计路径的创新性也是无可厚非的,因为每一次评估所依托的环境、评估者和评估对象的内涵不可能完全相同。正如"人不可两次踏进同一条河流"一样,这就给设计评估指标选择创新的路径提供了温床。一般情况下,用于同样目的、同样方式评估活动的评估指标体系在外界环境的变化下无法维持太长时间的一成不变,需要根据状况随时作出调整与完善,这也就符合了创新思维的精髓。

合理设计大学生协同式成长的评估指标,完善其设计路径是一个持续改进的过程,需要把握大学生成长中的协同要素及特征,并非朝夕之事。这项工作的起点在于评估指标体系设计的指导思想和高等教育教学原则,经过对指标体系的拆解与具体分析,最终的落脚点则是对研究实践性的检验。对原则、学理的研究而形成的理论最终是要应用于实践,对实际问题的解决提供帮助。

第六章

结　语

大学生是高等教育最直接、最基本的受益主体。在我国教育理论进入丰收期，教育事业发展进入加速期以来，高等教育的理论研究和实践改革均强调了对大学生的关注。2018 年全国教育大会上明确了高校对大学生成长成才的引导责任，也是深入贯彻执行"立德树人"的有效途径。在落实教育优先发展战略，加快建设教育强国，办好人民满意的教育的基本思想指引下，注意培养大学生德智体美劳全面发展，尤其是在如何促进大学生成长成功方面，基于大学生学习情况的调查研究做出了有相当分量的有益探索与尝试。

新时代大学生学习的身心特征、时代背景、学习资源和学习方式已经形成了中国特色，在前期学习质量相关研究成果的基础上，我们注意到了大学生成长的内部复杂性和影响因素多元性，由此提出了以协同的视角来看待大学生的学习与成长，将大学生成长视作多方要素协同共促的过程。

通过对协同理论和大学生学习理论的分析与筛选，本书研究中肯定了大学生成长的参与性，以其努力质量来推进学习和成长的进程。在耦合协同观的作用下，将大学生成长中的同伴互动、学习满意度和就业能力放置于协同成长的研究视野内，并且这三项要素以循环的方式产生协同效应，提供大学生成长成才的协同能量。结合理论研究和政策分析，本书研究中立足于 NCSS 所搭建的大学生学习情况调研平台，对大学生在协同要素范围内的学习情况进行了量化分析，在高校质量管理和大学生学习的基本理论框架和社会议题与舆情走向的共同作用下，致力于大学生协同式成长的促进机制研究。

在协同式成长的各项要素研究中，融合了理论模型和现实情况，将同伴互动细分为课堂同伴互动和课外同伴互动，从场域和内容两方面来拓宽同伴互动的研究视野，从理论上细化了同伴互动的研究，并探析了大学生课内外同伴互动的影响因素，提出从课程教学方式、人才培养机制、院校发展以及学生管理支持等方面来提升大学生课内外同伴互动的水平与深度。在讨论大学生学习满意度问题上完成了研究模型的修订，以结构和过程两方面相结合的方式，探索了学习满意度提升的双重路径，并据此从理论、实践和社会对接多方面落实来形成其推进方略。在就业能力培养与提升的研究上，遵循了以就业能力分析的结果与现实情况相结合，倒推至人才培养关键点和过程的基本思路，着力探索了大学生就业能力的城乡差异，呈现不同生源地的大学生在高校人才培养过程中所积累的就业能力的现状及异同点，并为大学生提高自身价值、实现与劳动力市场更好对接贡献绵薄之力。

以协同观审视大学生的成长，需关注自主学习的意识强化，并在发展逻辑和思想意识建设中得到有效组织。从本质窥探，质量又是一个相对虚无而难以捉摸的概念。因此，对大学生成长质量的评判需要通过评估来进行，评估指标体系也就当仁不让地成为评估质量的最好工具，也是将主观认识和客观事实结合的最佳途径。对高等教育各类质量的评估，无论其具体目的、意义如何，评估指标体系的作用要贯穿始终。优化指标体系的结构并非易事，需要将各个具体指标通过权重而有机结合成为各级指标群，进而形成体系，体现指标体系设计路径在选择上的有效性。在理清大学生协同式成长循环要素状态及特征的基础上，本书研究着力于指标体系设计路径的探讨，归结出应从树立正确的观念、意识开始，到设计路径对于规律的严格把握和运用，进而明确评估目标、重视绩效并将二者有效结合这样一个层层推进的逻辑，为合理化指标体系设计路径提出建议。这也是不断改进、完善评估体系，至少以设计路径为入口来进行改良的必要步骤。再者，大学生成长评估指标体系设计中要体现出协同性，实际工作中要充分考虑不同类型院校的实际，做到在不同价值取向下、针对具体问题设计指标体系，从而更加有效地促进大学生成长成才，促进高等教育质量的全面提升。

后　记

大学是人生成长的关键时期，如何有意义地度过大学时光，使得大学成为人生腾飞的起点，是大学生的心之所向，更是大学教育者和管理者的关注点。大学生的学习和成长不仅对学生个体意义重大，也是关乎国计民生和国家未来人才储备的战略部署。随着我国高等教育从"量的扩张"转向"质的提升"，大学生的主体性、大学学习的本质性、大学生成长的多元性日渐受到重视。在如火如荼的大学生学习与发展研究中，从"大学生"成长起来的我们，对新时代大学生，开展关注学生成长的研究，总是会有新发现、新特征，并时常给我们带来欣喜，洋溢着"小清新"的青春气息。

本书的出版基于厦门大学百年校庆。在建校100周年之际，通过系统梳理学生参与和努力质量的国内外相关研究，深入剖析大学生成长成才的过程与协同机制，力求在引导促进学生成长的领域中，给历久弥新的百年厦门大学添砖加瓦。本书的撰写出于国家自然科学基金青年基金项目"高校学生发展的互动模型及促进机制研究(批准号：71804156)"的阶段性成果，通过对大学生学习与成长现实与政策的探讨，充分挖掘高校学生成长的协同方式与要素，探求大学生成长的中国特征，为在校大学生学习和发展的互动研究尽绵薄之力，钻坚研微。

在长期的大学生学习与发展研究中，我们注意到现阶段大学生的成长不仅来源于教学因素，更在于非教学互动因素的全面协同。为此，我们在耦合的协同观作用下，根据国家大学生学情调查研究的十年追踪分析结果，以大学生成长的主体性来强调学习参与和成长体验中的协同化。现代大学生越发重视校园内的社会性互动，与同伴的沟通和交流给他们的成长带来了支持，也全新演绎了“听君一席话”和“近朱者赤”的古训。而通过不断的参与体验、交流互动中，大学生努力学习的意愿和质量影响了学习和成长的体验，个体性的满足感也油然而生，这种满意度则直接作用于学习的持续性。当然，在不断强化的自我意识中，大学生始终需要在校期间锤炼好自我，以相对充分的就业能力去迎接社会的挑战，这也是协同式成长在面对社会接口的必然结果。

本书撰写至此，在对大学生协同式成长研究有所收获的同时，更是有所期待。大学生学习与发展研究一直在发展壮大的路上，本书参考和引用了国内外大量学者前期研究的成果，并吸收了研究团队丰富的研究经验，促使本书能够站在巨人的肩膀上驻足远眺。同时，得益于国家大学生学情调查与研究，本书三位作者汲之菁华而迅速成长，有所斩获更是惜于感恩、乐于贡献，在各自的工作领域继续关注学生发展的理论研究，投身大学生成长的实践探索。

写此后记，正值新冠肺炎病毒肆虐，作者和研究团队都在各自的岗位上奋力抗击疫情。“停课不停学”的特殊时期也是探索大学生学习、成长及引导的新的现象、形势、矛盾的关键时期，给大学生研究的未来注入了新的成分。

重要的是现在，但可以引领未来！

作者于厦门

2020 年 2 月 27 日